ŒUVRES COMPLÈTES

DE

LAMARTINE

PUBLIÉES ET INÉDITES

HISTOIRE DE LA TURQUIE

IV

TOME VINGT-SIXIÈME

PARIS
CHEZ L'AUTEUR, RUE DE LA VILLE-L'ÉVÊQUE, 43

M DCCC LXII

# ŒUVRES COMPLÈTES

DE

LAMARTINE

—

TOME VINGT-SIXIÈME

HISTOIRE

DE

LA TURQUIE

LIVRE VINGT-DEUXIÈME

I

La chute de Chypre et le martyre de ses défenseurs retentirent en Europe. La barbarie de Lala-Mustafa ralluma la haine nationale et religieuse contre les musulmans; le pape, chef national de la chrétienté, fomenta de tous ses efforts une ligue des marines italienne, espagnole, française, pour venger la honte et le sang de Chypre. Le grand vizir Sokolli la pressentit et la prévint. Il était plus inquiet qu'heureux de l'ascendant que l'expédition de Chypre avait rendu dans le sérail à Lala-Mustafa, son ennemi secret. Il avait espéré dans ses revers plus que dans son triomphe.

Il s'efforça de rendre Lala-Mustafa moins grand et moins nécessaire, en réconciliant promptement l'empire avec la république de Venise.

La France lui parut la puissance la plus intéressée à dissoudre une coalition chrétienne qui ne pouvait politiquement profiter qu'à la maison d'Autriche. Il chargea l'ambassadeur de France d'aller à Paris proposer au roi d'être l'arbitre de la paix entre les Vénitiens et les Ottomans. Cet ambassadeur fut invité par Sokolli à passer par Venise pour faire indirectement au sénat, en passant, les premières insinuations de paix à la république sous la médiation de sa cour.

Le sénat de Venise redoutait plus l'ascendant d'une coalition navale de l'Occident dans la Méditerranée qu'il ne détestait les Turcs. Il se hâta d'envoyer un ambassadeur confidentiel à Constantinople pour préluder aux négociations. Cet envoyé, Jacques Ragazzoni, conférait secrètement avec le grand vizir à Constantinople, pendant que le légat du pape, Colonna, conférait à Venise avec le sénat pour faire entrer la république dans la coalition contre les Turcs.

La France et le grand vizir n'eurent pas le temps de prévenir les efforts du pape, de l'Espagne et de l'Autriche à Venise. Le cri populaire contre la dévastation de Chypre l'emporta sur la politique ombrageuse du sénat; la ligue catholique fut signée à la fin de 1571 entre l'Espagne, le pape et Venise, pour abaisser la puissance ottomane dans le Levant. L'armement général fut fixé à cent vaisseaux, à deux cents galères, à cinquante mille hommes de débarquement, à cinq mille hommes de cavalerie. Le roi d'Espagne, comme le plus puissant et le plus zélé, se chargeait de la moitié des frais de la guerre; Venise d'un tiers; le pape d'un sixième; le généralissime devait être nommé par l'Espagne. Messine, en Sicile, était le port de la coalition et le point de départ des confédérés. Une messe solennelle célébrée avec toute la pompe militaire et religieuse de l'époque scella la confédération.

L'ambassadeur de France, qui repassait par Venise, en retournant à Constantinople, essaya vainement de détourner Venise d'une alliance avec des puissances qui avaient moins pour mobile le désir de venger la république, que de la dominer dans ses propres mers. Les politiques comprirent l'ambassadeur, mais le peuple n'écouta que les prédicateurs de la croisade. Pour la treizième fois depuis l'apparition des Turcs en Europe, l'antipathie religieuse souleva contre eux l'Occident.

Le Godefroy de Bouillon de cette dernière croisade semblait avoir été formé par la nature, par la politique et par la gloire pour donner de haut l'âme, le génie et le bras à cette coalition. C'est le dernier des chevaliers de l'Occident qui, par la naissance, les aventures et l'héroïsme, ressemble aux héros de la fable, du roman ou de la poésie. Ce généralissime de la croisade navale était don Juan d'Autriche.

Il y avait un voile transparent sur son origine, que l'histoire vient à peine de soulever aujourd'hui.

II

Charles-Quint n'avait pas seulement le génie, il avait le cœur d'un grand homme, c'est-à-dire affamé de gloire et altéré d'amour. Six ans après avoir perdu sa femme, qu'il avait aimée fidèlement pendant sa vie, et qu'il idolâtrait jusque dans sa mémoire, il fut saisi d'une de ces mélancolies que laisse dans les cœurs vides l'absence éternelle de ceux qu'on aima, vides qui ne peuvent être comblés que par la religion et par l'amour, ces deux infinis de l'âme; ce fut plus tard un de ces accès de mélancolie qui lui fit sentir le vide même dans la possession de la monarchie universelle, et qui le fit renoncer au trône pour se nourrir de tristesse pieuse dans le monastère de Saint-Just.

Pendant qu'il résidait, en 1545, à Ratisbonne, et qu'il gouvernait de là tant de royaumes, depuis Tunis jusqu'aux confins de la Hongrie et jusqu'aux embouchures de l'Escaut, il aima d'un amour mystérieux et chevaleresque Barbe de Blomberg, jeune Allemande de noble race, dont la beauté pure et l'âme tendre lui rappelaient la compagne de ses premières années. Ce fut plutôt la tristesse que la passion qui fit naître et qui nourrit d'abord l'amour entre ces deux cœurs. Barbe de Blomberg avait une de ces voix qui remuent jusqu'aux larmes les souvenirs muets dans le tombeau du cœur. Charles, qui avait eu l'occasion de l'entendre dans les fêtes de Ratisbonne, s'était senti enlevé à ses langueurs par une émotion plus forte que ses langueurs. Barbe de Blomberg fut appelée honorablement à sa cour et admise à la familiarité du roi pour distraire (disent les Mémoires du temps) la mélancolie du prince par son chant.

Don Juan était né le 24 février 1546, de ces amours. L'ombre la plus épaisse avait caché cette naissance. Charles-Quint avait trop de scrupules pour sa renommée, et surtout pour la renommée de son amante, et l'aimait trop pour la déshonorer de son amour. L'enfant, dérobé par une confidente à la mère, nourri en Allemagne sous un nom d'emprunt, puis transporté en Espagne par sa nourrice, fut élevé jusqu'à son adolescence loin des yeux mais près du cœur de Charles-Quint.

Quand ce prince, par une de ces lassitudes qui saisissent quelquefois les plus heureux des hommes sous le poids même de leur bonheur, résolut d'abdiquer l'empire pour aspirer uniquement au royaume céleste, et s'enferma dans la solitude de Saint-Just en 1556, l'enfant était auprès de l'écuyer Quexada, auquel Charles V avait avoué qu'il était son père. Quexada avait été chargé d'élever et de former le jeune don Juan avec tous les soins que comportait le sang qui coulait dans ses veines, mais sans laisser jamais entrevoir à son élève qu'il était le fils du maître de l'Europe.

Le fidèle serviteur avait confié d'abord l'enfant mystérieux à un pauvre joueur de viole du village de Léganès, près de Madrid. Il s'était fortifié le corps dans la vie sobre et laborieuse des paysans de Castille, et le curé du village lui avait donné les enseignements communs à tous les autres enfants du pays. Quand don Juan eut atteint sa neuvième année, Quexada vint le reprendre à Léganès et le présenta à sa femme, Madeleine d'Ulloa, en lui disant pour toute explication de cet hôte introduit dans la maison : « Voici un page que je vous amène ; il est le fils d'un ami illustre dont j'ai juré de ne pas révéler le nom. »

L'épouse de Quexada, qui n'avait pas d'enfants et qui fut séduite par les grâces naïves du prétendu page, crut qu'il était le fruit d'une faute de jeunesse de son mari avant son mariage, et s'y attacha d'autant plus qu'elle n'espérait plus elle-même avoir un héritier de son nom. Elle se fit donner par l'enfant le nom le plus tendre après le nom de mère, celui de tante, et Quexada appela don Juan son neveu. Un hasard révéla cependant à demi la vérité à l'épouse du chevalier.

Pendant les loisirs que la guerre et la cour laissaient rarement à Quexada, l'écuyer de Charles-Quint revenait habiter Villa-Garcias. Réveillé une nuit par les flammes d'un incendie qui dévorait sa maison, il se précipita pour sauver l'enfant endormi, avant même de voler à la chambre de sa femme. Madeleine d'Ulloa comprit, à cette prédilection du devoir sur la nature, que don Juan était un dépôt sacré dont son mari devait compte à l'empereur. Quexada, sans rien avouer, laissa courir les suppositions.

La résidence de Charles-Quint au monastère de Saint-Just acheva de déchirer le voile pour Madeleine d'Ulloa. Ce prince avait gardé auprès de lui quelques-uns de ses anciens serviteurs; Quexada était le plus cher et le plus familier. Les règles du couvent interdisant l'accès de Saint-Just aux femmes, Quexada avait établi sa femme et son page au village voisin de Cuacos. L'empereur se donna ainsi la joie de contempler, sans en être connu comme père, le page de Madeleine d'Ulloa. Il recevait fréquemment dans le monastère la femme de son écuyer accompagnée de l'enfant. Bien qu'il ne voulût pas encore révéler au page sa naissance, les regards dont il caressait son visage et le charme qu'il éprouvait à contempler ses jeux révélaient à demi aux serviteurs et aux moines que cet enfant était quelque chose de plus qu'une diversion au désœuvrement du grand solitaire. Don Juan se perfectionnait sous ses yeux dans tous les exercices de l'esprit, des armes, de l'équitation qui formaient alors le page ou le chevalier accompli. L'histoire offre peu de scènes plus majestueuses et plus intimes à la fois, que celle de ce maître dégoûté du monde, assis à la fenêtre de sa cellule dans un couvent de moines, entre son fidèle écuyer et la mère adoptive de son enfant, regardant son fils, image d'une mère trop aimée, jouer ou lutter dans le jardin du monastère, brûlant de le serrer sur son cœur, et n'osant lui dire son nom ni son rang, de peur d'offenser Dieu et de scandaliser la monarchie.

III

Après que Charles-Quint, comme pour mieux se déraciner lui-même de l'empire de la terre, eut, dit-on, fait célébrer devant lui et devant son fils ses propres obsèques, il mourut, et l'enfant assista avec Quexada aux véritables funérailles. Il pleura l'empereur, sans être encore certain qu'il pleurait son père. Quexada ferma les yeux de son maître après sa mort. Il ramena sa femme et son page dans sa maison de Villa-Garcias, ne révélant son secret qu'à Philippe II, fils et héritier légitime du royaume d'Espagne.

« On discute beaucoup, écrivait-il au nouvel empereur, sur le véritable père de don Juan ; mais j'ai toujours nié et je garderai toujours le silence. Votre Majesté peut être assurée que le secret est en sûreté, quoique je donne à l'enfant une éducation conforme à son origine. » L'âme héroïque de Quexada passa tout entière dans son élève.

Quand Philippe II revint en Espagne, en 1559, il fit prévenir Quexada de se trouver sur son chemin avec son page près du monastère de la Spina. Quexada, en arrachant l'enfant à sa femme, lui confessa pour la première fois la vérité tout entière sur les amours de son maître et de Barbe. Philippe II, sous prétexte de chasse, rencontra, comme par hasard, Quexada et le page au détour solitaire de la forêt de Tonozos. Il prolongea longtemps l'entretien avec Quexada en regardant avec une complaisance visible le jeune page. Le visage ovale, le front élevé, le nez aquilin, la bouche relevée, la physionomie pensive et martiale à la fois du jeune homme, retraçaient aux yeux de Philippe II le portrait rajeuni de Charles-Quint. Il n'avait pas encore le cœur endurci par le fanatisme du trône qui tua don Carlos. Ses yeux se mouillèrent de larmes, il embrassa le page et lui nomma tout bas son père; puis remontant à cheval et se rapprochant de sa suite, qui s'était écartée pendant cette entrevue : « La chasse est terminée, dit-il en regardant encore don Juan; je n'ai jamais fait de plus belle rencontre. »

Don Juan suivit de ce jour-là Philippe II, et acheva son éducation sous les maîtres qui élevaient le fils du roi, don Carlos. On lui donna le nom significatif de don Juan d'Autriche. Dix ans après, il signala son courage contre les Mores révoltés des Alpuxarras. Quexada, nommé gouverneur du prince, président du conseil des Indes, général de l'infanterie espagnole, l'accompagna pour lui enseigner la guerre. Don Juan et Quexada allèrent, avant la campagne, à Villa-Garcias saluer, l'un sa mère adoptive, l'autre son épouse bien-aimée. Elle les recommanda l'un à l'autre, et tous deux à la protection de Dieu, et les vit partir avec larmes. Ces larmes étaient un pressentiment. Dans une rencontre avec les Mores, don Juan, trop engagé, allait tomber sous les balles qui avaient déjà brisé son casque, quand son brave tuteur, se jetant entre les Mores et lui, reçut dans la poitrine la décharge du groupe ennemi. Il expira au milieu de la mêlée, dans les bras de son élève devenu déjà un héros, mais resté toujours un fils pour lui. Don Juan l'ensevelit après la victoire dans l'église des Hiéronymites de Baza, en attendant qu'il pût reporter son corps à sa veuve.

« Quexada n'est plus, écrivait-il à dona Magdalena, en lui racontant et en lui adoucissant lui-même sa perte; il est mort comme il devait mourir, combattant pour la gloire, pour la patrie, et en se dévouant volontairement lui-même pour sauver celui qu'il aima comme son fils; il est mort couronné d'un honneur immortel. Quelque chose que je sois, quelque chose que je puisse être destiné à devenir un jour, c'est à lui que je dois et que je devrai tout; c'est lui qui m'a mis au monde par une seconde naissance de l'esprit et du cœur, peut-être plus noble que la première. Pauvre veuve désolée! mère à jamais chérie! je vous reste seul sur la terre, et je vous appartiens à double titre, moi pour qui votre mari est mort! moi qui cause involontairement votre malheur! Retenez votre désespoir avec votre force ordinaire de sagesse; que ne suis-je près de vous pour sécher vos larmes ou pour mêler les miennes avec les vôtres! Adieu, chère et honorée mère! priez Dieu de vous laisser revenir votre fils pour être serré sur votre cœur! »

Le jeune homme qui écrivait ainsi à l'ombre du trône à une pauvre veuve de Villa-Garcias présageait le véritable héros de son siècle. Il accomplit, avec toute la ferveur de la jeunesse, de la gloire et de l'amour, les piétés de fils qu'il avait vouées à sa mère adoptive. Au retour de ses campagnes, sa première visite était pour elle; ses premiers trophées maritimes, un fanal enlevé à la proue d'un vaisseau amiral des Turcs, fut envoyé par lui à doña Magdalena. Après la victoire de Lépante, ce fut encore à son intention qu'il demanda pour toute récompense une faveur au pape.

Tel était le jeune héros à qui la naissance, l'autorité de Philippe II et sa réputation précoce avaient valu le commandement général de l'armée combinée.

IV

La gloire était le seul héritage de ces enfants de l'amour, comme don Juan ou Dunois. Leurs pères, ne pouvant leur léguer ni leur nom ni leur trône, voulaient leur léguer au moins des victoires remportées pour leurs peuples par ces héritiers de leur sang. N'osant en faire des rois, ils en faisaient des héros. La nature conspirait souvent avec les pères pour venger les bâtards de la supériorité de rang des princes légitimes. Enfants de la jeunesse et de l'amour, ces fils désavoués avaient le privilége des êtres déshérités, plus de ressemblance avec leur père, une mère plus belle, une tendresse plus chère; parce qu'elle est plus cachée, une éducation plus mâle. Ces hommes qui reçoivent moins de la fortune tendent davantage les ressorts de leur caractère pour se faire à eux-mêmes une destinée digne de leur sang. Tel était don Juan, déjà le premier des chevaliers, avant d'être le premier des amiraux de l'Europe. André Doria, le héros de Gênes, déjà vieux, s'honorait à la fois de l'inspirer et de le servir dans ces mers qu'il avait remplies de son nom.

V

La flotte combinée sortit de Messine pour chercher la flotte ottomane le 25 septembre 1571. Don Juan commandait personnellement soixante-douze vaisseaux d'Espagne, six de l'ordre de Malte, trois de la maison de Savoie ; Marc-Antoine Colonna, amiral du pape, commandait les douze galères de Rome; l'amiral Sébastien Veniero, le premier homme de mer de la république, cent douze galères ou vaisseaux, dont plusieurs *galéasses* d'une dimension égale à des forteresses flottantes. Jean de Cordoue, amiral de Sicile, éclairait la route avec huit vaisseaux légers. André Doria voguait à l'avant-garde avec ses cinquante-quatre galères. La flotte vénitienne, divisée en deux escadres, formait le centre ; l'amiral de Naples, avec trente-deux vaisseaux, louvoyait à l'avant-garde. Don Juan avait donné l'ordre aux Siciliens de la tête et aux Napolitains de la réserve de flanquer la flotte comme deux ailes au moment où elle se développerait en ligne à la vue de l'ennemi.

Don Juan ignorait la station et le nombre des vaisseaux de la flotte turque. Après avoir, comme Nelson de nos jours, flotté pendant seize jours d'un bord à l'autre de la Méditerranée pour chercher les flottes turques sans les découvrir, son instinct le fit rentrer à pleines voiles, le 7 octobre avant le jour, dans l'Adriatique. Les premières lueurs de l'aube lui laissèrent apercevoir un immense nuage de voiles derrière les petites îles Échinades, ou les Sangsues, qui ferment comme autant de balises le profond golfe de Lépante, à l'embouchure du petit fleuve Achéloüs. C'étaient les deux cent vingt vaisseaux ou galères de la flotte ottomane, qui longeaient la côte d'Albanie, pour y chercher de leur côté la flotte confédérée et le champ de bataille qui leur avait été si souvent heureux sous Barberousse; mais Barberousse n'était plus. Pialé lui-même, lassé de la mer, avait été fait vizir; un amiral intrépide mais inexpérimenté, Ali-Muezzinzadé (fils du muezzin), commandait la flotte comme capitan-pacha. Ses lieutenants étaient l'Algérien Ouloudj, le Tripolitain Djafar-Pacha, enfin le jeune Hassan-Pacha, fils de Barberousse. Pertew-Pacha commandait les troupes de terre embarquées sur les vaisseaux, plus embarrassantes qu'utiles dans une mêlée de cinq cents vaisseaux sur un élément inconnu.

A l'aspect de l'avant-garde de don Juan qui se repliait derrière les îles Échinades pour aller avertir la flotte combinée, Pertew-Pacha et Hassan-Pacha, appelés au conseil sur le vaisseau amiral, conseillèrent au capitan-pacha de rester sur la défensive dans le golfe de Lépante et d'ajourner la bataille jusqu'au moment où ses équipages novices, plus familiarisés avec la mer, donneraient plus de soldats à son armée et plus de mobilité à ses vaisseaux. Mais, toute prudence paraît lâcheté aux téméraires et infidélité aux fanatiques. Muezzinzadé déploya plus de voiles pour voguer plus vite à la rencontre des chrétiens.

VI

Don Juan, à l'aspect de cette manœuvre, hissa à son mât d'artimon un petit étendard vert de forme carrée, signal convenu avec ses amiraux pour former la ligne de bataille. Chacune de ses divisions fut disposée, dirigée et animée par un de ces marins consommés qui avaient un nom à perdre par la défaite ou à illustrer par sa participation à une mémorable victoire. André Doria, le vétéran et l'exemple de tous, forma l'aile droite, et s'élança le premier entre les écueils des *Sangsues* pour se déployer dans le golfe. Le provéditeur de Venise, Barbarigo, longea à gauche l'île centrale de Petalia ou *Vilia-di-marmo*, et, couvrant ses voiles de l'ombre de cette île, déboucha tout à coup dans le golfe par le bras de mer où se décharge l'Achéloüs.

Don Juan avec le corps de la flotte se forma en vaste croissant, et suivit lentement ses deux ailes. Il trouva les Turcs, trompés par l'apparition isolée d'André Doria, rangés en colonne sur la côte de Morée pour combattre l'amiral génois, au lieu de faire face dans toute la largeur du golfe à ses vaisseaux. Le prince de Parme, Farnèse, amiral de Savoie; le duc d'Urbin, amiral de Gênes; le commandant de Castille, amiral de Naples; Marc-Antoine Colonna, amiral du pape; le marquis de Santa Croce, Espagnol qui guidait l'arrière-garde, flanquaient le vaisseau de don Juan. En quelques bordées, les deux flottes, séparées par un court espace entre elles, s'arrêtèrent comme pour se mesurer un moment du regard.

Les Turcs avaient eu le temps de changer leur marche en colonne sur la côte de Morée, en une ligne de bataille aussi profonde et plus prolongée que celle des chrétiens. Le soleil resplendissait sur les vagues et rejaillissait des rochers de l'Albanie sur la mer. A moitié de sa course, il brillait derrière la flotte de don Juan, et il éblouissait les regards des Turcs, en se répercutant sur les voiles, sur les casques, sur les canons et sur les cuirasses des confédérés. Des milliers de rames, en ce moment immobiles, se tenaient suspendues sur les flancs des galères couvertes de combattants. Par une étrange dérision de la fortune, des esclaves musulmans, formant l'équipage des chrétiens, faisaient des vœux pour les Turcs, en ramant pour les chrétiens, pendant que des esclaves chrétiens, formant la chiourme des vaisseaux turcs, imploraient secrètement la victoire pour leurs frères dans le Christ, en ramant pour les musulmans. Le vent était tombé avec la brise du matin qui souffle des embouchures de l'Achéloüs à l'aurore; les rames seules allaient faire mouvoir ces six cents vaisseaux endormis.

La bataille s'engagea comme d'elle-même, et par le rétrécissement du bassin qui forçait l'aile gauche des chrétiens et l'aile droite des Ottomans de se toucher au fond du golfe. La supériorité du nombre et des troupes de terre sur les galères des Turcs y fut fatale au provéditeur de Venise, Barbarigo; il tomba sous les piques d'abordage des soldats d'Hassan. Les étendards de Venise disparurent un moment dans cette mêlée au fond du golfe.

Muezzinzadé crut qu'il n'avait qu'à compléter la victoire par l'abordage du vaisseau amiral qui portait l'étendard vert de don Juan. Il se réserva à lui seul ce duel à mort au milieu des flots. Confiant dans la masse de son vaisseau et dans les cinq cents janissaires qui couvraient son pont, il fondit, sans regarder s'il était suivi, sur la galère du généralissime. Les deux vaisseaux, comme s'ils eussent été animés dans leurs agrès et dans leurs membrures de la fureur de deux lutteurs, se heurtèrent, s'enlacèrent, s'étouffèrent, se quittèrent et se reprirent pendant un abordage mutuel qui changea leurs deux ponts, leurs mâts et leurs vergues en un champ de carnage tantôt envahi, tantôt perdu par les Turcs et les chrétiens. Les blessés et les mourants tombés des deux proues se combattaient jusque dans les flots. La mer était empourprée; le sang ruisselait, au lieu d'eau, du gouvernail et des rames; un nuage de fumée et de flèches dérobait aux flottes la victoire ou la défaite de leurs deux amiraux.

Don Juan et Muezzinzadé se cherchaient dans la mêlée, et allaient enfin se joindre sur le monceau de cadavres qui les séparait, quand un coup de feu parti des vergues du vaisseau espagnol renversa le capitan-pacha au pied de son grand mât. Le cri de victoire des Espagnols et le gémissement de l'équipage turc se confondirent en une immense clameur dans les airs. Don Juan franchit le corps de son ennemi expirant pour exterminer les derniers groupes des janissaires sur la poupe, pendant que les Espagnols, aussi féroces que les Africains, tranchaient la tête derrière lui au capitan-pacha encore vivant. A l'aspect de cette tête sanglante dont le turban dégouttait de sang sur leurs fronts, les janissaires terrifiés se précipitèrent dans les flots ou se rendirent. Don Juan abattit le pavillon ottoman du mât et fit hisser les couleurs d'Espagne. La fumée emportée par le vent laissa voir aux deux flottes le sort du duel. Don Juan repoussa avec horreur la tête coupée du capitan pacha que ses soldats lui rapportaient ; il la fit jeter à la mer comme un trophée qui souillait sa gloire. Mais ses soldats, moins généreux que lui, repêchèrent la tête de Muezzinzadé, soutenue sur les flots par son turban de mousseline, et la clouèrent à la cime du grand mât pour épouvanter les Ottomans.

L'exploit de don Juan et la témérité du capitan-pacha décidèrent, presque sans combat, du sort de la bataille au centre. André Doria, moins heureux à droite, s'était laissé couper du corps de la flotte et affaler à la côte de Morée avec ses soixante vaisseaux, perdus pour l'action. Ouloudj, avec vingt galères d'Alger, s'était précipité hardiment dans les intervalles que l'absence de vent et l'inégalité de marche laissaient entre les vaisseaux de l'escadre de Doria. Déjà il il avait abordé lui-même la galère amirale de Malte, terrassé des centaines de chevaliers et tranché de sa propre main la tête du commandeur de Messine, leur chef d'escadre, quand la chute du pavillon ottoman sur le vaisseau de Muezzinzadé lui révéla le sort du combat principal au corps de bataille.

Désespérant alors de la victoire, et prévoyant le sort de ses vaisseaux, quand les trois cents navires chrétiens, libres d'ennemis à gauche et au centre, se replieraient comme un vaste filet sur la droite, il avait percé, avec quarante vaisseaux turcs, la ligne à moitié rompue d'André Doria, rangé de près les écueils Échinades, et cinglé en pleine mer, sauvant au moins ce lambeau de flotte aux Ottomans. La disparition inexpliquée de leur aile gauche fit croire aux Turcs qu'elle fuyait vaincue devant les canons d'André Doria ; l'âme des vaisseaux ottomans s'évanouit avec elle ; tous ceux qui n'étaient pas absorbés par les Espagnols et les Vénitiens s'abandonnèrent à la dérive du vent et des flots, et allèrent s'échouer volontairement sur les rochers ou sur les bas-fonds des embouchures de l'Achéloüs. Les chaloupes chrétiennes allèrent brûler leurs coques vides ; quatre-vingt-douze de ces bûchers éclairèrent la nuit de leurs flammes la côte d'Albanie. Cent quarante vaisseaux abordés, avec leurs centaines de canons et leurs milliers de prisonniers, furent partagés le lendemain entre les confédérés sur le champ de bataille.

Les flots de Lépante avaient englouti en quelques heures trente mille cadavres turcs et dix mille cadavres chrétiens. La bataille navale d'Actium, livrée quinze siècles auparavant sur ces mêmes flots, entre Antoine et Auguste, compétiteurs du monde romain, n'avait pas rejeté plus de victimes sur les grèves funèbres de l'Achéloüs. Si don Juan et Muezzinzadé n'avaient été que deux ambitieux rivaux se disputant l'univers, cette victoire aurait donné à l'un la domination, à l'autre la servitude ; mais les religions et les races humaines ne périssent pas dans une bataille. La victoire de Lépante, trois fois plus sanglante que celle d'Actium, ne donna à don Juan que de la gloire et des dépouilles. Les armes précieuses, les étendards de pourpre, les croissants d'argent, les queues de chevaux des pachas, les fanaux d'or qui marquaient le grade des amiraux ottomans sur leurs poupes, et douze mille captifs furent les seuls résultats de la bataille de Lépante. Rome, Naples, Venise, élevèrent dans leurs églises des monuments votifs en commémoration de la victoire de la croix.

Les Turcs, à peine atteints dans leur force vitale, qui reposait sur le sol et non sur les flots, dissimulèrent même leur désastre aux yeux de leur capitale. Pialé, qui administrait la marine, et Ouloudj-Pacha, qui avait sauvé soixante vaisseaux, s'entendirent pour reconstruire, armer et équiper trois cents autres vaisseaux de guerre dans tous les ports de l'Afrique, de la Morée, de la Caramanie, de Rhodes et de l'Archipel avant de faire rentrer, selon l'usage national, la flotte dans le port de Constantinople. Les trésors, les matériaux, les canons, les agrès, les arsenaux réservés par Soliman et par le grand vizir Sokolli pouvaient suffire à trois désastres de Lépante. Quand la flotte nouvelle de trois cent soixante voiles rentra avant l'hiver à Constantinople, le peuple put prendre la défaite pour un triomphe.

Ouloudj-Pacha, pour n'avoir pas désespéré de la flotte, et pour avoir conservé soixante vaisseaux à l'empire, fut nommé capitan-pacha ou amiralissime, à la place du brave et malheureux Muezzinzadé. Sélim II changea son nom d'Ouloudj en celui de *Kilidj*, c'est-à-dire *le glaive*. Il trouva dans le grand vizir un homme aussi capable de se relever de la défaite que de préparer la victoire. Quelques jours après sa nomination au poste de capitan-pacha, et pendant qu'il s'occupait nuit et jour à construire et à armer une flotte supérieure à celle des confédérés, Kilidj représenta au grand vizir que tout abondait dans l'arsenal, bois, cordages, canons, ouvriers, salaires, et qu'avec de telles ressources il s'engagerait à construire cinq cents navires avant le printemps, si ce n'étaient les ancres, que les forges de la Turquie ne pouvaient fondre aussi vite que les constructeurs leur créaient des vaisseaux.

« Ne craignez rien, pacha, lui répondit avec une souriante assurance Sokolli, les richesses de l'empire sont telles en ce moment, que s'il y avait impossibilité à faire des ancres de fer et des voiles de chanvre, nous fabriquerions des ancres d'argent, des cordages de soie et des voilures de satin à nos navires. »

Sokolli ayant reçu en même temps un envoyé de Venise, Barbaro, chargé par la république de sonder les dispositions de la Porte : « Tu viens voir, lui dit avec enjouement le grand vizir, où en est notre courage ou notre abattement après le malheur que nous avons subi à Lépante? Mais apprends qu'il y a une grande différence entre notre perte et la vôtre; en vous arrachant le royaume de Chypre, c'est un bras que nous vous avons coupé, et vous, en détruisant notre flotte, vous n'avez fait que nous couper les poils de la barbe; votre bras ne repoussera pas, et notre barbe repoussera plus forte et plus épaisse. »

Kilidj sortit en effet au printemps avec trois cent vingt voiles, et brava la flotte des confédérés, déjà dissoute par les ambitions divergentes qui dissolvent toutes les confédérations après une victoire. La France était inquiète de l'alliance de la république de Venise avec l'Espagne et l'Autriche confondues en une seule puissance aspirant à la monarchie universelle de Cadix à Amsterdam. Le sénat de Venise lui-même, enclavé déjà dans les États de l'Autriche et tremblant d'agrandir encore l'ascendant de l'Espagne, de Naples et de Gênes dominés par la maison d'Autriche sur les mers, s'entendait avec la France pour détacher la république de la coalition catholique, et pour réconcilier Venise et Constantinople. L'habile ambassadeur français, M. de Noailles, évêque d'Aix en Provence, subordonnant le préjugé religieux à la raison d'État, négociait secrètement avec Sokolli cette réconciliation utile aux trois États et surtout à l'équilibre de l'Europe.

Les négociations patientes et médiatrices de M. de Noailles réunirent enfin la main du grand vizir et des envoyés vénitiens sur un texte de traité de paix rédigé par l'éloquent secrétaire d'État Féridoun. La paix fut signée entre la république et la Porte le 7 mars 1573. Elle était nécessaire, mais cruelle pour les Vénitiens. Le sang inutilement versé par eux à Lépante était perdu; ils consentaient de plus à indemniser les Turcs des sommes que Sélim II avait dépensées pour leur arracher le royaume de Chypre; enfin, ils se reconnaissaient tributaires pour l'île de Zante et pour les places qu'on leur laissait sur la côte d'Albanie.

Cette paix glorieuse à la Turquie, intéressée pour la France, honteuse pour Venise, funeste à la maison d'Autriche, déjoua tous les plans de l'Espagne et du pape contre l'islamisme. Don Juan, le vainqueur de Lépante, se vengea en conquérant Tunis. Kilidj le capitan-pacha courut avec deux cents vaisseaux et trente mille janissaires restaurer sur la côte d'Afrique le patronage des Ottomans. Tunis, reconquis au mépris des Espagnols, redevint une colonie militaire des Turcs, et bientôt un avant-poste de pirates indépendants, ayant pour patrimoine le pillage des mers.

L'Autriche, déconcertée par ce succès du négociateur français, ne tarda pas à revendiquer humblement elle-même la continuation de la trêve qu'elle avait signée avec Soliman II, et à payer à la Porte le tribut humiliant par lequel elle achetait sa sécurité en Hongrie. Soliman semblait régner encore.

VIII

Le règne de Sélim II jusque-là n'était en effet que la prolongation de celui de Soliman par le génie et par la main de son ministre Sokolli. Sélim n'avait qu'une vertu, il laissait régner à sa place un grand homme. Longtemps plongé dans les délices du harem et dans les ivresses du vin de Chypre, il n'avait paru qu'un voluptueux assoupi sur le trône. Les années, les dégoûts, les infirmités précoces et les réflexions que le soir de la vie amène avec son ombre l'avaient tout à coup transformé en un homme nouveau. Les réprimandes tendres et respectueuses du vertueux mufti de Constantinople, Abou-Sooud, avaient rappelé son âme au repentir et à la vertu. La sobriété, la prière, les exercices les plus sévères de la piété musulmane avaient remplacé les désordres de sa première vie. Il n'était plus occupé qu'à se sanctifier pour la mort, qu'il sentait prochaine.

La mort de son conseiller Abou-Sooud, qui le privait de l'entretien de ce sage, lui parut un avertissement du ciel; il pleura ce sévère mufti comme il aurait pleuré son père spirituel. Sa mélancolie ne trouvait de charmes que dans la solitude de ses jardins et dans la méditation du Coran au bord de la mer. Il ne voyait dans les bonheurs et dans les gloires de son règne que la prospérité de l'islamisme, dont il était devenu le derviche plus que le sultan.

Cette mélancolie religieuse, habituelle aux fils d'Othman au déclin de leur vie, rappelle celle de Dioclétien, de

Charles-Quint, de Louis XIV dans une autre foi. La foi des Ottomans demande peu d'efforts à la raison; l'athéisme n'y pervertit pas leurs vices jusqu'au défi de la Providence. Ils sont faibles, souvent féroces, jamais impies. On l'a vu dans Amurat II, dans Bajazet II. Un avertissement de l'adversité, de la maladie, de la religion par la bouche d'un derviche ou d'un sage ravive leur conscience jusqu'au remords et jusqu'à la correction de leurs déréglements passés.

Tel avait été sur Sélim l'effet des réprimandes du mufti Abou-Sooud. Le favori de son cœur et le compagnon de ses débauches Djélal-Beg, ayant proféré quelques railleries contre l'austérité des conseils d'Abou-Sooud, Sélim écarta sans pitié son ancien ami de sa présence, et le relégua dans un gouvernement lointain.

Un tremblement de terre à Constantinople, et un incendie qui dévora les cuisines et les bains du sérail lui parurent des châtiments et des présages qui assombrirent encore son esprit. Il fit reconstruire ces édifices. Son seul délassement était d'aller contempler le travail des ouvriers qui les décoraient. Un jour qu'il visitait ainsi la vaste salle de bains réédifiée entre le sérail et le harem, son pied glissa sur les dalles de marbre polies et humides de l'étuve. Cet accident, aggravé par l'obésité de son corps et par l'abattement de son esprit, lui parut un signe si funeste qu'il rentra frappé de stupeur dans ses appartements, et qu'il ne survécut que peu de jours à sa chute (1574).

L'empire ne s'aperçut de sa mort qu'à ses funérailles. Sokolli soutenait seul le poids d'un gouvernement dont Sélim II n'était que la muette et invisible consécration. Jamais souverain plus incapable de gouverner ne régna avec plus de bonheur et de gloire sur son peuple, précisément parce qu'il ne régnait pas. Son inertie profita plus à sa nation que ne l'eût fait une turbulente activité, et l'on peut dire qu'il servit les musulmans même par ses vices. Un successeur incapable, mais qui sent son incapacité, est souvent plus utile au développement des plans d'un grand homme, qu'un héritier médiocre et remuant : l'un trouble les pensées de son prédécesseur par les siennes, l'autre laisse durer une même pensée pendant deux règnes.

Tel fut Sélim II, conquérant de Chypre, négociateur consommé avec l'Europe, restaurateur de la marine des Ottomans, continuateur d'un système d'alliance avec la France, qui créait en sa faveur une balance de l'Europe contre la maison d'Autriche, promoteur de la jonction des quatre mers par le percement de l'isthme de Crimée et de Suez; vainqueur, puis protecteur des Vénitiens, qu'il subordonna au système de la politique ottomane en Orient, pour les détacher de l'Allemagne et pour les tourner dans son intérêt contre le pape, son ennemi naturel; vaincu un jour par don Juan, mais vainqueur le lendemain de ce héros et triomphateur de la ligue catholique, qu'il décomposa membre à membre par la politique, après l'avoir brisée par les armes; pacificateur de la Crimée, de la Pologne, de la Transylvanie et de l'Arabie; économe enfin du trésor public, largement vidé dans les années de guerre, plus largement rempli dans les années de paix, et ayant le premier entrevu pour les Ottomans une économie politique nouvelle dans l'entrepôt du commerce de l'Europe et des Indes, dans la liberté de la navigation, dans la sûreté du commerce et dans les conquêtes des seules richesses permanentes pour un empire, les conquêtes de l'agriculture, du travail et de la paix.

Voilà le règne de Sélim II, ou plutôt voilà le règne auquel la reconnaissance des Turcs devait donner le nom de Sokolli. Sélim ne fut que le nom, Sokolli fut l'âme et la main de l'empire; mais c'est à Sélim que l'empire dut Sokolli. La postérité, pour être juste, doit donc partager inégalement, mais équitablement, entre le sultan et le ministre la gloire et la prospérité des Ottomans.

IX

Sélim II avait laissé en mourant (1574) six fils et trois filles. Les fils étaient Mourad, Mohammed, Soliman, Mustafa, Djéhanghir et Abdallah; les filles, Esma-Sultane, Gewher-Sultane et Schah-Sultane. Esma-Sultane avait été donnée pour épouse à Sokolli, Gewher-Sultane à Pialé le capitan-pacha, Schah-Sultane à l'aga ou général des janissaires, Hassan. Cette consanguinité des femmes avait contribué, sous le règne de Sélim, à relier en faisceau ce triumvirat du grand vizir, du grand amiral et du grand général de l'empire, devenus ainsi la famille adoptive du souverain.

La mère de Mourad ou d'Amurat III, l'aîné de ces fils, était Nour-Banou, Persane dont le nom signifie *femme de splendeur*. Elle avait cherché dans sa tendresse pour ce fils la compensation aux vices et aux inconstances du père. Amurat III avait pour unique vertu une pieuse déférence pour sa mère. Quoiqu'à peine âgé de vingt-huit ans, son âme et son corps, également efféminés, se ressentaient des mauvais exemples de Sélim et des complaisances intéressées de Nour-Banou. Il rappelait par sa stature petite et grêle et par l'ovale allongé de son visage quelque image de son aïeul Soliman II dans sa première jeunesse ; mais ce n'était qu'une de ces ressemblances lointaines et illusoires que dissipait le second coup d'œil. Sa pâleur révélait l'épuisement des plaisirs précoces, plus que la réflexion. Ses yeux étaient doux, mais aucune flamme n'en allumait la langueur.

Ses sourcils étaient noirs ; ils dessinaient l'arc féminin des Persans sur son front ; ses cils, longs comme ceux d'une femme, avaient la finesse de la soie ; mais sa barbe rare et rousse contrastait avec la couleur de ses cheveux, et imprimait à sa physionomie une teinte maladive et sordide qui rappelait l'ombre des cachots plus que la splendeur des sérails. Adonné dès l'enfance à des excès de vin et à l'usage de l'opium, sa tête semblait chanceler sur son buste ; son regard oblique et indécis était couvert d'un léger brouillard ; quelques accès d'épilepsie, infirmité du corps qui touche de plus près à l'intelligence, laissaient des traces dans quelques rides du front et dans quelques palpitations convulsives des lèvres. Son esprit n'était cependant pas sans délicatesse ni sans culture ; il aimait à entendre les poëtes réciter leurs vers à ses festins ; la musique, cette poésie des sens, et la danse, cette poésie des mouvements, charmaient ses oreilles et ses yeux. Les arts mécaniques éveillaient sa curiosité et son intérêt. Des peintres vénitiens et des horlogers de Vienne lui donnaient des leçons de peinture et d'horlogerie. Mais ses deux passions dominantes étaient l'amitié et l'amour. Sa mère lui avait enseigné surtout à aimer.

L'éducation n'avait fait que développer en lui la nature. On peut dire que mère, sœur, femmes et amis, il aima jusqu'au délire, et que cette flamme de son cœur, en se communiquant à la fin jusqu'à ses sens, consuma son règne, sa raison et sa vie. L'histoire de ses attachements devint l'histoire de l'empire sous son règne.

Ces attachements avaient commencé en lui presque avec la vie. Deux jeunes enfants, nobles hongrois, l'un nommé Djafar, l'autre Ghaznéfer, faits prisonniers sous Sélim, avaient été circoncis, privés, sur leur demande, des signes de la virilité et attachés au harem à l'éducation et aux divertissements du jeune sultan. Amurat III les eut pour favoris avant de les avoir pour ministres; ils en étaient dignes par leur vertu autant que par leurs talents. Ghaznéfer surtout, dont le nom signifiait le *Lion hardi*, et qui cultivait avec génie les lettres et l'histoire, contribua à inspirer à son ami le goût de la poésie et de la munificence, qui enfante les talents dans les pays monarchiques. L'historien Séadeddin, homme d'État et annaliste à la fois, avait été introduit par Ghaznéfer dans la familiarité du jeune Mourad, pendant qu'il résidait encore à Magnésie, séjour des princes héréditaires. Ce prince en avait fait son *lala* ou gouverneur honoraire après sa majorité. Cadizadé, autre ami de ces deux favoris, homme aussi ambitieux de dignités que de science, était son conseiller politique et son ministre en expectative. Le poëte Schemsi-Pacha, justement célèbre par ses poésies philosophiques qui sanctifiaient par la sainteté du sujet le charme de ses vers, lui enseignait les élégances de la langue et les mystères de la contemplation. Mais le favori qui possédait son cœur entre tous était un jeune Turcoman d'une noble race, nommé Ouwéis.

Un jour que Mourad, pendant sa résidence forcée à Magnésie, était venu chasser les cygnes dans la sauvage vallée du Caïstre, que le mont Tmolus sépare de la plaine de Magnésie, il s'arrêta quelque temps dans la ville pastorale de Tyré (l'ancienne Thyatire des Grecs), capitale de cette vallée. Le site pittoresque de cette ville, dont les maisons et les minarets, semblables à des rochers de marbre, blanchissent sur la pente rapide d'une colline boisée à travers les feuillages des platanes, l'ombre du Taurus qui l'abrite, le murmure et la fraîcheur des eaux qui écument dans ses cascades, les vertes prairies qui serpentent à ses pieds, l'abondance des bêtes fauves qui peuplent ses forêts, séduisirent Mourad. Il y prolongea son séjour. Le jeune Ouwéis, qui y occupait un rang élevé et que la familiarité de la chasse lui permit d'entretenir, le frappa par la mâle franchise de son visage et de ses paroles. Il crut avoir rencontré en lui un second Ibrahim pour son règne futur, comme le joueur de flûte rencontré presque au même lieu par son aïeul le grand Soliman. Il demanda à Sélim, son père, l'autorisation de s'attacher le fier Turcoman et de le nommer intendant général de sa petite cour de Magnésie. Sélim accorda Ouwéis à son fils.

L'ascendant de ce defterdar s'accrut de jour en jour dans cette familiarité domestique de l'exil. Cet ascendant n'était fondé ni sur la culture d'esprit ni sur l'élégance des mœurs qui caractérisaient les autres amis de Mourad. Ouwéis, illettré et rustique, n'avait que les rudes vertus de ses déserts. Il plaisait à son maître comme le lion dompté que les princes d'Orient aiment à apprivoiser dans leur divan pour inspirer la crainte à ceux qui les visitent.

X

Une belle esclave vénitienne nommée Safiyé (la pure), première épouse donnée à Mourad dans son adolescence par la sultane Nour-Banou, sa mère, possédait les yeux et le cœur du jeune sultan. Safiyé était fille d'une noble maison sénatoriale de Venise, les Baffo. Dans une courte navigation entre Venise et Corfou où elle allait, encore enfant, rejoindre son père, provéditeur de l'île, des pirates de l'escadre de Barberousse enlevèrent le vaisseau qui la portait et l'offrirent en présent à la sultane Nour-Banou, mère de Mourad. Sa patrie, sa beauté, sa naissance, son éducation, la firent juger digne des amours du prince. Mourad s'attacha longtemps à Safiyé avec l'ardeur de son âge et avec la constance d'un époux. Elle lui donna un fils, et devint ainsi sultane Khasséki ou mère de prince.

Pendant longtemps la passion de Mourad pour Safiyé ferma ses yeux à toutes les autres beautés dont la jalousie peuplait le harem de sa mère. Nour-Banou commença à craindre que l'empire exclusif de la Vénitienne sur le cœur de son fils n'empiétât sur le sien; Sélim II lui-même craignit que l'hérédité du trône ne fût pas suffisamment assurée par un seul fils d'une seule femme. La sœur de Mourad, la sultane Esma, épouse du grand vizir, conspira avec Nour-Banou, avec son mari Sokolli et avec son père pour introduire des beautés rivales de Safiyé dans le harem de son frère. La mère et la sœur firent rechercher partout avec obstination les jeunes esclaves les plus renommées dont les charmes de visage et les séductions d'esprit pourraient ravir à la sultane Khasséki le cœur de son époux. Une esclave persane et une esclave hongroise entrèrent, malgré sa répugnance, dans le harem de Mourad. La jeune Hongroise, plus animée et plus rusée encore que belle, dit l'historien de cet amour, le Vénitien Sagredo, parvint à rivaliser un moment Safiyé. Mais la fidélité de Mourad trompa pendant longtemps les espérances de sa sœur et de sa mère; son cœur se refusait à l'inconstance des amours, à laquelle on avait fait consentir son esprit.

La sultane Nour-Banou, raconte le chroniqueur du sérail Ali dans ses annales en vers, accusa Safiyé de maléfices magiques contre la fécondité des deux esclaves ses rivales. Soupçonnant quelques femmes juives et quelques esclaves de service du harem d'avoir participé aux conjurations imaginaires de la Vénitienne, elle en fit torturer quelques-unes par les eunuques, et jeter les autres dans la mer par les muets; d'autres, réputées moins coupables ou excusées par leur enfance, furent reléguées dans l'île de Rhodes et rappelées plus tard pour épouser des favoris du sultan.

Cependant ces intrigues, longtemps poursuivies autour du jeune prince, finirent par insinuer dans son âme d'injustes soupçons contre la vertu de Safiyé. Il la relégua un moment de sa couche et se livra avec l'impétuosité de la jeunesse aux excès d'une passion artificiellement allumée par ses corrupteurs dans ses veines. Le débordement et la frénésie de ses caprices firent enchérir, avant même son avènement au trône, le prix des belles esclaves de toute nation dans les bazars de Brousse et de Trébizonde. Le nombre des sultanes Khasséki ou mères de garçons s'éleva, dit son historien Ali, jusqu'à quarante. Celui des filles esclaves de son harem, objets passagers de ses caprices, jusqu'à cinq cents. Plus de cent enfants, fils ou filles de ces esclaves, naquirent en quelques années de ces déréglements. Les chambres de son harem lui donnaient plus de soucis à gouverner que ses provinces. Sa mère lui conseillait d'en attribuer après elle le gouvernement à une favorite de son père reléguée au vieux sérail, nommée Djanféda. Djanféda elle-même était consommée dans les intrigues et dans l'administration du sérail. Nous verrons bientôt l'ascendant, l'élévation et la destinée tragique de cette femme, véritable vizir d'un prince dont la seule affaire sérieuse était une maladive sensualité.

Mais ces vices mêmes n'avaient pu éteindre dans le cœur de Mourad le souvenir de la première et pure félicité qu'il avait goûtée dans sa chaste union avec Safiyé. La mémoire et le repentir avaient rendu à la Vénitienne tout son empire moral sur son époux. Les autres avaient ses débauches; elle seule avait sa tendresse. Il l'adorait comme le souvenir vivant de son bonheur, et comme la mère de son fils de prédilection. Il s'inspirait auprès d'elle de toutes ses résolutions dans le divan. Une esclave de Venise était la véritable impératrice future des Ottomans.

Telle était la cour exilée de Mourad à Magnésie quand le grand vizir Sokolli lui fit parvenir secrètement la nouvelle de la mort de Sélim II. Mourad partit la nuit même pour Constantinople, suivi seulement de ses quatre favoris. Arrivé inopinément à Moudania, petit port de la mer de Marmara sur la rive opposée de Constantinople, l'impatience de saisir l'empire ne lui laissa pas attendre la galère impériale que Sokolli lui envoyait pour traverser la Propontide.

Il se jeta sans se nommer dans une galère de neuf rameurs qui était par hasard à l'ancre dans la rade, et qui appartenait au secrétaire d'État, le célèbre Féridoun, dont ces matelots étaient les esclaves. Une mer orageuse le porta en quelques heures de nuit sur la plage déserte du sérail, près des batteries de canons qui bordent le mur d'enceinte et non loin du kiosque de Bajazet. C'était le 21 décembre 1574 à minuit. Les rafales d'hiver couvraient d'écume la plage du sérail et gémissaient dans les cyprès des jardins. Les portes étaient fermées et ne s'ouvraient à cette heure qu'au grand vizir lui-même. Mourad, souillé d'écume et épuisé de malaise par une laborieuse navigation sur une barque ouverte aux lames, demanda à ses compagnons un peu d'eau pure pour se laver le visage et les mains. On n'en trouva point sur ce sable; il fut obligé de se laver le visage et les mains dans de l'eau de mer. Il s'assit ensuite sous un arbre pour s'abriter de la pluie et du vent, pendant qu'on éveillait le grand vizir et le sérail, attendant comme un hôte étranger à la porte de son propre palais. On éleva depuis une fontaine sous cet arbre où le sultan avait eu soif sans trouver de l'eau pour se désaltérer.

Cependant le grand vizir, éveillé par Hassan, esclave de Féridoun, et par le pilote de la galère, accourut avec ses chiaoux portant des lanternes à la plage désignée par les deux esclaves de Féridoun. N'ayant jamais vu le visage de Mourad, et craignant quelque piége des partisans de ses frères, le grand vizir, avant de lui baiser la main et de le reconnaître pour son maître, voulut avoir le témoignage de sa propre mère. Il conduisit Mourad à pied par le jardin au kiosque habité par Nour-Banou, maintenant sultane Validé. Entré le premier dans la chambre de la sultane, il lui montra celui qui disait être son fils, et lui demanda si elle était sa mère. Nour-Banou fondit en pleurs à l'aspect de son lion, nom que les Validés donnent à leurs fils, et attesta à Sokolli que Mourad était leur maître à tous. A ces mots, le vizir tomba aux pieds du sultan, et invoqua à haute voix le ciel pour la longue vie et la prospérité de l'empereur. Après les premières effusions de tendresse entre le fils et la mère : « J'ai faim, dit Mourad aux officiers du palais accourus pour saluer leur nouveau maître; apportez-moi à manger. » Ces paroles, les premières prononcées sans préméditation par un sultan après son avénement au trône, firent pâlir les assistants. La superstition orientale attribua à ces paroles une signification prophétique qu'on interpréta pour ou contre les événements du règne. On les interpréta comme un cri de famine poussé par le peuple, et annonçant des stérilités ou des disettes. Le hasard les vérifia dans l'année suivante.

Cependant un présage plus sinistre et plus certain appelait à l'instant même la réprobation du ciel sur l'empire. La loi du sérail ou le canon dynastique de Mahomet II ordonnait l'immolation, pour crime de péril public, de tous les frères du sultan montant au trône. On assure que Mourad, influencé par la sultane vénitienne Safiyé, son épouse, et par sa propre répugnance au sang innocent, avait juré à Safiyé de révoquer cette atroce boucherie d'État par son exemple, et de laisser vivre ses frères ; mais le mufti, interprète de la loi, plus implacable dans son interprétation politique que le prince lui-même dans son intérêt de prince, s'obstina à lancer un fetwa ou jugement qui interdisait l'humanité ou la pitié au sultan. Les ministres et les bourreaux, armés de ce bref de l'oracle de la religion et de la justice, se hâtèrent de faire violence aux scrupules d'humanité du sultan en faisant étrangler les cinq princes, d'âges différents, fils de Sélim II, et en jetant avant le jour les cinq cadavres sur le tapis du divan, sous les yeux de Mourad.

Ce marchepied de cadavres devait tôt ou tard engloutir un trône que la raison d'État, pervertie par une politique contre nature, faisait porter sur de tels forfaits.

Le lendemain Mourad ou Amurat III, reconnu avec toutes les solennités d'usage (1574) par la religion, le peuple, l'armée, mena le deuil de son père, et alla pleurer au bord de leurs sépulcres les cinq frères qu'on venait d'assassiner en son nom. Il distribua, le troisième jour après ces sépultures, une gratification impériale d'un million cinq cent mille ducats d'or aux troupes et aux grands officiers de l'empire. Les janissaires reçurent à eux seuls près d'un million de ducats d'or ou dix millions de francs.

Sokolli, qui avait ménagé deux fois avec autant d'autorité que de bonheur le passage d'un règne à l'autre, fut maintenu au poste de grand vizir par la politique plus que par l'affection du sultan (1575). La nouvelle cour voyait en lui trop de services rendus pour demander sa tête, trop de puissance pour ne pas envier sa situation. Les favoris d'Amurat III résolurent, de concert avec les sultanes, de souffrir quelque temps Sokolli par nécessité, mais de le saper sourdement dans l'esprit du maître, et de le faire descendre par degrés de sa suprématie au rang des simples vizirs. Sokolli, en homme trop sûr de la fortune, ne rabattit rien de sa rigueur et de son devoir devant les favoris auteurs de cette ligue. Il poursuivit hardiment le defterdar

Ouwéis, confident intime d'Amurat, pour cause de malversation présumée dans le trésor de son maître. Ouwéis triompha de l'accusation, et humilia par son triomphe Sokolli. Les janissaires et le peuple, spectateurs de cette lutte entre le grand vizir et le favori, commencèrent à pressentir l'affaiblissement de l'autorité dans l'homme qui portait depuis dix-huit ans le poids de l'empire, et à braver insolemment un sultan qui s'abandonnait lui-même dans son ministre.

Les séditions si longtemps comprimées éclatèrent à l'occasion des lois de police contre la vente du vin dans les tavernes, lois renouvelées presque au début de chaque règne. Un jour qu'Amurat passait en caïque sur le Bosphore devant une taverne grecque pleine de soldats ivres, les janissaires, qui reconnurent le sultan, élevèrent leurs tasses dans leurs mains, comme pour défier la peine portée contre les buveurs de vin, et les vidèrent à la santé du sultan. Le grand vizir, informé de cet outrage, se rendit avec le sultan aux casernes pour punir les coupables ; mais les séditieux, encouragés au crime par la connivence des favoris, couvrirent de leurs vociférations la voix du grand vizir et le nom même du sultan. L'impunité forcée du corps fut palliée faiblement par la destitution de l'aga des janissaires.

Cette fonction, la seconde en importance de l'empire, fut donnée à un renégat génois nommé Cicala-Pacha, tandis qu'un renégat calabrais, Ochiali-Pacha, Kilidj-Ali, le sauveur des débris de la flotte à Lépante, était nommé capitan-pacha. Pialé-Pacha, Hongrois de naissance, était vizir de la coupole ; Ahmed-Pacha, deuxième vizir, était Styrien ; Mohammed-Pacha, troisième vizir, Autrichien ;

le chef des eunuques du harem, Welzer, Transylvain; Sokolli lui-même, le grand vizir, était Bosniaque. La religion seule était une patrie commune entre tous ces hommes de patries diverses; dans la Constantinople des sultans, comme dans la Rome des papes, tout étranger qui voulait combattre pour le dogme était réputé citoyen et nationalisé par le culte. C'est à cette naturalisation universelle des serviteurs de toute race que l'empire a dû longtemps et aujourd'hui encore d'être si bien servi par ses adeptes.

XI

La paix maintenue par Sokolli fut renouvelée pour huit ans avec l'empereur d'Allemagne. Le duc de Transylvanie, Étienne Bathory, protégé des Turcs, fut porté par le grand vizir au trône de Pologne. « Tu ne dois pas inquiéter Bathory, élevé par moi sur le trône des Polonais, écrivit le grand vizir au nom d'Amurat à l'empereur; je veux que tu traites les Polonais comme mes autres sujets. La Pologne est sous ma protection; j'ai ordonné aux magnats de ce pays de choisir Bathory pour leur roi. Les Tartares ont fait autrefois prisonnier un roi de Pologne; c'est pour cela que les Polonais payent encore le tribut au khan des Tartares. » Conformément à cette tradition et à cette investiture, l'ambassadeur de Pologne, Siéniensky, signa un traité d'alliance offensive et défensive entre la Turquie et la Pologne, traité qui consacrait dans un de ses articles le tribut des Polonais aux Tartares.

La république de Venise, servie par l'influence de la

sultane vénitienne Safiyé, obtint d'Amurat et du grand vizir les interprétations les plus favorables de ses traités et de ses fixations de limites avec la Porte.

Florence conclut également avec Sokolli un traité de libre navigation et de commerce réciproques.

L'Espagne elle-même sollicita, par les ambassadeurs de Philippe II, un traité de paix et d'amitié avec les Turcs. Ce traité, réduit à une trêve de trois ans, fut signé avec répugnance et avec dédain par Sokolli.

L'Angleterre, jusque-là étrangère par sa situation à toute diplomatie avec les Ottomans, noua pour la première fois, par ses commerçants, des relations de négoce qui devinrent bientôt politiques avec Sokolli; des lettres furent échangées entre la reine Élisabeth et le sultan.

La Suisse entretint également pour la première fois un agent juif pour les intérêts de son commerce à Constantinople.

Sokolli voulait naturaliser les sciences et les arts autant que la paix et le commerce dans sa patrie. Le savant Séadeddin-Lala, précepteur d'Amurat II, secondait le grand vizir dans ses heureuses innovations. Ils firent de concert construire un observatoire en face des jardins du sérail, à Tophana, et appelèrent d'Égypte l'illustre astronome Takieddin pour perfectionner et vulgariser la connaissance des phénomènes célestes parmi les Turcs; mais les antipathies du clergé contre les sciences qui expliquaient la nature autrement que par des oracles et des prodiges forcèrent le grand vizir, le précepteur et l'astronome à renverser leur observatoire comme un attentat aux mystères du ciel. Takieddin, à Constantinople, eut le sort de Galilée à Rome. Le même siècle, dans deux religions opposées, voyait la lutte toujours inégale du préjugé et de la science.

Les ennemis de Sokolli dans le divan et dans le harem fomentèrent ces accusations populaires d'impiété contre le grand novateur. Ils l'attaquèrent d'abord dans ses créatures avant de porter leurs coups sur lui. Le secrétaire d'État Féridoun, son collaborateur dévoué depuis trois règnes, fut relégué à Belgrade. L'aga des janissaires Cicala fut également disgracié. La mort enleva en même temps à Sokolli deux de ses plus fidèles soutiens dans l'État, Pialé-Pacha et le mufti Hamid; enfin, un nègre, Arab-Pacha, qu'il avait marié à une esclave favorite de son harem et qui gouvernait sous sa main le royaume de Chypre, fut massacré par ses propres troupes. On rapporta à Sokolli les habits du nègre déchirés de cent coups de sabre. Il pleura de pitié en se représentant l'agonie qu'avait dû subir son favori.

Le duc de Naxos et des Cyclades, Joseph Nassy, enrichi au delà des rêves d'un ambitieux par l'amitié de Sélim II, mourut à cette époque à Constantinople. Sokolli, dont cet aventurier avait été toujours jaloux, ordonna que son opulent héritage fût dévolu au trésor public. Mais les trois defterdars ou trésoriers nommés par Sokolli pour séquestrer la succession furent accusés de dilapidation de l'héritage par les ennemis du grand vizir, et torturés pour leur faire confesser leur prétendue spoliation. Un autre de ses clients, Michel Cantacuzène, Grec de la famille impériale de Byzance et rival d'un autre Grec nommé Paléologue, autre débris des dynasties des Byzantins, fut pendu pour malversation présumée devant la porte de Sokolli, comme pour faire rejaillir sur le protecteur le crime et l'infâme supplice du protégé. Enfin, le neveu chéri de Sokolli, Mustafa-

Pacha, gouverneur d'Ofen et de la Hongrie turque, fut égorgé à Ofen par Ferhad-Pacha, grand écuyer du sultan, au milieu de son escorte de cinquante cavaliers, qui n'osèrent pas tirer leurs sabres pour sa défense.

Ces présages attristaient Sokolli sans le détourner des soins du gouvernement ; il s'attendait à périr, mais il voulait que la mort le surprît au timon de l'empire. Un des derniers jours du mois d'octobre 1578, il se faisait lire par Hassan-Aga, son bibliothécaire, l'histoire des premiers règnes de la monarchie. Le lecteur lui ayant lu le récit de la bataille de Cossova contre les Serviens et la mort tragique et soudaine d'Amurat Ier, assassiné sur le champ de bataille, après la victoire, par le patriote servien Milosch Kabilowitch, Sokolli arrêta d'un geste Hassan à ce passage de l'histoire, récita pieusement la premières soura du Coran pour l'âme du sultan asssassiné, et s'écria avec une ferveur de pressentiment semblable à une révélation intérieure : « Puisse le Tout-Puissant m'accorder une telle mort! »

Le jour suivant, après avoir tenu son audience accoutumée au palais de la Porte, et employé le reste du jour aux affaires d'État, Sokolli, rentré dans sa demeure, ouvrit encore, comme il en avait l'habitude, son divan à tous les Ottomans, sans distinction, qui avaient justice ou faveur à demander au grand vizir. Au moment où il tendait la main à un inconnu, vêtu du costume de derviche, qui lui présentait une supplique à lire, le faux derviche tirant un poignard de son manteau le plongea jusqu'à la garde dans la poitrine du grand vizir. Sokolli, portant instinctivement la main à son propre yatagan pour se défendre, n'eut pas la force de le saisir et tomba mort de la mort qu'il avait souhaitée, comme César, sans proférer une parole. Le prétendu derviche était un Dalmate compatriote de Sokolli, race féroce qui donne vie pour vie sans pitié et sans crainte. Il allégua pour motif de son crime la vengeance d'une injustice du grand vizir, qui avait jugé contre lui un procès de propriété féodale relatif à son fief en Bosnie. L'opinion publique soupçonna, mais sans preuve, l'instigation du cruel Mustafa-Pacha, le bourreau de Chypre, dans ce crime. Amurat III en fut peut-être heureux, mais non complice. L'assassin n'avoua rien que sa haine. Il fut démembré le lendemain par quatre chevaux emportant chacun un des membres de son buste attaché à un pilier.

Ainsi disparut l'homme qui avait été pendant trois règnes la lumière, la politique et la force de l'empire. L'histoire le loue mieux que de vaines paroles. Il avait élevé l'empire à son apogée, et sa mort marque le premier jour de sa décadence.

Mohammed-Sokolli n'avait point eu d'enfants de la sultane Esma, sœur de Sélim, que son maître lui avait donnée pour épouse. La première femme qu'il avait épousée lui avait laissé deux fils, qui n'héritèrent pas de son immense fortune. Forcé de répudier cette femme, qu'il aimait, en recevant dans sa maison une princesse du sang impérial, il avait regretté toute sa vie que son mérite et sa gloire eussent attiré sur lui les regards et la préférence d'Esma-Sultane, dont la laideur et la difformité ne lui présageaient point d'héritiers. Ses richesses démesurées, non pas en raison de ses services, mais en raison de la modicité de son origine, rentrèrent à sa mort dans le trésor du sultan.

Il laissait l'empire en paix avec toute la terre, excepté avec la Perse.

Remontons de quelques années le cours incessant de l'anarchie persane, pour comprendre les motifs, les occasions et les péripéties de cette guerre. L'histoire de Perse est tellement parallèle à l'histoire de Turquie qu'on ne peut peindre une de ces nations sans retracer l'autre.

XII

Les trois guerres de Sélim et de Soliman le Grand contre la Perse avaient popularisé la dynastie des Sophis, dont nous avons raconté l'origine religieuse. En Asie, comme en Europe, les peuples cessent de combattre pour la cause des rivalités dynastiques, pendant qu'ils combattent pour la religion ou pour la nationalité. Le schah (ou le roi) Tahmasp avait dû une longue domination aux efforts de Soliman II pour le détrôner. Ce n'était pas un grand homme, mais le bonheur de son règne avait été d'être le champion de la Perse menacée.

A sa mort (1576) il désigna parmi ses cinq fils Hyder Mirza pour son successeur. Hyder, favori de son père, avait été gardé près de lui à Ispahan pour être prêt à saisir le trône, pendant que ses frères, selon l'usage de l'Orient, étaient relégués, exilés de la cour, dans des provinces éloignées.

La politique à la fois ombrageuse et imprudente des schahs donnait ces princes enfants en garde et en tutelle aux grands chefs des tribus qui composaient la nation persane. Ces chefs de tribu à la mort des schahs devenaient fréquemment ainsi les promoteurs et les soutiens de ces compétiteurs rivaux au trône de leur père.

Le jeune Hyder, maître du palais, de la garde, des ministres et des trésors de Tahmasp, n'eut pas de peine à se faire proclamer roi dans la capitale. Mais la haine d'une femme lui coûta, peu de jours après, le trône et la vie. Cette femme, de race circassienne, dont la beauté, le courage et l'ambition exercèrent un ascendant presque absolu sur le gouvernement de la Perse, était la célèbre Péridjan-khan, fille du schah qui venait de mourir. Elle était nièce de Schemkal, chef d'une tribu circassienne au service de Perse. Schemkhal et Péridjan avaient épousé les prétentions d'un autre fils de Tahmasp, nommé Ismaël-Mirza, qui languissait en prison depuis plus de vingt ans.

Au moment où la mort de Tahmasp livrait la princesse, sans appui dans le palais, à la merci et peut-être à la vengeance du jeune Hyder, elle demanda une audience à ce prince, et, se jetant en deuil et en larmes à ses pieds, elle le salua roi de Perse. « Jusqu'ici, lui dit cette femme astucieuse dont les charmes relevaient l'éloquence, vous m'avez crue opposée à votre élévation au trône ; c'était pour moi le moyen de connaître les projets de vos rivaux pour les déjouer ; regardez-moi aujourd'hui comme la plus sûre et la plus dévouée de vos esclaves. »

Hyder, qui connaissait le génie et l'habileté de cette femme, se crut heureux de l'acheter à sa cause par le pardon et par la promesse d'un crédit qui survivrait à la vie de son père. « Si vous voulez seulement, lui répondit-il, nous gagner votre oncle Schemkhal et les partisans de mon frère Ismaël, le trône de Perse est à nous sans contestation, et vous régnerez avec moi dans le palais d'Ispahan. — Il suffit, lui répliqua Péridjan, laissez-moi prévenir et flatter mon oncle, et je vous réponds de l'empire. »

XIII

Hyder, trompé par le langage de sa sœur, lui permet de partir pour le camp des Circassiens. Elle feignit de négocier avec Schemkhal et les amis d'Ismaël, revint avec eux à Ispahan, accompagnée d'un corps de cavaliers circassiens dévoués, écrivait-elle, à la cause du nouveau schah.

Cependant Hyder, se défiant de Schemkhal, refusait de lui ouvrir la capitale et le palais. Les Circassiens y pénétrèrent la nuit par une porte du jardin livrée à Péridjan par ses affidés du sérail. Hyder, au bruit de l'invasion des Circassiens dans le jardin, tenta de s'évader sous un déguisement de femme, pour courir se jeter dans la caserne de ses gardes. Mais Schemkhal, qui l'épiait, le reconnut, lui arracha son voile et le fit poignarder sous ses yeux par un de ses esclaves. Les Géorgiens qui formaient la garde du roi de Perse accouraient au secours de leur souverain ; Schemkhal, s'avançant au-devant d'eux, leur jeta la tête du roi. A cet aspect, ils baissèrent leurs armes. Ismaël, enfermé jusque-là dans le château d'Al-Mout, monta sur le trône que lui avait préparé la perfidie d'une femme.

Il n'y resta que le temps de le souiller par ses vices et de l'ensanglanter par le massacre de tous ses frères, enfermés ensemble au château de Cazwin. Un seul fut excepté du massacre, par mépris plutôt que par pitié ; c'était Mohammed-Mirza, fils aîné de Tahmasp, aveugle de naissance, et que cette infirmité faisait considérer comme incapable d'aspirer jamais au trône.

Mais cet aveugle avait deux fils, dont l'un, Hamza-Mirza, était gouverneur nominal de la ville et de la province de Schiraz; l'autre, Abbas-Mirza, encore enfant, était confié au chef de tribu Ali-Kouli-Khan, un des plus puissants guerriers de la Perse. Ismaël envoya ordre au commandant militaire de Schiraz et à Ali-Kouli-Khan de massacrer immédiatement ces deux princes. Un hasard les sauva: le courrier qui portait leur arrêt de mort ayant été retardé par une chute de cheval, un autre courrier, quoique parti un jour plus tard d'Ispahan, arriva une heure avant le messager de mort. Ce second courrier apportait à Schiraz et à Ali-Kouli-Khan la nouvelle de la mort du schah Ismaël (1577). Cette mort était digne de sa vie. Elle reste un mystère de débauches ou de crime.

Une nuit qu'il parcourait déguisé les rues d'Ispahan pour se livrer de taverne en taverne à ses goûts dépravés pour le vin et pour d'autres orgies avec des compagnons de vices, on attendit environ jusqu'à midi son retour au palais. Quelques serviteurs affidés, chargés de surveiller à distance sa vie souvent compromise dans des rixes nocturnes, révélèrent qu'ils l'avaient vu entrer avant l'aurore dans la maison de son favori. Ce favori était un jeune marchand d'Ispahan qui vendait des liqueurs et des sucreries. Sur cet indice, la sœur d'Ismaël sortit du palais, fit entourer respectueusement la maison fermée à clef, pour envelopper le schah de ses gardes à son réveil; mais, inquiète à la fin du jour du silence et de l'immobilité des habitants de la maison, elle ordonna d'enlever les gonds et de visiter les appartements. On découvrit le roi dans une chambre haute du dernier étage, fermée au verrou. La porte enfoncée laissa voir le roi mort sur un lit où son compagnon gisait à côté de lui dans l'insensibilité de l'ivresse. Rappelé à la vie par les médecins, le favori d'Ismaël raconta qu'après avoir bu toute la nuit du vin et des liqueurs, le roi, selon son habitude, avait complété l'ivresse en avalant des pilules d'opium. La boîte dans laquelle il portait ces pilules, ordinairement fermée d'un sceau que lui seul rompait, n'était pas scellée ce jour-là. Le compagnon de débauches du prince révéla qu'il lui en avait fait l'observation, en lui disant de se défier du poison; mais le prince lui avait répondu qu'il l'avait vu ouvrir devant lui par une femme de son harem chargée de veiller à ses aliments. On en conclut, avec ou sans fondement, que le poison avait abrégé la vie du roi; mais l'infamie de sa vie et de sa mort, et la joie d'être délivré de sa tyrannie, ne laissèrent pas rechercher le crime dans une fin qui paraissait à tous une délivrance.

L'aveugle Mohammed-Mirza remplaça Ismaël II par droit de seul survivant des fils de Schah-Tahmasp. Son premier acte fut une ingratitude et une justice : il fit étrangler sa sœur Péridjan, qui avait trahi Hyder pour couronner Ismaël. Son vizir Mirza-Souleïman gouvernait la Perse sous son nom. Objet de l'envie et de la haine des chefs de tribu qui entouraient le prince et se partageaient le royaume, ce vizir avait déjà repoussé glorieusement l'invasion des Turcs sous Sinan-Pacha. Le grand vizir Sokolli, mécontent des lenteurs de la guerre de Perse et pressé surtout d'éloigner de Constantinople Mustafa-Pacha, le vainqueur de Chypre, avait nommé ce rival de crédit séraskier ou généralissime de l'armée. Mustafa-Pacha, exercé désormais aux grandes guerres par dix ans de commandement, attaqua les Persans (1578) par le plateau de la Géorgie, province assujettie mais mal assimilée à la Perse. Les Ottomans étaient sûrs d'y trouver, comme en Crimée et en Circassie, plus d'auxiliaires que d'ennemis.

La Géorgie est l'ancienne Ibérie des Grecs et des Romains. L'âpreté de ses montagnes, la profondeur de ses forêts, l'abondance de ses eaux, le charme de ses vallées, l'énergie de ses habitants, mais surtout la beauté incomparable de ses femmes, en font la force, le malheur et la célébrité dans l'Orient. Une reine presque fabuleuse, nommée Nino, introduisit le christianisme naissant dans son royaume par ses prodiges, pendant que Constantin l'imposait par les armes à tous les pays tributaires des Grecs et des Romains autour de la mer Noire. Deux ceps de vigne, reliés entre eux de manière à former une croix, étaient à la fois le sceptre et la baguette miraculeuse de cette princesse magicienne. Une autre reine de Géorgie, Tamar, surprise pendant son sommeil par son écuyer David Bagration, avait voulu se venger de l'amour de ce serviteur par mille épreuves et par mille supplices. Le coupable ayant triomphé de tous les dangers, la reine avait fini par l'épouser. Les enfants de cette violence pardonnée régnèrent de génération en génération sur la Géorgie. La fille de Tamar, la princesse Roussoudan, plus belle encore que sa mère, avait soutenu trois guerres contre les souverains du Khorasan, qui voulaient y annexer la Géorgie en épousant l'héritière du royaume.

Les Persans placent en Géorgie la patrie de la belle et sensible *Schirin*, l'héroïne de toutes leurs poésies épiques ou élégiaques. Le pouvoir et la séduction se confondaient presque toujours dans ces reines ; c'était le royaume romanesque de la beauté, gouverné par la passion et servi par l'héroïsme.

XIV

Le roi David, au temps d'Amurat III, régnait sur Tiflis et sur les profondes vallées de la Géorgie qui servent d'avenues à la Perse. Sa fille, quoique chrétienne, avait été donnée pour épouse au schah Tahmasp, en gage d'intime alliance contre les Turcs. David, après une bataille inégale contre le séraskier Mustafa-Pacha, s'enfuit de sa capitale. Le prince souverain d'Imirette, autre moitié de la Géorgie, s'unit aux vainqueurs pour en obtenir la possession de Tiflis. Mustafa ne s'y fiait pas assez pour satisfaire complétement son ambition; il adjoignit seulement quelques provinces au royaume d'Imirette et donna Tiflis en fief à Mohammed-Pacha, un de ses généraux, fils du fameux Ferhad-Pacha le Manchot. Il y laissa une garnison turque de dix mille hommes pour garder contre les Géorgiens insoumis cette clef de la Perse, pendant qu'il se répandrait au loin dans ses provinces.

Tiflis, aujourd'hui usurpée par les Russes, ville pittoresque, guerrière, commerciale, opulente, fut, ainsi que l'ancienne Bidlis, bâtie par Alexandre le Grand. Le paganisme, le christianisme, l'islamisme, couvrirent tour à tour ses collines et les rives de son fleuve de ruines et de monuments qui attestent la grandeur et la décadence d'une capitale construite sur la grande route de tous les conquérants.

Mustafa, appuyé sur Tiflis, lança ses deux cent mille combattants dans la Géorgie et dans le Caucase, et annexa par la victoire à l'empire turc ces provinces de la Perse.

Tous les chefs de tribu se reconnurent alliés ou tributaires des Ottomans. Mais quatre armées s'avançaient à la fois de l'intérieur de la Perse pour disputer aux Turcs leurs conquêtes; l'une sur Bagdad, l'autre sur Erzeroum, deux sur Tiflis. L'une de ces deux dernières était commandée, à l'exemple des armées géorgiennes et circassiennes, par une femme, favorite du schah de Perse, élevée comme la fameuse Péridjan au métier des armes, et inspirant, par son courage et par sa beauté, l'héroïsme aux Persans. Elle défit l'aile droite des Turcs vers Erzeroum, tua le général qui la commandait, et refoula l'ennemi jusque dans les neiges du haut Caucase. Pendant ce triomphe, soixante mille Persans succombaient dans une bataille de trois jours contre Othman-Pacha dans la province de Schirwan. Dix mille têtes coupées étaient envoyées par Othman-Pacha, en témoignage de sa victoire, au séraskier à Tiflis. Le roi aveugle, Mohammed-Schah, s'enfuyait devant lui de province en province. L'hiver et la famine le secoururent par deux fléaux qui combattaient pour les vaincus.

Tiflis, abandonnée à elle-même, faute de vivres, fut bloquée par les Persans. Mustafa-Pacha se retira à Kars et employa l'hiver et le printemps à reconstruire et à fortifier cette ville, devenue depuis un boulevard inexpugnable de l'empire sur la Géorgie. Au printemps, Hassan-Pacha, fils de l'illustre vizir, secourut et approvisionna Tiflis. Ouzdemir-Othman-Pacha, qui venait d'être fiancé avec la fille du chef circassien Schemkhal, le meurtrier d'Hyder et l'oncle de la célèbre Péridjan, fit trancher dans un festin la tête de son beau-père. Schemkhal, habitué aux trahisons ordinaires à sa race, commençait à conspirer contre les Turcs, auxquels il avait vendu les Persans.

Les Turcs cependant venaient de se renforcer d'une armée auxiliaire de quarante mille Tartares de Crimée, commandée par un prince de leur maison royale, Aadil-Ghéraï. Aadil, prince jeune, beau, héroïque et séduisant, fut fait prisonnier par les Persans dans une sortie, au siége de Schirwan. Le roi aveugle, Mohammed-Schah, dont l'intérêt était de flatter les Tartares pour les détacher des Turcs, reçut le prisonnier à sa cour comme un hôte plus que comme un ennemi. L'esprit d'Aadil-Khan séduisit la mère du schah, femme d'une intelligence supérieure, qui était l'âme du gouvernement cachée dans le harem ; sa beauté séduisit la plus jeune sœur du roi. Les amours du prince tartare et de la sultane éclatèrent. La Perse, indignée, y vit l'avilissement de son roi, la complicité de sa mère, la trahison de sa sœur, le danger de la patrie vendue par la passion de deux femmes à un ennemi. Les kouroudjis, sorte de janissaires persans, s'ameutèrent, violèrent le harem, en arrachèrent Aadil-Khan et la princesse, et les étranglèrent en présence du schah, qui leur demandait en vain la vie de sa sœur et de son captif. La mère du roi, qu'ils avaient épargnée, ne leur fit pas attendre longtemps sa vengeance. Les kouroudjis, quelques jours après leur révolte, appelés un à un dans une cour du palais pour recevoir une gratification, furent égorgés jusqu'au dernier par des bourreaux, sous les yeux du roi et de sa mère, cachés derrière des rideaux de tente.

Le cœur de la Perse se décomposait dans ces intrigues de sérail et dans ces séditions de prétoriens, pendant que les Turcs et les Tartares détachaient lentement ses membres du corps de l'empire. Le grand vizir Sokolli, mécontent des lenteurs de Mustafa, qui prolongeait cette éternelle campagne de Perse, venait d'envoyer, peu de jours avant sa mort, une nouvelle armée en Géorgie, sous le commandement de Sinan-Pacha, un des premiers hommes de guerre de l'empire. A peine Sinan touchait-il aux frontières de Perse, qu'il fut rappelé comme grand vizir à Constantinople, à la place d'Ahmed, qui avait succédé pour peu de jours à Sokolli. Le séraskier, Mustafa-Pacha, s'était flatté toujours de remplacer son rival Sokolli dans le poste de grand vizir. Son ambition déçue ou le poison qu'il avait pris, dit-on, par désespoir de ne pas atteindre le but de sa vie, l'enleva soudainement à son armée. Il mourut couvert du sang de Chypre et déshonoré par le supplice des défenseurs de Famagouste. Ses richesses, ses caravansérais et ses mosquées ne justifièrent jamais sa mémoire et ne servirent qu'à perpétuer sa honte avec son nom.

XV

Sinan, nommé grand vizir, voulut en vain marcher sur Tauris; l'armée, lasse de son inertie, refusa de le suivre. Il fut forcé de fléchir sous les dégoûts de ses généraux, de cantonner les troupes dans les vallées de Tiflis, d'Erzeroum, de Kars, et de revenir à Constantinople sans autre résultat que des négociations entamées avec la Perse. Un ambassadeur du schah aveugle, accompagné d'autant de serviteurs qu'il y a de jours dans l'année, suivit Sinan à Constantinople.

Pendant ces négociations, l'armée était commandée par Mohammed-Pacha, neveu de Mustafa-Pacha, le séraskier mort. Mohammed fut vaincu dans la plaine de Gori, non loin de Tiflis, par quatre-vingt mille Persans. Imputant sa défaite à son collègue Mustafa-Minotschir, qui commandait un des corps de l'armée, il voulut le faire assassiner en plein divan. Pressentant son meurtre, au premier geste du kiaya pour s'emparer de lui, Mustafa lui fendit la tête d'un coup de sabre, blessa d'un autre coup le pacha du Diarbékir, qui assistait au conseil, et plongea cinq fois son poignard dans le corps du séraskier. Sortant alors le sabre à la main de la tente et appelant son corps de troupes à la vengeance, il se sépara de l'armée, se replia sur Amasie, et s'en remit à la justice du sultan. Mohammed, qui survivait à ses blessures, continua sa retraite sur Kars.

XVI

Ces revers et ces lenteurs humiliaient le jeune Amurat III. Sinan, en arrivant à Constantinople, le convainquit que la présence du sultan à l'armée pouvait seule rétablir la discipline et relever l'ascendant des armes sur les frontières de la Perse. La sultane Nour-Banou, mère d'Amurat, et la Vénitienne Safiyé, tremblantes de perdre leur empire sur leur fils et leur époux pendant une campagne qui l'arracherait aux influences du harem, s'indignèrent contre le grand vizir. Elles communiquèrent leurs préventions au sultan, que les langueurs du sérail avaient mal préparé aux vicissitudes des camps. L'empire, pour lui, c'était la nuée de femmes et d'eunuques qui peuplaient ses kiosques et ses jardins. Il s'aigrit contre un vizir qui lui parlait de gloire. Il déguisa les vrais motifs de sa colère sous le reproche d'avoir ouvert des négociations avec la Perse au lieu de vaincre. Il accusa Sinan d'avoir écouté les propositions de restituer la Géorgie à la Perse : « Tout pays qu'a foulé le pied du cheval du sultan appartient à jamais au sultan, » disaient les ennemis de Sinan. Amurat l'exila à Malghara, pour le punir d'un conseil qui alarmait sa mollesse.

Le Croate Siawousch-Pacha fut nommé grand vizir. Ferhad, ancien cuisinier du sérail, devenu soldat par instinct et général par intrigue, partit pour violenter la fortune en Perse, à la tête de soixante mille janissaires, de dix mille mineurs et de trois cents pièces de canon, pour faire écrouler les murailles. Il commença par fortifier Erivan, porte de la Perse de ce côté. Erivan avait reçu son origine et son nom d'un marchand qui suivait l'armée de Timour, et qui avait obtenu de ce conquérant le privilége de cultiver le riz dans la plaine arrosée et fertile qui alimente aujourd'hui deux frontières d'empires. Il en fit une citadelle avancée de la Turquie, et poursuivit l'envahissement complet de la Géorgie.

Une expédition parallèle par mer et par terre sur les rivages de la mer Noire, sous Othman-Pacha, s'avança sur Caffa, dans la presqu'île de Crimée. Une marche de quatre-vingts jours conduisit, à travers le Don et les steppes de la Tartarie, l'expédition jusqu'à Derbend. L'armée combinée de Turcs, de Circassiens, de Tartares, y passa l'hiver abritée des neiges sous des cabanes de roseaux. Au printemps, Othman-Pacha sortit de Derbend, afin de livrer une bataille décisive aux Persans. Ils accouraient en masse pour garder ce flanc menacé de leur nation, ouvert par les steppes de la mer Caspienne. Le nombre des Turcs, des Circassiens, des Géorgiens, des Tartares d'Othman sortant de leurs casernes de roseaux ou de leurs cantonnements de terre était tel, qu'Othman employa trois jours entiers à les voir défiler devant la porte de Derbend. Quatre jours après, son armée arriva aux bords du fleuve Amour.

Les Persans, commandés par leur vieux général Iman-Kouli-Khan, l'attendaient aussi nombreux sur l'autre rive. Othman, sur un cheval noir, célèbre par son âge et par son élan à la vue des armes, et qu'il montait depuis trente ans, s'élança le premier à la nage dans le fleuve, suivi d'une armée entière de cavaliers. Les Persans, maîtres des collines rapprochées qui entouraient comme deux promontoires la plaine au delà du fleuve, ne s'opposèrent pas au passage des Turcs. Ils se croyaient vainqueurs par la seule force de la situation. Ils attendaient avec confiance l'aurore du lendemain pour éclairer leur victoire.

Othman ne leur en donna pas le temps, ce premier enjeu des batailles. A la chute du jour, deux cent mille torches allumées tout à coup dans la main de ses cavaliers illuminèrent la plaine, et montrèrent aux Persans ses colonnes d'attaque prêtes à monter à l'assaut de leurs positions. Les Persans allumèrent également leurs milliers de torches pour le combat. Le hennissement du cheval noir d'Othman, entendu de toute son armée, parut aux Turcs le signal et le présage certain de la victoire. Elle ne fut qu'une charge de deux cent mille cavaliers heurtés dans la fumée des torches, au milieu de la nuit, les uns contre les autres. Trente mille Persans morts, vingt mille prisonniers, une pyramide de dix mille têtes élevée par Othman sur les bords du fleuve, furent les monuments de cette bataille des Torches.

Après avoir poursuivi l'ennemi jusqu'à Bakou et fortifié cette ville, bastion avancé du Caucase sur la Perse, Othman replia ses troupes à travers les vallées de ces Alpes jusqu'au Kanlü, c'est-à-dire le fleuve de sang. Là, les Russes, qui surveillaient la Perse comme une proie à dévorer plus tard, attaquèrent l'armée en retraite d'Othman au passage de ce fleuve, et incendièrent devant lui les steppes pour priver d'herbe ses chevaux. Mille chevaux périssaient par jour d'inanition par cette manœuvre des Russes. Enfin, les eaux du Kouban traversées sur la glace qui couvrait ce fleuve et les forêts de Tamar abritèrent et ranimèrent l'armée. Othman rentra (1580), après sept mois de combats et de marches, à Caffa, d'où il était parti.

Les Tartares de Crimée qui l'avaient secondé ne le voyaient pas tous sans effroi au cœur de leur presqu'île. Elle était déchirée par les dissensions intestines des différents princes de la dynastie de Ghéraï, qui se disputaient la souveraineté de leur race. Dewlet-Ghéraï, leur dernier khan, venait de mourir. C'était un ennemi invétéré et heureux des Russes. Il avait porté ses hordes jusqu'à Moscou et brûlé cette capitale, qui doit sa renommée à ses incendies, et qui renaît plus jeune et plus vaste de ses cendres. Il avait voulu s'ouvrir sur cette ville une route plus large et plus facile en creusant le canal du Volga au Don, menace éternelle au cœur de la Russie. Il laissait en mourant dix-huit fils.

Les Tartares, pour prévenir les inconvénients inhérents au gouvernement patriarcal, qui sont l'incapacité accidentelle du prince héréditaire, ou ses infirmités d'esprit, ou sa vieillesse, et pour assurer en même temps la continuité de leur politique au dedans et au dehors, ont une institution à peu près analogue à celle du grand vizir en Turquie. Le prince régnant est obligé, en montant sur le trône, de choisir pour vizir (*kalgha*) l'aîné de ses frères ou son héritier présomptif, désigné par la constitution de Gengis-Khan. Le nouveau khan, Mohammed-Ghéraï, l'aîné des dix-huit princes, contraint par l'État de nommer son frère aîné vizir, mais incliné par la préférence à donner la rivalité du pouvoir au dernier de ses frères, Séadet-Ghéraï, nomm ce jeune prince favori Noureddin (*lumière de la foi*), et lui assigna, à ce titre, s fonctions et des revenus qui étaient une périlleuse innovation dans l'État.

Le jeune Noureddin était du parti qui voulait ménager la Perse, et qui dissuadait le khan des Tartares de renvoyer des renforts de cavaliers à Othman-Pacha. Il en promettait trois cent mille, mais il éludait sans cesse sous de nouveaux prétextes de les fournir au général ottoman. Le sultan Amurat III et le grand vizir Siawousch-Pacha s'offensaient de cette lenteur et protestaient contre l'institution nouvelle et illégale de Noureddin, au nom de la constitution de Gengis-Khan, dont les Turcs étaient les surveillants et les vengeurs.

Othman-Pacha, revenu en Crimée après son court voyage à Constantinople, où il avait pris les ordres du grand vizir, déposa du trône, au nom de son souverain, le khan régnant, Mohammed-Ghéraï. D'après l'ordre naturel de succession, Alp-Ghéraï, le second des fils, aurait dû succéder à Mohammed; mais les Turcs donnèrent l'investiture à un autre de ses frères, nommé Islam-Ghéraï, qui vivait alors à Constantinople dans un couvent et sous l'habit des derviches. Islam-Ghéraï, soutenu par les Turcs, débarqua en Crimée (1582) au milieu d'une armée entière de Tartares avides de changement, qui entrèrent avec leurs chevaux jusque dans la mer, pour entourer de leurs acclamations le navire qui le rapportait en Crimée. Mohammed-Ghéraï, abandonné ainsi de son peuple, répudié par les Turcs, s'enfuit dans les déserts avec sa famille et soixante cavaliers fidèles à ses malheurs. Le derviche Islam-Ghéraï donna le titre de kalgha à Alp-Ghéraï, qui poursuivit de steppe en steppe son frère fugitif, l'atteignit et le tua de sa main ainsi que ses enfants. La Crimée entière, purgée des princes favorables aux Persans, tomba de plus en plus dans la dépendance de la Porte. Othman-Pacha, par cette révolution sur le trône, l'avait conquise une seconde fois à sa nation.

L'Arménie, la Circassie, la Géorgie, la Tartarie Caspienne, avaient démantelé la Perse, par la main d'Othman, des boulevards et des alliés naturels qui la protégeaient immémorialement contre les Ottomans. Jamais, depuis Bélisaire, sous Justinien, un lieutenant de l'empire n'avait en trois campagnes rapporté de telles dépouilles à son maître.

XVII

La réception d'Othman à son retour avec l'armée à Constantinople (1584) fut digne de ses services; Amurat III avait vaincu du sein des plaisirs; il s'appropriait avec orgueil les victoires de son général. Le caractère aussi modeste qu'intrépide du vainqueur de la Perse et de la Géorgie n'inspirait point de jalousie à Siawousch-Pacha. Le grand vizir savait qu'Othman était un soldat sans autre ambition que la gloire. Les sultanes Nour-Banou et Safiyé se félicicitaient d'un triomphe contre les schismatiques, qui relevait leur influence sur l'esprit des fidèles croyants. Aucune guerre lointaine désormais ne menacerait le harem de l'absence de son souverain asservi à leur tendresse. Elles présidèrent elles-mêmes aux honneurs que le sultan voulait rendre à son lieutenant quand Othman rentrerait solennellement à Constantinople. Cette entrée fut un triomphe comparable aux triomphes romains.

XVIII

Le 10 juillet 1584, Amurat III s'était avancé avec toute sa cour, ses vizirs et ses guerriers, à la rencontre d'Othman, jusqu'à un kiosque impérial, nommé Yali Kœschk, sur la rive du Bosphore. « Assieds-toi, Othman, lui dit le sultan à son apparition dans la salle, et sois le bienvenu de ton maître et de ta patrie en ma présence. »

Othman, sans paraître avoir entendu ces paroles inusitées dans la bouche d'un padischah, se prosterna, baisa la terre, et porta à ses lèvres le pan du manteau impérial.

« Assieds-toi, Othman, » reprit Amurat. Othman fit, par obéissance, le geste d'un homme qui s'assoit, mais se releva aussitôt sans avoir touché le tapis du sultan. Trois fois Amurat lui renouvela l'ordre de prendre place sur le divan; trois fois Othman feignit d'obéir par déférence et se releva par modestie. A la quatrième injonction de s'asseoir, le vainqueur des Persans obéit et resta assis par l'ordre réitéré de son maître.

« Maintenant, raconte-moi à loisir tes longues campagnes, Othman, » lui dit le sultan en congédiant de la main la foule des courtisans, pour écouter le récit de son général. Othman raconta les fatigues, les revers et les victoires de l'armée en Géorgie, en Circassie, et sa marche de quatre-vingts jours dans les steppes de la Tartarie pour arriver à Derbend. Quand il eut retracé la *bataille des Torches*, la fuite des Persans et les pyramides de têtes élevées sur les rives de l'Amour : « Tu t'es conduit en général aussi prudent que brave ! » s'écria l'empereur. Et détachant de son propre turban la plume de héron enchâssée dans une agrafe de diamants, il l'attacha lui-même au turban d'Othman.

Le général, interrompu par cette faveur, dont l'enthousiasme de son padischah relevait le prix, continua l'histoire de ses campagnes. Au récit de sa victoire sur Hamza-Mirza, frère du roi aveugle de Perse : « Il faut que tu en reçoives aussi le prix de la main de celui pour qui tu combattais, » dit Amurat. Il tira de sa ceinture son poignard, au manche enrichi de pierres précieuses, et le passa à la ceinture d'Othman.

Au tableau de la défaite d'Iman-Kouli-Khan, le vétéran des généraux du schah de Perse, le sultan détacha la seconde plume de héron qui flottait sur son turban dans un nœud de saphirs, et en décora le turban du vainqueur d'Iman-Kouli-Khan. Enfin, quand Othman eut raconté les trahisons des Tartares contre son armée en Crimée, à sa troisième campagne, le détrônement et la mort du khan, l'inauguration du derviche sur le trône et l'indissoluble assujettissement de la Tartarie aux fils d'Othman : « C'en est trop, s'écria Amurat en élevant ses deux mains au-dessus de sa tête, comme pour porter sa reconnaissance au ciel, auteur de tant de bénédictions sur son règne. Que ton visage, Othman, soit blanc et éblouissant à jamais dans les deux mondes d'Europe et d'Asie! Que le Dieu qui assiste et qui venge te soit toujours propice! Que la victoire te suive partout où ton cheval noir te portera! Puisses-tu, dans le paradis, t'asseoir dans le même kiosque et à la même table que celui de nos aïeux dont tu portes le nom, le calife Othman, fils d'Affan! et puisses-tu, en attendant la vie immortelle, grandir sans cesse dans cette vie terrestre en puissance et en gloire pendant de longues années! »

A ces mots et sur un geste du sultan, le grand chambellan emmena Othman dans un appartement du kiosque, où des esclaves le dépouillèrent, jusqu'à la chemise, de tous les vêtements qu'il portait en entrant dans le palais, et le revêtirent des habits et des armes du sultan lui-même. Dans ce nouveau costume, qui l'égalait extérieurement au padischah, Othman rentra pour rendre grâces à son maître.

L'entretien et le récit des campagnes de Perse avaient duré la moitié d'un jour d'été. Le sultan l'avait prolongé à dessein, par ses interrogations, au delà de la longueur ordinaire des plus longs récits, pour éprouver son général.

« On avait accusé Othman auprès de moi, dit-il en sortant du kiosque, de s'enivrer d'opium, et d'abrutir ainsi son intelligence; je ne le soupçonne plus de ce vice, puisqu'il a pu supporter sans fatigue et sans interruption un entretien et un récit qui ont duré six heures. »

Othman en effet relevait ses forces épuisées pendant ses campagnes par l'usage quelquefois excessif du vin. Après avoir vidé quelques coupes de cette liqueur avec ses favoris sous sa tente, il s'endormait la tête sur son coussin à la voix des chanteurs ; puis, se réveillant de lui-même à l'heure prescrite (deux heures après le soleil couché), il faisait ses ablutions religieuses et ses prières, versait des larmes de contrition sur ses fautes et reprenait le travail ou le sommeil, selon le loisir ou les affaires. La conviction de la sobriété d'Othman, qui résulta pour le sultan de cette épreuve, décida Amurat à remettre le gouvernement à l'homme prédestiné qui avait si heureusement conduit la guerre. Siawousch-Pacha fut congédié sans disgrâce. Othman fut nommé grand vizir. Son installation à cette dignité, accompagnée d'honneurs sans exemple jusqu'à lui, ne fut qu'une continuation de son triomphe le jour de son entrée à Constantinople.

Amurat III, malgré sa mollesse, savait régner puisqu'il savait récompenser ainsi le héros de sa nation. Mais au sein de ses prospérités extérieures, ce prince n'était pas heureux. Ses infirmités d'esprit croissaient avec ses déréglements ; sa mère et l'intendante de ses plaisirs, Djanféda, ne cessaient de lui présenter dans son harem de nouvelles victimes à ses caprices. Il changeait plus souvent de femmes que le muezzin ne criait d'heures. Ses enfants se multipliaient. Ses joies mêmes de la naissance de ses fils étaient tristes. Un jour qu'il s'entretenait avec une de ses odalisques qui allait devenir mère : « De quoi te sert-il d'être père, ô sultan ? lui dit cette esclave, en faisant allusion au meurtre inévitable des enfants mâles du harem ; tes fils ne sont pas destinés à vivre sur la terre, mais à peupler les tombeaux. »

XIX

Les rivalités de crédit et de faveur qui agitaient son harem se répercutaient jusque dans son divan. La mère d'Amurat III et son épouse la sultane Khasséki Safiyé ne s'entendaient pas toujours pour appuyer auprès de lui les mêmes favoris. Sa mère et sa sœur protégeaient Siawousch-Pacha; Safiyé accusait Siawousch de travailler à enlever le trône à son fils Mohammed afin de préparer l'empire aux fils qu'il avait eus lui-même de la sultane son épouse, sœur chérie du sultan.

La mort de la sultane mère Nour-Banou à l'époque du retour d'Othman de Perse, ébranla le crédit de Siawousch. La Vénitienne Safiyé, quoique soupçonnée d'avoir hâté par le poison la mort de sa belle-mère, régna désormais sans rivale sur l'esprit d'Amurat. Un autre favori du prince, Ibrahim, encore éloigné du sommet des honneurs publics, était le rival secret et souvent l'obstacle des grands vizirs.

Le harem avait ses factions; elles exigeaient des sommes immenses du grand vizir. La sultane Validé avait deux mille ducats d'or, indépendamment des prodigalités des favorites du jour. Trois femmes étrangères au harem d'Amurat se partageaient la domination de son esprit faible. L'une était cette Djanféda-Kadoun dont nous avons déjà parlé et que Nour-Banou, mère du sultan, lui avait recommandée en mourant comme seule capable de la remplacer elle-même dans l'administration de sa maison féminine; la seconde était une prétendue prophétesse nommée Raziyé, femme astucieuse et belle, dont le hasard avait quelquefois vérifié les paroles et les philtres. Éprise d'un jardinier du sérail nommé Schoudschaa, elle l'avait élevé par ses intrigues aux dignités domestiques de la cour; la troisième était la juive Kira, marchande du bazar, que son commerce d'étoffes et de bijoux pour les sultanes introduisait librement dans l'intérieur du harem, et qui s'entremettait ainsi dans toutes les intrigues d'amour ou d'ambition du sérail.

Trois filles de Sélim II, sœurs du sultan régnant, disputaient à la sultane Safiyé la faveur de leur frère. C'étaient la veuve du grand vizir Sokolli, celle du capitan-pacha Pialé et la princesse leur sœur qui avait épousé Siawousch. Une autre sultane retirée dans le vieux sérail, Mihrmah, fille de Soliman, élevait deux nièces d'Amurat. Elle avait marié la première de ces petites-filles de Soliman au renégat génois Cicala, transfuge de la grande maison des Doria de Gênes, et qui, en abjurant leur foi et leur patrie, avait transporté en Orient leur héroïsme. La mort ayant enlevé à Cicala la première de ses épouses du sang de Soliman, la sultane Mihrmah lui avait donné la seconde.

Ces princesses, que leur parenté avec le sultan introduisait sans cesse au palais, le remplissaient de leurs brigues et de leurs passions. Esma, veuve de Sokolli, quoique disgraciée de la nature, avait voulu épouser en secondes noces un des pachas les plus accomplis de corps et de cœur, nommé Ali-Pacha, gouverneur de la Hongrie turque. Il eut par ambition ou par peur la lâcheté de consentir à répudier sa femme, qu'il aimait, pour grandir en richesses et en dignités par un mariage avec une sœur de son maître. L'historien Petschéwi, témoin de ces noces cruelles, dit que les larmes et les imprécations de l'épouse répudiée d'Ali, en sortant de sa maison, auraient ému les rochers du Balkan.

Hassan-Pacha et Féridoun, le premier pour ses richesses, le second pour ses talents, furent jugés dignes de ces alliances avec des sultanes parentes du souverain. Féridoun disgracié, comme on l'a vu, dut son retour à la faveur de ce mariage tardif. La vie du sultan, au sein de ces mollesses et de ces intrigues féminines, s'écoulait dans les somptuosités de ses jardins et dans les puérilités des spectacles dont il amusait les esclaves et les enfants de son harem. Après avoir usé les heures dans ses kiosques, dont les terrasses parfumées de roses sont rafraîchies par le courant du Bosphore, il prolongeait le jour par les feux d'artifice qu'on tirait sur les collines en face de ses jardins pour l'amusement de son fils Mohammed.

Quelques constructions de dévotion ou d'utilité publique, qu'il aimait à voir s'élever sous ses yeux pour distraire son oisiveté par le spectacle de l'activité des ouvriers, diversifiaient ses heures. Il envoya pour cet usage des sommes considérables à la Mecque, afin de défendre la Kaaba sacrée et la pierre noire incrustée dans les murs du temple des inondations qui les avaient souillées. Cette pierre noire d'Abraham est, dans les traditions arabes et mahométanes, un rubis tombé du ciel à l'origine du monde, dont l'éclat illuminait la terre d'une lueur égale à celle de l'aurore, et que les péchés multipliés de l'espèce humaine finirent par obscurcir totalement à mesure que l'humanité se déprava en vieillissant. Les profanes n'y voient qu'un aérolithe tombée en Arabie au siècle des patriarches, qui brillait comme un météore igné en tombant, qui s'éteignit après sa chute et dont l'allégorie et la superstition orientales firent le rubis sympathique de la sainte Kaaba.

XX

Le crédit de ces princesses et des esclaves du sérail sur l'esprit d'Amurat III n'égalait pas celui du jardinier dont la prophétesse Raziyé avait fait le complice de ses ruses, et qu'Amurat, en récompense de ses divinations magiques, avait élevé au rang de prédicateur de la cour. Ce fanatique ayant reçu du ciel, disait-il, l'ordre de faire convertir en mosquées toutes les églises chrétiennes de Constantinople, inspira son intolérance au sultan. Amurat commença cette transformation des temples chrétiens, sous prétexte que le nombre accru des musulmans de la capitale dépassait le nombre et l'enceinte des mosquées bâties pour leur culte; mais les réclamations des ambassadeurs et les sommes dont les Grecs et les catholiques rachetèrent leurs autels conservèrent leurs églises aux chrétiens.

L'ambassadeur de France, M. de Germigny, protesta avec audace contre la suppression des chapelles de Galata, et marcha avec sa suite armée pour en défendre les portes. La crainte de perdre un allié si constant de la Turquie fit pardonner à l'ambassadeur cette témérité, pendant que le grand vizir menaçait les envoyés de l'empereur de les enfermer au château des Sept-Tours.

Les capitulations pour la protection du christianisme dans l'empire et pour les priviléges de la navigation furent renouvelées et amplifiées à cette époque.

La Hongrie et l'Allemagne troublaient seules la complète sécurité du divan du côté de l'Europe. Les Hongrois indépendants avaient élu pour roi l'empereur Rodolphe. Cette union de la Hongrie et de l'Autriche sous un même empereur mécontentait la Porte. Le grand vizir témoignait brutalement sa colère à l'ambassadeur autrichien.

« N'est-il pas vrai, lui dit-il un jour en pleine audience, que l'empereur Rodolphe est un prince infirme et maladif? Pourquoi les Hongrois ont-ils choisi un roi qui n'est pas de leur sang? Les Allemands, d'après notre proverbe, sont des chevaux châtrés, mais les Hongrois sont de vigoureux étalons. Tu pousses les Hongrois à se détacher de la protection des sultans; mais s'ils choisissent un autre roi parmi eux, nous ne tarderons pas à nous porter en Hongrie pour confirmer par les armes le roi qu'ils se seront donné contre votre empereur. » Il les menaça du pilori.

Les ambassadeurs de l'empereur subirent sans murmurer ces outrages, et continuèrent à payer le tribut et à solliciter l'amitié des Turcs.

XXI

Les envoyés extraordinaires de toutes les puissances de l'Asie, de l'Europe et de l'Afrique, arrivèrent à Constantinople pour assister aux fêtes de la circoncision du fils d'Amurat III et de la Vénitienne Safiyé. La mémoire de ces fêtes, dans l'esprit d'Amurat, devait être un des événements de son règne. Elles sont restées, en effet, un témoignage de l'opulence et des mœurs de la cour des sultans à cette époque. Leur magnificence et leur durée marquent l'apogée de luxe auquel une tribu de pasteurs conquérants avait élevé en deux siècles le trône de ses sultans. Leur description remplit des volumes entiers des mémoires du temps et des dépêches des ambassadeurs à leurs cours. Nous en empruntons quelques pages aux historiens allemands, relevées par Hammer dans les archives des cours d'Allemagne.

« Plus d'une année, disent-ils, avait été consacrée aux préparatifs de ces fêtes. L'époque de 1582 fut notifiée aux monarques de l'Asie, de l'Europe et de l'Afrique ; des tschaouschs furent aussi expédiés avec des invitations à tous les gouverneurs de l'empire ; ceux que leurs affaires empêchèrent de s'y rendre ne purent excuser leur absence que par l'envoi de présents considérables. L'ancien intendant des cuisines impériales, Karabalibeg, fut nommé intendant (*émir*), et l'ancien nischandji, Hamzabeg, inspecteur (*nazir*) de ces fêtes ; ce dernier reçut sur le trésor public un demi-million d'aspres, pour les divers frais auxquels il avait à subvenir dans ses attributions. Des cuisines s'élevèrent de toutes parts, et l'hippodrome, où Soliman avait déjà célébré les noces de sa sœur, celles d'Ibrahim et la circoncision de ses fils, fut le théâtre de magnificences qui devraient faire pâlir les souvenirs des plus grandes somptuosités des siècles passés. L'effet répondit aux immenses préparatifs qu'on avait faits, et les fêtes d'Amurat III en l'honneur de la circoncision de son fils Mohammed sont restées sans exemple dans l'histoire de l'empire ottoman, par leur splendeur et leur durée.

» L'hippodrome, qui a quatre cents pas de long sur cent de large, fut disposé d'après les besoins de la fête et des spectateurs : dans la partie supérieure où se trouve aujourd'hui l'hôpital des fous, on avait tracé un carré de cent pas fermé par des planches et destiné aux cuisines. Des kœschks et des loges couvertes pour le sultan, l'héritier présomptif et les sultanes, avaient été établis dans l'enceinte du palais d'Ibrahim-Pacha, favori d'Amurat. Au-dessus du palais et sur la même ligne, s'élevait un édifice dont la base, haute de six pieds, était construite en pierres, et sur laquelle se superposaient trois étages en bois : le premier fut assigné aux ambassadeurs des puissances étrangères, le second aux agas de la cour intérieure et extérieure, le troisième aux begs, beglerbegs et vizirs de l'empire. A cette construction faisait suite une galerie longue de douze pieds et haute de sept, dans laquelle furent placés le capitan-pacha et les begs de la mer.

» En face du palais d'Ibrahim-Pacha, à l'endroit même où l'on remarquait autrefois celui du dernier grand vizir Ahmed et où fut bâtie la mosquée du sultan Achmet, on voyait la musique de la chapelle impériale et les palmes des noces; plus bas, du même côté, on avait établi pour l'ambassade persane une tribune, à la voûte de laquelle était suspendu un lustre répandant la lumière par plusieurs centaines de becs; auprès de la tribune de l'ambassadeur persan était celle de l'ambassadeur français. Celui-ci avait d'abord demandé qu'on lui donnât la préséance sur l'envoyé d'Autriche ; mais, cette demande lui ayant été refusée, il ne parut pas aux fêtes, sous prétexte qu'il ne convenait pas au représentant du roi très-chrétien d'assister à des cérémonies d'idolâtres. Cette tribune fut occupée par les ambassades tartare et polonaise. A la suite venait la galerie du capitan-pacha, en face de laquelle avait été dressée une grande tente pour la préparation des sorbets et des autres rafraîchissements. Au milieu de la place s'élevaient deux mâts, dont l'un était peint en rouge et l'autre frotté d'huile; ce dernier était couronné par un vaste cercle auquel étaient suspendues plusieurs milliers de lampes, et qu'on abaissait pendant la nuit, afin d'éclairer l'hippodrome.

» Le beglerberg de Roumélie, Ibrahim-Pacha, avait été chargé, en qualité de maître des noces (*dougoundjibaschi*), de l'ordonnance et de la police des fêtes; au beglerbeg d'Anatolie, Djâfar-Aga, gendre de Sokolli, avait été confiée la surintendance des sorbets (*scherbetdjibaschi*); au capitan-pacha, Ouloudj-Ali, la direction des travaux des galeries et des estrades (*mibarbaschi*); l'aga des janissaires, Ferhad-Pacha, avait été nommé chef des gardes. Cinq cents hommes revêtus de grotesques habits de cuir parcouraient la place en portant chacun une outre enflée de vent, avec laquelle ils frappaient les perturbateurs de l'ordre. Leur capitaine, monté sur un âne que couvrait une housse de paille, cumulait avec ses importantes fonctions celles de bouffon du peuple.

» Le 1er juin 1582, le sultan se rendit en grande pompe du sérail impérial à celui d'Ibrahim-Pacha sur l'hippodrome. La marche était ouverte par les tschaouschs et les mouteferrikas revêtus d'habits de drap d'or, les agas de la cour et des troupes; puis venaient les palmes de noces, dont quatre, hautes de vingt aunes et plus, étaient escortées chacune de quatre-vingts janissaires. A la suite marchait le prince héréditaire, avec un habit de satin écarlate brodé d'or, et un turban surmonté de deux plumes noires de héron; à son oreille droite pendait un rubis du plus grand prix; à sa main droite brillait une émeraude; à sa ceinture était attaché un sabre enrichi de pierres précieuses, et il portait une masse d'armes d'acier, dont la tête était formée d'un morceau de cristal taillé à facettes et garni d'or. A son arrivée, le prince baisa la main de son père, tandis que les palmes des noces furent dressées en face du palais, et que la musique fit entendre de joyeuses fanfares.

» Trois jours après, les sultanes, accompagnées de tout un arsenal de sucreries, se rendirent à l'hippodrome. Elles étaient suivies de dix à douze prisonniers des frontières de Hongrie ou de Bosnie, dont les tours de force devaient être donnés en spectacle au peuple assemblé; ils se hachèrent à coups de sabre, se percèrent avec leurs lances; un d'eux même planta dans sa chair un fer de pique; d'autres avaient les bras hérissés de flèches; d'autres encore portaient des fers à cheval cloués sur le dos, et leur sang ruisselait à flots. Le sultan les récompensa de leur bravoure par des dons d'argent proportionnés à leur rang. Le principal d'entre eux reçut un timar du revenu de quatre mille aspres. Mais deux de ces malheureux prisonniers ayant succombé à leurs blessures, ce spectacle inhumain fut défendu pour la suite des fêtes.

» Parmi les ouvrages en sucrerie, on remarquait neuf éléphants, dix-sept lions, dix-neuf léopards, vingt-deux chevaux, vingt et un chameaux, quatre girafes, neuf sirènes, vingt-cinq faucons, onze cigognes, huit grues, huit canards, et une foule d'autres objets; les confitures étaient portées par quinze chevaux de somme, dont huit avaient des housses de damas rouge, et sept de damas d'argent. Pendant la distribution des sucreries, des Arabes et des saltimbanques égayèrent le peuple par leurs tours sur les mâts de cocagne, l'obélisque et le pilier de l'hippodrome.

» A la suite des ouvrages en sucrerie venaient les grandes palmes des noces, qui, surpassant de beaucoup par leurs énormes proportions les palmes du premier cortége, étaient hautes de vingt à trente aunes et divisées en sept compartiments; elles étaient formées de sept boules en cire de diverses couleurs, montant en pyramide, dont la plus basse avait un circuit de quatre à cinq aunes; chacune de ces palmes, auxquelles étaient appendues des figures représentant des oiseaux, des animaux, des fruits, des miroirs, toutes sortes d'autres objets, était un symbole de force virile et de fécondité. Pour qu'il fût possible de faire circuler ces palmes, on dut élargir les rues, découvrir des maisons et en démolir d'autres.

» Le jour suivant, les vizirs furent admis à déposer leurs présents au pied du trône. Le grand vizir Sinan offrit au sultan cinq chevaux richement enharnachés, et au prince de magnifiques habits, trois chevaux tout étincelants d'or et couverts de housses brodées de perles; le tout était estimé quarante mille ducats. Le second vizir, Siawousch-Pacha, donna huit chevaux et trois habits de drap d'or valant vingt mille ducats; le troisième vizir, l'eunuque Mesih-Pacha, quatre chevaux, dont deux avec l'enharnachement complet, et cent cinquante vêtements d'une valeur de trente mille ducats; Mohammed-Pacha-Djerrah (*le chirurgien*), ainsi appelé parce qu'il s'était élevé des fonctions de barbier du sultan à celles de vizir, offrit des chevaux, des habits, des joyaux d'argent s'élevant à quinze mille ducats; Othman, le kiayabeg ou ministre de l'intérieur, de la vaisselle d'argent et de jeunes garçons géorgiens et tscherkesses, représentant une valeur de dix mille ducats.

» Chacun de ces jours et des jours suivants, plus de cent Grecs, Albanais et Raizes demandèrent à embrasser l'islamisme : il suffisait de se découvrir la tête et de lever un doigt en l'air pour être conduit au sérail et y être circoncis.

» Pendant la durée des fêtes, on exposa tous les soirs sur la place plus de dix mille plats de riz bouilli couverts chacun d'un pain, et seize à vingt bœufs rôtis tout entiers avec leurs cornes et leurs sabots; le peuple se précipitait à l'envi sur cette pâture, de sorte qu'en un clin d'œil la place était jonchée de plats brisés et de riz répandu. Deux cents esclaves de l'arsenal étaient préposés au nettoyage, et cinquante porteurs d'outres à l'arrosement de la place. A la nuit tombante, on allumait cent cinquante grandes lampes, ainsi que celles du grand mât dont nous avons déjà parlé, et des feux d'artifice faisaient renaître, non-seulement pour l'hippodrome, mais encore pour toute la ville, la clarté du jour.

» Le 6 juin, les cinq cents porteurs d'outres parcoururent les rues sous les déguisements les plus grotesques. Le soir, un simulacre de siége fut donné à une redoute hongroise; les combattants avaient des bâtons au lieu de lances, et des coussins au lieu de boucliers.

» Le 7 juin, l'ambassadeur impérial, baron de Preyner, fut invité par douze tschaouschs à assister aux fêtes; l'ambassadeur persan avait déjà occupé deux jours auparavant la place qui lui avait été désignée, ainsi que l'envoyé de Pologne, Philippowsky, qui présenta au grand vizir les deux frères du khan des Tartares antérieurement réclamés avec tant d'instances. Philippowsky avait apporté pour présents quatre dogues et six charges de fourrures de zibeline, dont chacune comprenait quarante peaux et était estimée mille ducats; l'envoyé de Transylvanie, Ladislas Szalanczy, offrit sept coupes d'argent à double fond, sept plats du même métal artistement travaillés, deux bassins et quatre candélabres, dont deux étaient dorés. Les présents des Ragusains et des vayvodes de Moldavie et de Valachie consistaient en coupes d'argent, châles et pendules; ceux du khan des Tartares en dix charges de fourrures de zibeline et autant de pelisses, cinq charges de fourrures de martre, six pelisses d'hermine pour femmes, dix dents de morse et vingt jeunes chrétiens.

» Les envoyés du souverain de Fez et de Maroc apportèrent un précieux chapelet de perles renfermé dans une boîte de nacre, deux tapis brodés d'or, quatre en soie sur lesquels étaient représentés des fleurs et des arbres, un harnais brillant d'or et de pierreries, un panache de plumes noires de héron réunies par une agrafe de diamant, des étriers enrichis de perles et de diamants, une grande quantité de ballots d'étoffe de soie, quatre de drap d'or, des perles montées sur or, et une somme de quarante mille couronnes comme tribut.

» La nuit, au milieu des feux d'artifice, on lança dans la foule des ours, des chiens et des renards, aux queues desquels étaient attachés des torches allumées et des pétards, pour le plus grand plaisir des grands, qui se réjouissaient de l'effroi causé au peuple par ces nouveaux acteurs. Pendant ce temps, les poëtes lurent au grand vizir les poésies qu'ils avaient composées pour célébrer la circoncision du jeune prince. Des danses moresques et des comédies juives prolongèrent les réjouissances de cette journée jusqu'au milieu de la nuit.

» Le 8 juin, le sultan donna un festin splendide aux officiers des janissaires, pour lesquels avaient été dressées des tables de soixante-dix couverts chacune. Le grand vizir et l'aga des janissaires firent les honneurs du repas; les armuriers servirent à table. Les solaks et les peïks, ou gardes du corps, archers et hallebardiers du sultan, rivalisèrent d'adresse au tir à l'arc, et s'exercèrent à percer à coups de lance des armures et des casques d'acier. L'ambassadeur impérial vint avec toute sa suite prendre possession de sa loge, pour assister aux fêtes.

» Le 9 juin, les légistes, le mufti, les cadiaskiers, les cadis, les naïbs, les mouderris, les khodjas, les cheiks et les imans furent invités à un festin pour lequel on avait dressé soixante-dix tables. Un grand nombre de pages du sultan, qui étaient sortis récemment du sérail d'Andrinople et étaient entrés dans les rangs des spahis, vinrent, traînés dans soixante-deux chars, pour baiser la main d'Amurat III. Deux châteaux avaient été élevés en face de la loge du sultan : le plus grand, surmonté d'étendards rouges et jaunes, figurait un château musulman, et le second, sur lequel flottaient des drapeaux représentant des croix rouges et bleues sur des champs d'argent, était nécessairement un château chrétien. Après une vive canonnade de part et d'autre, les hommes postés dans la tranchée du premier castel s'avancèrent avec leur artillerie sous les remparts du second ; lorsque les quatre murs de ce dernier s'écroulèrent, on en vit sortir quatre porcs, par une fine allusion aux puissances chrétiennes, dont les ambassadeurs assistaient à la fête ; on crut devoir renchérir encore sur cette ingénieuse plaisanterie, en faisant déchirer par trois lions un cinquième porc qu'on avait été chercher au palais de l'ambassadeur impérial. Sur d'autres points, des juifs et des Mores exécutèrent des danses burlesques (*mattesina*), et la danse pyrrhique (*moresca*).

» Le 10 juin, l'ambassadeur impérial voulut remettre au

sultan ses présents, consistant en trois colliers précieux, cinq autres joyaux d'un grand prix et deux magnifiques médaillons, le tout estimé quarante mille ducats. Mais, ayant appris que l'ambassadeur vénitien l'avait prévenu et devait offrir ce même jour des bijoux et des étoffes d'or d'une valeur de huit mille ducats, il ajourna sa démarche jusqu'après les fêtes, où il fut reçu en audience par le sultan.

» Le 11 juin, jour auquel les spahis furent splendidement traités par le sultan, commencèrent les processions solennelles des divers corps de métiers ; pendant vingt et un jours, ils se succédèrent devant le sultan, en lui souhaitant toutes sortes de bonheur avec les formules de bénédictions ordinaires, et lui offrant chacun un échantillon de leur art ; en retour, Amurat leur fit remettre quelques poignées d'aspres nouvellement frappés. Les divers corps de métiers rivalisèrent entre eux de magnificence. Lorsque les confréries de derviches auxquelles chacun d'eux appartenait eurent présenté leurs félicitations au sultan, le khodja leur adressa un discours qui fut terminé aux cris mille fois répétés d'*Amen*.

» Ces processions furent ouvertes par les cordonniers et les bonnetiers pour femmes, ordre qui avait été probablement adopté dans la vue de flatter les sultanes ; ces deux corps de métiers avaient des bannières d'étoffe d'or et d'argent et des dais ou baldaquins étincelants de mille couleurs ; ils présentèrent au sultan, dans un énorme soulier de maroquin brodé d'or, un jeune apprenti aux joues rosées et aux vêtements de drap d'or. Ils étaient escortés de joueurs d'ombres chinoises et de marionnettes, de juifs déguisés en soldats allemands et espagnols. La nuit, on alluma un faisceau de lampes formant le pentagone de Pythagore, que les musulmans appellent le sceau de Salomon.

» Le 12 juin, les filateurs de coton apportèrent des figures de lions et de monstres marins en coton, ainsi que des masses d'armes faites de même matière.

» Le 13 juin, un banquet fut donné aux cordonniers pour hommes et aux selliers; les premiers défilèrent devant la loge impériale avec des thyrses couverts de feuillages, sur l'un desquels était figuré le sceau de Salomon, et ils firent don au sultan d'une botte monstrueuse en maroquin et de babouches jaunes; les seconds conduisaient avec eux un atelier ambulant porté sur six roues, dans lequel plusieurs personnes s'occupaient de toutes sortes de travaux de sellerie. Les ouvriers employés au plissement des cafetans et des étoffes de soie vinrent à leur tour sous une bannière de satin rouge et jaune. Au milieu d'un cortége de cent jeunes garçons en habits de soie, s'avançait un char dans lequel l'un d'eux plissait des étoffes sur la tête rasée de son maître, faisant fonction de la table de marbre dont on se servait ordinairement pour cet objet. La nuit, le capitan-pacha Kilidj-Ali tira un feu d'artifice, qui surpassa tous ceux des nuits précédentes par la beauté et la variété de ses dessins, représentant des vaisseaux, des tours, des châteaux et des éléphants enflammés. Ce jour-là, comme les autres, les joueurs de gobelets et les danseurs de corde contribuèrent pour leur part à l'amusement du peuple.

» Le 14 juin, eut lieu le tournoi des spahis. Les esclaves chrétiens de la veuve de Sokolli, au nombre de neuf cents, simulèrent au milieu de danses pyrrhiques la lutte de saint

Georges avec le dragon; deux galères donnèrent sur l'hippodrome le spectacle de l'abordage, comme si elles eussent été en pleine mer, et celle qui fut prise fut conduite en triomphe avec son pavillon traînant derrière elle dans la poussière. Les musiciens de la chapelle de la sultane veuve de Sokolli jouèrent une espèce de pantomime mythologique; au milieu de l'harmonie des cymbales, des luths et des violons, un bravo italien s'approcha d'un jeune enfant déguisé en Cupidon, et voulut s'emparer de lui, en employant d'abord la flatterie, puis la force; mais une jeune fille, armée d'un javelot comme une nymphe de Diane ou une amazone, intervint en ce moment, repoussa l'audacieux agresseur et délivra le jeune enfant.

» Le 15 juin, les tréfileurs d'or et d'argent et les confiseurs vinrent rendre à leur tour hommage au sultan. Des quadrilles de spahis et de silihdars s'assaillirent les uns les autres, puis ils se retirèrent, après s'être exercés au tir sur une pomme d'or fixée au bout d'une longue perche; deux d'entre eux, revêtus d'armes grecques tout incrustées d'or, se livrèrent à des exercices d'équitation.

» Le 16 juin, les derviches des différents ordres se rendirent devant le sultan; chemin faisant, pris d'une louable émulation, ils firent concurrence avec les saltimbanques; les uns tournaient sur eux-mêmes avec une effrayante rapidité, en ne cessant de vociférer les cris de : *Allah!* et de *Hou!* les autres prenaient du fer rouge dans la bouche, d'autres encore avalaient des couteaux ou faisaient mille tours semblables; de sorte que les femmes assises aux fenêtres sous lesquelles passait cet étrange cortége ne pouvaient retenir leur effroi ou leur pitié à la vue de si effrayantes contorsions. Un derviche se plaça dans un tonneau rempli de serpents en affectant la plus grande tranquillité ; un second se fit poser sur la poitrine une pierre d'un poids à ne pouvoir être soulevée que par huit hommes, et la fit ainsi briser en morceaux ; un troisième sauta, au péril de sa vie, au-dessus de couteaux et de lames de sabre fichés à terre. La journée se termina par un feu d'artifice de l'invention d'un papas grec, et représentant une forêt et un jardin plantés de cyprès.

» Le 17 juin, les fileurs de soie, les fabricants de cordes et de lacets se rendirent sur l'hippodrome avec des bonnets, des capes et des chaperons de formes étranges. Les pâtissiers et les marchands de sorbets, suivis de tout l'attirail de leur métier, faisaient des pâtisseries en passant, et versaient au peuple des sorbets de toutes couleurs. Les tisserands offrirent au sultan leurs pièces de toiles les plus fines, et les corroyeurs de grands surtouts de table en cuir brodé d'or et des coupes en cuir sans couture.

» Le 18 juin, le beglerbeg de Roumélie fut invité à un grand festin en sa qualité de dougoundji ou directeur des fêtes. Les fruitiers, les marchands de fil et de tabliers défilèrent devant le sultan, suivis des bijoutiers, qui avaient amené avec eux plus de trois cents jeunes gens revêtus d'habits de drap d'or.

» Le 19, les fabricants de housses et de cierges se présentèrent devant Amurat, et lui offrirent des ouvrages de leur profession, remarquables par leur beauté.

» Le 20, jour consacré au banquet du capitan-pacha et des capitaines de la flotte, eut lieu la procession des potiers et des marchands de tapis, que suivaient les Grecs de Péra et de Galata, portant des drapeaux à carreaux alternativement rouges, jaunes, bleus et blancs. Cent Grecs

marchant deux à deux étaient revêtus de jaquettes rouges
à taillades, et avaient des bonnets phrygiens, des son-
nettes aux jambes et des lames nues à la main. Une noce
grecque formait un cortége particulier : trente jeunes garçons grecs portant des habits d'or et des barrettes de velours ornées de perles et de pierres précieuses, trente autres déguisés en jeunes filles, précédaient le dais sous
lequel étaient les deux fiancés, et que suivaient encore
d'autres jeunes garçons sous le même costume que les précédents. Les cent Grecs dont nous avons parlé en premier
lieu commencèrent à danser la danse lascive d'Alexandrie,
dans laquelle survivent les coutumes orgiaques des prêtres
idaliens ; le cortége de la noce exécuta la descente romaïka,
dont les entrelacements figurent les mille détours du labyrinthe de Crète. Vinrent ensuite les *djebedjis* ou armuriers,
forgeant et polissant des armes ; cent d'entre eux étaient
revêtus de vieilles armures dorées. Les relieurs et les marchands de papiers peints leur succédèrent avec des drapeaux de papier, et cent trente jeunes gens habillés de
papier de diverses couleurs ; ils avaient avec eux une bou-
tique ambulante, dans la partie inférieure de laquelle un
jeune garçon préparait du papier, tandis que, dans la
partie supérieure, trois autres lisaient le Coran. Les mate-
lassiers conduisaient cent cinquante jeunes garçons revêtus d'habits de drap d'or, et assis sur des matelas et des
coussins de même étoffe. Les miroitiers et les peintres sur
porcelaine avaient avec eux cent cinquante jeunes garçons tout couverts de morceaux de glaces, qui renvoyaient
aux spectateurs les ardents reflets du soleil. Les fabricants de peignes fermèrent les processions, qui avaient
duré vingt et un jours ; celles des corps de métiers d'un

ordre supérieur remplirent les dix-sept jours suivants.

» Le 7 juillet, Mohammed-Sultan fut circoncis, dans le sérail de l'hippodrome, par le vizir Djerrah-Mohammed-Pacha. La petite particule de chair enlevée par l'opérateur fut envoyée dans une coupe d'or à la sultane Khasseki, mère du sultan Mohammed, et le couteau sanglant à la sultane Validé, mère du sultan Amurat; des distributions de monnaies d'or et d'argent, et une course de chevaux, pour laquelle avait été institué un prix de mille ducats, ajoutèrent à la solennité de cette journée. Djerrah-Mohammed fut récompensé de son heureuse opération par un présent s'élevant à près de huit mille ducats.

» Le 8 juillet, on remarqua parmi les curiosités de la fête une girafe et un éléphant apprivoisés. Le douzième jour après la circoncision, se manifesta parmi les janissaires et les spahis un mouvement qui avait été provoqué par des hommes ivres et une femme de mauvaise vie. Le préfet de police, qui avait voulu punir avec ses janissaires quelques-uns des spahis et en avait tué un dans le tumulte, fut maltraité par les spahis, et traîné pieds et poings liés sur l'hippodrome, devant le sultan. Les janissaires et les spahis vomirent les uns contre les autres des imprécations et des menaces, et ce ne fut qu'avec peine que le grand vizir, l'aga des janissaires et le beglerbeg de Roumélie purent calmer l'effervescence générale. Les janissaires étaient d'autant plus irrités, que le sultan leur avait refusé, à l'occasion de la circoncision, le présent d'usage, en prétextant la pénurie de son trésor; mais ils n'avaient pu accepter cette défaite, parce qu'Amurat, quelques jours encore avant son refus, n'avait pas craint de faire des dépenses folles. Les janissaires qui pendant les fêtes avaient occupé les postes de l'hippodrome reçurent seuls une bourse d'or par tête, et dix cafetans furent donnés à chacun de leurs officiers.

» Le lendemain des troubles, le 19 juillet, les sultanes se rendirent en litières couvertes du sérail de l'hippodrome au sérail impérial, et furent suivies par les pages à un jour de distance.

» Le 20 juillet, le sultan passa les tschaouschs en revue, et les congédia au milieu d'acclamations universelles; la même cérémonie eut lieu le lendemain pour les porteurs d'outres, qui avaient été destinés à maintenir l'ordre et à nettoyer l'hippodrome. Le cinquante-deuxième jour après sa sortie du sérail (22 juillet), le sultan retourna avec son fils dans son palais, de grand matin et sans la pompe accoutumée, de peur que le déploiement du cérémonial ordinaire ne fût une occasion de querelles entre les spahis et les janissaires, dont la mésintelligence était à peine apaisée.

» La mort d'un prince descendu au tombeau deux jours après sa naissance et un incendie troublèrent la fin de ces fêtes, qui éclipsèrent toutes celles qui avaient précédé, et qui ne peuvent souffrir de comparaison avec toutes celles qui suivirent. Cet incendie fut considéré comme d'un mauvais présage pour cet autre incendie moral qu'avaient allumé les querelles des spahis et des janissaires, et qui menaça de mettre tout l'empire en combustion. »

Nous avons dû donner quelques détails sur ces fêtes, parce qu'elles furent pendant plusieurs années le but vers lequel tendirent toutes les idées et toutes les négociations d'Amurat, et parce qu'elles jettent la plus vive lumière sur l'état de l'empire, alors encore redouté par les puissances européennes, sur le luxe de la cour et des grands, la somptuosité des vêtements, l'espèce de point d'honneur qu'on mettait à entretenir richement un grand nombre de jeunes garçons, le goût et les amusements du peuple, et la répartition en catégories des diverses industries, telles que nous les ont montrées les processions des différents corps de métiers.

XXII

Ce tableau du luxe complète les portraits des hommes : les fêtes sont l'histoire des mœurs d'un peuple. Le grand vizir Othman les attrista par une justice tragique accomplie, malgré les intrigues du harem, sur Hassan-Pacha, beau-frère d'Amurat III. Hassan, qui dilapidait les trésors de l'Égypte, dont il était gouverneur, pour accroître son propre trésor, fut rappelé et jeté à son arrivée à Constantinople au château des Sept-Tours. Le sultan ne lui accorda la vie qu'aux prières et aux larmes de sa sœur.

Le favori Ibrahim fut envoyé en Égypte pour réparer l'administration dilapidatrice d'Hassan. Ibrahim employa en vain dix-huit mois et des millions de bras à fouiller le mont Mokattam au Caire, et la pente des Émeraudes sur la plage de la mer Rouge, pour découvrir les trésors enfouis par Hassan.

Une guerre civile entre les Druzes, tribu guerrière qui partage avec les Maronites les hautes vallées du mont Liban, rappela Ibrahim en Syrie. L'un des chefs des Druzes, Ebn-Maan, qui régnait entre Beïrout et Tripoli de

Syrie, se soumit à Ibrahim et lui envoya sa mère avec des présents de chevaux arabes, de chèvres et de soie, produits de ces sauvages et pittoresques contrées. Ibrahim reçut la mère du cheik druze avec bonté. Prenant deux voiles de soie que cette femme lui présentait, il en déploya un sur la tête de la mère du rebelle, et se couvrit la tête de l'autre, pour signifier que le passé était à jamais voilé entre les Druzes et les Ottomans. Mais cette promesse était une perfidie. A peine la mère d'Ebn-Maan avait-elle rejoint son fils, qu'Ibrahim, l'enveloppant dans ses montagnes, le surprit et le fit écorcher vivant à Antara. Les malédictions du chef trahi et martyrisé soulevèrent toute sa race dans le Liban. Ibrahim, avec six mille janissaires débarqués d'Égypte à Saïde, l'ancienne Sidon, ravagea le plateau entier du Liban, exterminant les chefs druzes divisés les uns par les autres. Quatre cents têtes coupées de ces rebelles le précédèrent à Constantinople.

Les trésors en argent, en bijoux, en merveilles d'art, qu'il rapportait d'Égypte et de Syrie sur sa flotte, lui répondaient de l'accueil du sultan. La plus précieuse de ces dépouilles était un trône d'or qui avait été ciselé par un artiste égyptien, rival des artistes florentins leurs maîtres. Ce trône, indépendamment du travail et des pierreries dont il était incrusté, contenait une masse d'or égale à dix millions. C'est le siége impérial qui servit depuis à l'inauguration des sultans à la cérémonie de leur avénement. Deux cent mille ducats d'or en monnaie, deux Corans dont les reliures éclataient de diamants et de rubis; un rideau brodé en pierres précieuses de la porte du temple de la Mecque; trois sabres, trois yatagans et trois poignards persans à manches de pierreries fines; trois boucliers éblouissants de rubis ; une toilette de femme composée de soixante et dix-neuf pièces en or pur, des rouleaux innombrables de velours, de brocart et de mousseline des Indes; cent jeunes garçons blancs, dix-sept eunuques noirs, dix nègres éthiopiens aux traits africains, sept Éthiopiens blancs; soixante et dix chevaux arabes du désert, dont les dix premiers portaient des selles d'or, des housses brodées de perles ; un éléphant portant un trône, une girafe, une gazelle gigantesque inconnue jusque-là des Ottomans, composaient le présent d'Ibrahim. Amurat III, qui l'aimait et lui destinait la place de grand vizir, lui donna sa fille, la sultane Aïsché, pour épouse. La splendeur de ces noces égala les fêtes de la circoncision.

Ibrahim, envoyé en Hongrie pour y réprimer les rébellions armées des magnats Nadasdy et Palfy, que l'appui secret de l'Autriche encourageait contre les Turcs, rentra à Constantinople (1585) avec une foule de prisonniers hongrois enchaînés, qui portaient chacun deux têtes de leurs compatriotes tués sur le champ de bataille. L'envoyé de l'empereur Rodolphe ayant voulu intercéder pour quelques-uns de ces captifs : « Chien, lui répondit le vizir, pourquoi avez-vous soutenu Nadasdy ? Pourquoi votre tribut annuel n'est-il pas encore payé au sultan ? » On arracha au page de l'ambassadeur le sabre et la hache d'armes de son maître, et on les brisa en sa présence.

Les magnats hongrois Zriny, Nadasdy, Bathiany vengèrent ces outrages par la défaite du pacha Schehzvar et par le massacre de trois mille Turcs à Kanischa. Le pacha n'échappa lui-même à la mort que par la fuite. Son cheval mourut de fatigue sous lui. Il erra seul dans les marais des bords du Danube, obligé d'envelopper ses pieds déchirés avec la fourrure de peau de tigre de son cafetan. Rentré obscurément et couvert de honte à Constantinople, il racheta quelques jours de vie par l'abandon de tous ses trésors au sultan, et s'empoisonna enfin lui-même de honte et de douleur d'avoir perdu ses soldats.

XXIII

L'ambassadeur du roi de Pologne, Étienne Bathory, fut congédié de Constantinople avec des reproches sévères contre sa république, qui avait donné asile et impunité aux Cosaques ennemis des Tartares de Crimée et des Turcs. Cet ambassadeur, Jean Podladowsky, n'ayant pas promis les satisfactions suffisantes à la Porte, fut massacré avec toute sa suite dans une forêt voisine d'Andrinople en retournant en Pologne. Le roi de Pologne, pour toute vengeance, obéit aux injonctions du divan, et fit supplicier trente-trois Cosaques pour complaire aux ambassadeurs d'Amurat III.

Peu de temps après, la mort de Bathory rouvrit les compétitions et les intrigues ordinaires pour l'élection de ce roi viager des Sarmates. Sigismond, prince de Suède, fut élu sans opposition du divan; il se hâta d'envoyer le comte Zamoisky, son secrétaire, à Constantinople, pour demander la continuation des rapports de patronage et de déférence entre la république de Pologne et l'empire.

La reine Catherine de Médicis entretint une correspondance directe avec la sultane vénitienne Safiyé, pour obtenir d'Amurat le secours de la flotte ottomane contre la flotte espagnole de Philippe II, en guerre avec la France. La juive

Kira, confidente de la sultane, obtint communication d'une des lettres de Catherine de Médicis, et révéla la correspondance à l'ambassadeur de Venise, compatriote de la sultane.

L'Angleterre sollicita la même alliance offensive et défensive contre Philippe II. Le grand vizir éluda l'alliance, sous prétexte de la guerre de Perse, qui absorbait toutes les forces militaires de la Turquie.

Les Vénitiens, quoique en paix avec la Porte, continuaient de combattre sur les mers d'Afrique les marines barbaresques alliées et tributaires des Turcs (vers 1587). Le pacha de Tripoli, Ramazan, ayant été tué dans son palais par ses janissaires révoltés, sa veuve réfugiée sur une de ses galères fit voile vers Constantinople avec un trésor de cent mille pièces d'or amassé par son mari. Quatre cents esclaves et quarante jeunes filles de sa suite accompagnaient la veuve du pacha dans sa fuite. Le vent contraire poussa la galère dans l'Adriatique. Elle y jeta l'ancre dans le port de Zante, île vénitienne. Le gouverneur de Zante respecta dans la fugitive les droits de la paix, du malheur et de l'hospitalité. Mais le célèbre amiral vénitien Emmo, informé des richesses que portait le vaisseau, l'attendit en mer à la hauteur de Céphalonie, et s'en saisit comme d'une dépouille de guerre. Les trois cents janissaires fidèles à la veuve de leur pacha furent immolés en la défendant sur le pont de la galère turque. Les Vénitiens, sans pitié pour une femme innocente et désarmée, tuèrent l'enfant du pacha à la mamelle sur le sein de sa mère égorgée ; les quarante jeunes filles furent jetées à la mer après avoir assouvi la brutalité des équipages ; on les mutila avant de les noyer. Le jeune frère de l'amiral Emmo lui-même se souilla de cette débauche mêlée de sang sous les yeux du commandant de l'escadre. Il s'était emparé de la plus belle de ces victimes. Elle se jeta à ses pieds en implorant l'honneur et la vie, certifiant qu'elle était chrétienne et vénitienne, qu'elle avait été enlevée de Chypre encore enfant par les conquérants de l'île, et emmenée en esclavage à Tripoli par les barbaresques. Ni sa race, ni sa religion, ni ses larmes, ni sa beauté n'amollirent le cœur du féroce Vénitien.

Ces crimes des Vénitiens en paix avec les musulmans soulevèrent sur tous les rivages de l'Adriatique et de la Méditerranée les cris d'horreur et les représailles des Turcs. La sultane vénitienne Safiyé, toujours dévouée à sa première patrie, sauva avec peine l'ambassadeur de Venise à Constantinople de la vengeance du peuple. Ses lettres confidentielles au sénat de Venise firent sentir à la république la nécessité d'une réparation proportionnée au forfait, ou le danger d'une guerre implacable aux possessions vénitiennes. Emmo et son frère furent désavoués et décapités sur le pont de leur galère ; les trésors et les esclaves du pacha de Tripoli restitués à sa famille. Les Vénitiens, pour mieux effacer le souvenir de ce crime commis sous leur drapeau, unirent leurs vaisseaux aux vaisseaux turcs contre les galères de Philippe II. L'Espagne elle-même demanda une trêve au divan. L'ambassadeur de la reine Élisabeth d'Angleterre ne put prévenir la trêve avec l'Espagne.

Le pape Sixte-Quint, dont la politique à grande vue dépassait l'horizon de l'Europe, s'efforça, par des ménagements envers les Turcs et par des légats négociateurs envoyés aux communions chrétiennes dissidentes de l'empire, de rattacher au centre catholique romain les Grecs, les Arméniens, les jacobites de la Mésopotamie. L'esprit de secte, plus obstiné que les antipathies nationales, déjoua toutes ces tentatives. La Porte ne s'immisça pas dans ces négociations religieuses entre les chrétiens soumis à sa domination ; mais les Maronites du Liban seuls persévérèrent dans un catholicisme romain qui tolérait cependant dans cette communion le mariage des prêtres.

XXIV

Le vieux capitan-pacha Kilidj mourut, âgé de quatre-vingt-dix ans, dans les bras d'une esclave favorite de son harem. Ses trésors évalués en espèces monnayées et en pierres précieuses furent dérobés au trésor public. Ibrahim-Pacha, le favori d'Amurat III, lui succéda pour peu de temps. Le gouverneur d'Alger, Hassan-Pacha, renégat vénitien, fut élevé par son talent à ce poste. Hassan, ancien gouverneur d'Égypte et emprisonné aux Sept-Tours pour ses concussions au Caire, avait été dénoncé par un autre renégat milanais comme dilapidateur des richesses d'Égypte. Le sultan, qui lui avait confisqué alors deux cent mille ducats, ne lui rendit pas sa fortune en lui rendant sa faveur. Hassan, pour témoigner sa reconnaissance à Amurat, lui amena d'Alger dix galères armées et lui offrit en présent trois cent mille ducats, trente jeunes eunuques et cinquante jeunes filles d'une beauté d'élite.

La guerre de Perse occupait exclusivement le grand vizir Othman. Seul il était capable à la fois de la préparer et de la conduire. Deux cent mille hommes aguerris par lui dans ses longues campagnes l'attendaient à Castémouni, sur la route d'Erzeroum. Arrivé à Erzeroum, Othman congédia Ferhad-Pacha, qui avait commandé mollement jusque-là les forces ottomanes en observation sur la frontière de Perse. Othman marcha directement sur Tauris et incendia cette capitale de l'Aderbidjan, située, pour son malheur, au milieu d'une plaine comptée au nombre des quatre *paradis* des Ottomans. En quarante jours il la rebâtit et la fortifia pour en faire une pierre d'attente des futures expéditions des Turcs. Mais une défaite de son lieutenant Cicala-Pacha et le murmure de l'armée, qui refusait de s'avancer plus loin dans une contrée déserte, le forcèrent à la retraite.

Attaqué par le prince Hamza, fils du schah aveugle, et déjà vainqueur de Cicala, Othman, malade mais non découragé, mourut de lassitude sur son cheval au milieu de la bataille. Sa mort entraîna la déroute des Turcs. Trente mille d'entre eux tombèrent sous le sabre des Persans; le reste se réfugia dans Erzeroum. Ferhad-Pacha et Cicala prirent ensemble le commandement des débris de l'armée.

Amurat III remplaça le grand vizir mort sur le champ de bataille par Mesih-Pacha, vieillard de quatre-vingt-dix ans, dont l'esprit chancelait sous le poids des années. Le motif de ce choix inexplicable au moment où l'empire réclamait une tête et une main actives était de laisser régner le favori Ibrahim sous le nom d'un vizir nominal.

Cependant le prince persan Hamza poursuivait le cours de ses victoires sur les restes de l'armée ottomane. L'hiver le retint à Caswin. Le sauveur de la Perse s'y préparait à une troisième campagne. Les intrigues des partis qui déchiraient sa patrie le menaçaient jusque sur cette brèche de l'empire.

Un barbier étranger nommé Djoudi, introduit dans son appartement pour raser le prince, lui coupa la gorge (1586) et s'évada sans être soupçonné par ses gardes. Les uns attribuent le crime de l'assassinat au fanatisme des musulmans, qui reprochaient à Hamza-Mirza trop de faveur pour les chrétiens du royaume; les autres, à l'instigation d'Ismaël-Mirza, jaloux de la gloire et du trône que tant d'exploits assuraient à son frère. Le schah aveugle ne survécut pas à la douleur de la perte d'un tel fils. Ismaël hérita en effet, pour quelques mois seulement, de ce trône ensanglanté par tant de crimes. Mais le Soliman ou le Charlemagne de la Perse était né et grandissait déjà dans l'ombre. C'était un enfant sauvé du massacre des princes, fils de Mohammed, par la cruelle Péridjan. Cet enfant fut le grand Abbas, restaurateur de la Perse.

XXV

Pendant tout le règne de Mohammed l'Aveugle, ce schah avait vainement redemandé aux chefs des tribus du Khorasan, auxquels on avait, selon l'habitude, confié son fils au berceau, de le renvoyer à sa cour. Ces chefs, attachés à cet enfant par ses malheurs, par sa grâce et peut-être aussi par l'espérance de le porter un jour au trône pour régner en son nom, s'étaient refusés de livrer ce gage.

Les deux plus puissants en armes de ces chefs de tribu du Khorasan, Ali-Kouli-Khan et Murschud-Kouli-Khan, levèrent, à la mort d'Hamza et de Mohammed (1586), le drapeau des droits du jeune Abbas. Ils firent monter l'enfant à cheval, malgré son jeune âge, et lui enseignèrent les exercices et le génie de la guerre, pour exalter, par l'aspect du jeune prétendant leur élève, l'enthousiasme des Persans. Vainqueurs dans plusieurs batailles contre les généraux d'Ismaël, ils se disputèrent bientôt l'honneur et les fruits de la victoire remportée pour une même cause, et se combattirent entre eux dans les provinces qu'ils venaient de conquérir ensemble.

Le jeune Abbas était resté dans les mains d'Ali-Kouli-Khan. Dans une bataille perdue contre Murschud, le cheval de l'enfant, tué dans la mêlée, roula sur la poussière. Abbas allait périr foulé aux pieds des chevaux, quand les cavaliers de Murschud, reconnaissant le fils des sophis sous leurs sabres, arrêtèrent leurs chevaux, jetèrent leurs armes loin d'eux, tombèrent à genoux devant l'enfant roi, le relevèrent et le couronnèrent sur le champ de bataille. Conduit par Murschud-Kouli-Khan dans la capitale soumise, Caswin, Abbas y fut proclamé sans opposition (1587). Murschud régnait en son nom plus qu'il ne convenait à un esclave sur un adolescent capable et jaloux de ses droits au trône. Murschud fut égorgé par les partisans du jeune roi dans le palais de Caswin où il prétendait régner à sa place.

XXVI

Cependant les Tartares Ouzbeks, ces éternels ennemis de la Perse, conquérants déjà de la moitié des provinces du nord, s'avançaient en multitude innombrable pour profiter des dissensions et des faiblesses d'un règne d'enfant.

Abbas marcha contre eux sans autre général que lui-même, leur arracha Meschid, la principale capitale de l'empire, les refoula vers l'Oxus, et revint avec son armée aguerrie faire face aux Turcs qui menaçaient Caswin et Tauris (1591).

Campé sur la rive du fleuve Kur ou Cyrus, dans la plaine de Géorgie, Abbas y exerçait ses soldats, et appelait à lui toutes les tribus jalouses de sauver ou de venger la patrie commune. Sa jeunesse, sa beauté et sa bravoure fanatisaient les deux armées séparées par le fleuve. Pendant une trêve établie pendant l'hiver entre les deux camps, Abbas, galopant sur le sable du Cyrus avec quelques-uns de ses jeunes généraux, fut invité par des officiers turcs à passer le fleuve à la nage et à se confier à leur hospitalité. Le jeune prince lança son cheval dans l'eau et passa quelques heures avec les Turcs sans se faire connaître. Après un amical entretien il invita quelques-uns de ses hôtes à passer la rivière à leur tour pour éprouver la loyauté des Persans.

« Nous le voulons bien, lui dirent avec la même confiance les officiers de l'armée d'Amurat, à condition que vous nous ferez apercevoir votre jeune schah, dont le courage, le génie et la renommée dépassent l'âge et remplissent l'Asie. » Abbas sourit et leur promit de les satisfaire. A peine touchaient-ils à la rive persane que la respectueuse attitude et les acclamations des troupes révélèrent aux Turcs que ce jeune homme qui s'était si témérairement livré à eux était le schah de Perse lui-même. Abbas, après les avoir accueillis en roi sous ses tentes, les fit reconduire avec des honneurs et des présents dans leur camp.

Son génie précoce ne le préservait pas entièrement des superstitions et des crédulités de son pays et de son temps. Pendant qu'il contenait ainsi les Tartares d'une main, les

Ottomans de l'autre, et que sa fortune déjà déclarée présageait à la Perse le plus mémorable de ses règnes, une prédiction de ses astrologues sur la bizarre coïncidence des astres répandit dans le peuple que de grandes calamités se levaient sur la Perse et qu'un péril imminent menaçait le souverain. Soit crédulité, soit politique, Abbas résolut d'éluder la prédiction ou de déjouer la destinée en abdiquant le trône pour tromper le sort. Il abdiqua en effet solennellement, et fit couronner à sa place, pour quelques heures, un criminel condamné à mort pour ses crimes et ses impiétés. Ce misérable mannequin du trône s'appelait Yousouf-Sophi. Il jouit pendant trois jours du palais, des délices, des honneurs de la souveraineté des rois. Le quatrième jour il fut livré au bourreau. La prédiction ainsi vérifiée par un subterfuge avait épuisé la malignité du sort sur la nation et sur un roi nominal.

Abbas remonta sous d'autres auspices sur son trône, et les astres ne lui promirent plus que des prospérités. Une bataille décisive contre les Tartares Ouzbecks, près d'Hérat, les précipita dans l'Oxus (1592). Un de ses généraux, nommé Ferhad-Khan, d'intelligence avec les Ouzbecks, avait résolu de laisser écraser le roi pendant cette bataille. Sous prétexte de courir à un péril imaginaire, il voulut entraîner l'aile qu'il commandait loin du champ de bataille. Mais ses généraux et ses soldats apercevant Abbas luttant seul avec une poignée de guerriers contre les masses de Tartares qui l'enveloppaient volèrent d'eux-mêmes à son secours et sauvèrent leur roi.

Ferhad, accusé de trahison par l'armée, expia son crime par son supplice. Ali-Verdi-Khan, qui lui avait désobéi pour sauver le roi, fut élevé aux honneurs et à l'intimité de favori d'Abbas. Ali-Verdi-Khan, envoyé par le roi avec une armée pour assujettir les provinces limitrophes détachées du royaume, lui reconquit les îles du golfe Persique où l'on pêche les perles, et la chaîne de montagnes appelée le Laristan qui s'étend de la plaine opulente de Schiraz, fameuse par ses jardins, ses eaux et ses vins, jusqu'au golfe Persique.

Ibrahim-Khan, dont les pères gouvernaient ces montagnes depuis quatre mille ans, fut envoyé en captivité à la cour d'Abbas. On trouva dans son trésor la fameuse couronne de Chosroès. Cette couronne d'or incrustée de perles et de rubis, emportée et conservée depuis tant de siècles dans cette famille de princes tributaires qui n'avaient jamais été conquis jusque-là par les dominateurs de la Perse, se retrouva sur le front du plus digne successeur de Chosroès.

Des gentilshommes anglais, nation curieuse qui explore le monde par l'instinct des découvertes et le génie des spéculations mercantiles, furent les premiers Européens qui saluèrent dans le jeune Abbas le régénérateur de l'Orient. Cette caravane de voyageurs anglais se composait de sir Anthony Sherley, de sir Robert Sherley, son frère, et d'une suite de trente gentilshommes de la même nation. La plupart étaient des officiers, des géographes, des artistes, des artisans, des trafiquants distingués dans leur patrie. L'un d'eux était un habile fondeur de canons. Ils voyageaient avec un luxe asiatique sous la protection du comte d'Essex, favori de la reine Élisabeth; portant aux cours de l'Orient le nom, les arts, les intérêts, les alliances de leur pays.

Accueillis à la cour d'Abbas, dont le génie avait assez de regards pour envier à un monde ce qui manquait à l'autre, ils y reçurent des honneurs et des présents dignes de la magnificence d'un monarque indien. Mille pièces d'or monnayées de la valeur de quatre-vingts francs, quarante chevaux persans sellés, équipés de harnais splendides, seize mules, douze chameaux chargés de tentes dont les rideaux étaient brodés d'or, de turquoises et de perles, composaient ce présent du schah. Sherley conquit l'amitié d'Ali-Verdi-Khan, généralissime des armées, et devint le favori européen d'Abbas. Il encouragea ce prince et ses ministres à affronter avec confiance la guerre contre les Turcs. Il introduisit l'artillerie et la discipline européennes dans l'infanterie régulière levée d'après ses conseils par le schah. Abbas, pour s'assurer la neutralité des princes chrétiens, accrédita Anthony Sherley, son favori, par des lettres dont les termes attestaient l'amitié patriarcale du roi des tribus guerrières.

« Croyez en lui, disait Abbas dans ses lettres de créance, car depuis qu'il est avec moi nous avons toujours, comme deux frères, mangé dans le même plat et bu dans la même coupe. » Les chrétiens et les moines des différents ordres monastiques furent encouragés à résider, à pratiquer et à prêcher librement leur religion en Perse. « Nos religieux, disaient les firmans d'Abbas, n'oseront pas troubler les vôtres ou leur parler sur les matières de leur foi. » Cette tolérance peupla les villes de la Perse et les faubourgs de la capitale de marchands, d'artisans, de fabricants chrétiens de toutes les parties de l'Orient. L'ambassadeur du schah, Sherley, n'éprouva d'outrages qu'en Russie, où la cour jalouse, inquiète et barbare de Moscou le jeta, dépouillé de tous ses trésors, dans les cachots. Délivré de captivité après de longues tortures, il visita les cours d'Allemagne et d'Italie, recrutant partout les secours et les vœux des princes chrétiens pour Abbas, l'ennemi des ennemis des chrétiens.

Sûr de l'appui de l'Europe, Abbas reconquit Tauris (1602) sur Ali-Pacha, à qui le grand vizir Othman en avait confié la garde après sa retraite. Un religieux portugais, le P. Antoine Govéa, envoyé de Philippe II auprès d'Abbas, raconte la chute de cette ville; Érivan suivit le sort de Tauris. Abbas, avant de marcher contre Bagdad pour la rattacher à son empire, voulut purger le nord de la Perse de la présence des Turcs.

Reprenons le récit des événements qui correspondaient, à Constantinople, à ces révolutions et à ces triomphes des Persans régénérés par la gloire de leur Soliman, Abbas.

XXVII

Le vieux vizir de quatre-vingt-dix ans, Mésih-Pacha, avait cédé le vizirat à Sinan-Pacha, exilé à Malghara et ensuite à Damas. Les présents que Sinan-Pacha envoyait de ses gouvernements à la sultane Safiyé et aux favorites du harem avaient fait oublier ses désastres en Perse et son insuffisance au divan. Le mufti avait été également remplacé par un poëte mystique, auteur de poëmes arabes et turcs, nommé Bostanzadé-Effendi. Le chérif de la Mecque, Abou-Némi, était venu apporter à Constantinople, avec les bénédictions de la Kaaba, les présents de l'Arabie, composés de riches étoffes de satin et de coton, d'aloès, de noix de coco remplies de fruits confits de l'Inde. Des ambassadeurs d'Abbas demandaient impérieusement à la Porte la remise des provinces usurpées et la délimitation antique des frontières entre les deux empires.

Siawousch-Pacha avait, pour flatter Amurat III, construit à ses frais, au bord du Bosphore, près des écuries du sérail, un palais impérial dont il fit don au sultan. Amurat s'y rendit sous un dais de mille pas de longueur, couvert de tentures de satin et de brocart. Un festin splendide lui fut servi par Sinan-Pacha et par les architectes de ce nouveau palais, que nous avons vu démolir de nos jours pour élever le palais de Mahmoud, le père d'Abdul-Medjid aujourd'hui régnant. Les revenus du grand vizir furent relevés à un million de ducats ou à dix millions de francs.

Des sévices atroces, motivés par les exactions d'Ibrahim, favori cupide d'Amurat, et par ses complices, martyrisèrent les chrétiens de Syrie. L'évêque de Jérusalem expira dans les tortures, parce qu'il ne pouvait assouvir la cupidité du gouverneur. La France, protectrice des lieux saints, Venise, l'Espagne, l'Autriche, Naples, réclamèrent la punition du spoliateur et du bourreau de leurs coreligionnaires. Le sultan envoya à Damas et à Jérusalem des capidji-baschis pour faire expier, par leurs têtes, ces crimes aux gouverneurs de Jérusalem et de Syrie.

XXVIII

Le désordre s'introduisit dans les finances comme dans l'administration. La monnaie de l'empire, ce gage de la sincérité des transactions, était altérée par les juifs, inspecteurs des coins et des alliages. Le fabricant juif des monnaies présenta au trésorier du sultan, dit l'historien de ce règne, Ali, dix pièces d'or « aussi minces qu'une feuille d'amandier et ne pesant pas plus qu'une goutte de rosée. » Le juif offrit au trésorier un présent de deux cent mille piastres, s'il voulait accepter cette monnaie pour la solde des troupes. Le trésorier refusa. Un des favoris d'Amurat, Mohammed-Pacha *le Fauconnier*, ainsi surnommé de son premier métier dans le sérail, accepta le présent et se chargea témérairement de faire accepter la solde dans cette monnaie aux troupes de la capitale.

Les janissaires, indignés de la monnaie dérisoire qu'on leur distribuait, s'ameutèrent et couvrirent le sérail d'imprécations. Sinan-Pacha, le grand vizir, et Ibrahim, l'ancien favori, second vizir, fomentaient secrètement la sédition par jalousie de la faveur dominante de Mohammed *le Fauconnier*. Les portes des cours furent enfoncées par soixante mille janissaires grossis de soldats embauchés des autres corps. La salle du divan, où Amurat délibérait avec ses vizirs, retentit de menaces contre la tête même du sultan. Jamais, jusqu'à ce jour, la sédition n'avait monté jusqu'au nom sacré du sultan.

« Si on ne nous livre pas le beglerbeg Mohammed, criaient les séditieux, que le sultan tremble pour lui-même ! Nous saurons bien arriver jusqu'à lui. » Des monceaux d'or et d'argent, puisés dans le trésor encombré d'Amurat, furent entassés en vain dans la cour sous les mains des janissaires. La colère était plus forte que la cupidité : « Le premier d'entre nous, crièrent-ils, qui consentira à toucher sa solde avant que les têtes du *Fauconnier* et du trésorier soient tombées, qu'il soit puni de mort sur la place ! »

Après avoir temporisé et négocié quelques heures avec les rebelles pour sauver son favori, Amurat en larmes l'embrassa, lui enleva son poignard et le livra aux vociférateurs. Mohammed fut dépecé en lambeaux avant d'avoir descendu les marches du divan. L'innocent et vertueux trésorier, injustement dénoncé aux troupes, subit le sort que méritait seul son tentateur. Amurat soupçonna le grand vizir Siawousch et Ibrahim d'avoir soufflé et dirigé la sédition contre son ami. « J'ai eu tort, dit-il en rentrant dans son harem, de ne pas livrer tous les vizirs à la juste vengeance de mes esclaves : les plus coupables ne sont pas frappés. »

Siawousch-Pacha, destitué après l'apaisement des troubles, céda la place à Sinan-Pacha. Hassan *l'Horloger*, dont le nom rappelait la profession parmi les camarades, fut nommé aga des janissaires.

C'était l'année où la journée *des Barricades* ensanglantait Paris, et où Henri III tombait sous le poignard d'un assassin au milieu de sa cour (1589). Les janissaires s'insurgèrent de nouveau peu de jours après leur sanglante exécution, et saccagèrent le palais de Hassan *l'Horloger*, leur général. On leur donna pour aga un écuyer du sultan, homme populaire qui promettait l'impunité à leur caprice. La rébellion se propagea aux extrémités de l'empire. Sinan, l'ancien gouverneur d'Ofen, ennemi de l'alliance autrichienne, fut assassiné dans sa maison. On soupçonna du crime deux de ses esclaves, dont on découvrit quarante jours après les cadavres dans la campagne, près des murs de la ville. Les troupes de Hongrie et de la frontière de Perse se révoltèrent pour des griefs de solde arriérée. Ferrahad-Pacha, le vieux gouverneur d'Erzeroum, fut massacré par ses janissaires. Djafar-Pacha, le Hongrois, ancien page favori d'Amurat, fut également assiégé par ses propres troupes dans la citadelle de Kars. Il parlementa avec les rebelles, feignit de plier sous leurs exigences, acheta secrètement le concours des guerriers kurdes des tribus voisines, les cacha dans la ville, puis, invitant ses propres troupes à rentrer, pour un festin en réconciliation, dans les murs, il égorgea deux mille des mutins en une seule nuit.

Les troupes, à Constantinople, forcèrent, par leur agitation, le sultan à changer trois fois le grand vizir, le mufti et l'aga des janissaires. Un renégat italien d'Ancône, Khalil-Pacha, fut nommé aga. Siawousch-Pacha, trois fois grand vizir, trois fois disgracié, fut rappelé à la tête du conseil. Une émeute des spahis, qui demandaient à leur tour la tête du trésorier du sérail, et qu'on ne put réprimer que par le sabre des janissaires, des bostandjis, des pages et des eunuques, fit tomber de nouveau Siawousch du pouvoir et y rétablit Sinan-Pacha.

Pendant ces mouvements militaires de la capitale, les janissaires de Moldavie disposaient séditieusement aussi du trône de Jassy. Ils y portèrent un palefrenier moldave nommé Aaron, qui les avait achetés par ses libéralités. Le sultan fut contraint de ratifier ce choix indigne.

Le roi de France, Henri IV, notifia au sultan son avénement au trône (1589), lui envoya M. de Brèves pour le détacher de l'alliance espagnole, et renoua avec la Porte les relations de François Ier. Le grand vizir, sur les instances de M. de Brèves, fit enfermer dans la tour de Galata l'ambassadeur de la Ligue, M. Lanscome.

XXIX

Le divan cherchait une occasion de guerre pour occuper l'oisiveté des troupes. Les retards apportés par l'Autriche dans le payement du tribut, les invasions des Uscoques, bandits croates, sur le territoire ottoman, et les représailles sanglantes des Turcs sur la Croatie, la firent naître. Rodolphe II, alors empereur, appela ses sujets aux armes et institua dans le saint-empire romain et dans la Hongrie autrichienne *la cloche des Turcs*, sorte de tocsin régulier sonnant trois fois par jour et par nuit pour convoquer les villes à la vigilance et à la prière contre leurs barbares ennemis. Hassan-Pacha, beglerbeg de Bosnie, perdit la bataille de la Koulpa contre les généraux de Rodolphe. Vingt mille Turcs, refoulés par les Autrichiens sur les bords escarpés de la rivière, rompirent les ponts sous le poids des fugitifs et furent engloutis dans les flots. Les Ottomans appelèrent l'année de cette défaite l'*année de la ruine* (1592).

La guerre ainsi commencée n'était pas encore déclarée. La fureur du peuple à Constantinople la déclara d'elle-même. L'armée sortit des murs sous la conduite du grand vizir. Les derviches partis avec des troupes les exaltaient par des cris et par des gestes fanatiques. Quelques-uns d'entre eux, couverts de peaux d'ours et de lion, imitant le rugissement des bêtes féroces, traînaient à leur suite l'ambassadeur de Rodolphe II, Khrekwitz, enchaîné. Il expira de misère et d'outrages en arrivant à Belgrade. Cette guerre, se trouvant conduite des deux côtés avec mollesse et sans ensemble, n'illustra ni l'Allemagne ni la Turquie. Elle ne fut qu'une alternative de succès et de revers, de massacres et d'indiscipline qui désolèrent les provinces de Hongrie, de Valachie, de Moldavie, sans donner la victoire à aucun des combattants. Les janissaires ne cessaient de mettre à prix leur valeur. Le sultan épuisait son trésor pour envoyer à Belgrade les soldes et les gratifications qu'ils exigeaient de leurs généraux.

Amurat III, épuisé de débauche, languissait dans ses jardins du Bosphore. Son seul plaisir était de contempler, des fenêtres de ses kiosques, les voiles des vaisseaux qui passaient et repassaient comme de grands oiseaux de mer de la Propontide dans la mer Noire, et de la mer Noire dans la Propontide. Sa mélancolie native s'assombrissait au soir de ses jours. Le son des instruments et les salves des bâtiments, qui le saluaient en passant de leurs canons, rendaient seuls un peu d'émotion à ses sens usés par le plaisir. Quelques jours avant la maladie qui minait ses forces, il demanda à ses musiciens de lui jouer, au lieu de fanfares, l'air mélancolique et presque funèbre d'une chanson turque dont le premier vers dit : « Je me sens malade de langueur. Viens, ô Mort! viens veiller cette nuit à côté de moi! »

Pendant que les musiciens exécutaient cet air lugubre, deux galères égyptiennes, passant sous la terrasse des kiosques, firent feu de tous leurs canons à la fois pour saluer la présence du padischah. La commotion, répercutée par les rochers élevés du Bosphore, fit tomber les vitres en éclats aux pieds du sultan. Le malade y vit un présage de sa destinée, bientôt brisée comme ce verre. « Voyez, dit-il à ses femmes, autrefois toutes les salves de mes flottes réunies n'auraient pas ébranlé ces vitres, qui maintenant volent en éclats au bruit du canon de deux pauvres galères. Il y a une heure fatale pour toute chose. Le palais de mon existence s'écroule de même. »

Il mourut la nuit suivante (décembre 1594) de la tristesse de quitter la vie. Son règne avait continué quelques années les grandeurs et la prospérité du règne de Soliman II. Mais le fils était trop faible pour continuer longtemps le père. La langueur du prince, après la mort du grand ministre Sokolli, s'était communiquée à l'empire; l'époque de décadence commençait pour les Ottomans.

Nous trouverons dans les livres suivants les causes de cette décadence dans la situation relative des Ottomans et des chrétiens, les uns ne sachant que vaincre, les autres apprenant à gouverner. Mais nous la voyons dès aujourd'hui dans cette loi universelle des choses humaines qui ne laisse ni homme, ni peuple, ni institution s'arrêter au sommet de sa destinée; qui condamne ce qui est à la terre à une instabilité perpétuelle, et qui force à redescendre tout ce qui ne peut plus monter, ou qui ne sait pas, comme le savent les Turcs, se rajeunir.

LIVRE VINGT-TROISIÈME

I

Jetons un regard rapide sur l'empire ottoman et sur les États de l'Europe chrétienne, au moment où le fils du grand Soliman II venait de rendre le dernier soupir, et cherchons dans la constitution organique de ces deux grandes divisions de l'Asie, de l'Afrique et de l'Europe, pourquoi les Ottomans allaient décroître, et pourquoi les chrétiens allaient grandir.

L'empire ottoman n'avait encore subi aucun de ces démembrements de population, de terre ou de mer qui affaiblissent ou déconsidèrent les États. Sa géographie intacte présentait à l'œil une des plus vastes dominations reliées par la religion, la race et les armes, qui aient jamais englobé sous un même nom une zone immense de la terre. Quarante gouvernements ou vice-royautés absolues composaient l'empire, et ces gouvernements étaient presque tous des royaumes.

Ces quarante satrapies étaient, en Europe : la Hongrie, la Bosnie, la Roumélie, l'île de Candie, la Grèce, l'Archipel, la Macédoine, la Thrace, la Servie, la Bulgarie; en Afrique : l'Égypte, l'Algérie, les royaumes de Tunis et de Tripoli; en Asie : l'Anatolie comprenant toute la presqu'île de l'Asie Mineure, la Caramanie, le royaume de Chypre, la Syrie, la Mésopotamie, la Géorgie, le pays du Caucase, Bagdad et les bords de l'Euphrate et du Tigre, le royaume de Trébizonde, celui de Jérusalem, Bassora, Mossoul, le Diarbékir, les provinces des deux Arabies qui bordent la mer Rouge, Aden et une partie de la mer des Indes, enfin la Crimée, une partie de la Tartarie, etc.

A ces gouvernements s'ajoutaient, comme domination indirecte. ces pays tributaires dont la Porte nommait les princes inféodés à ses lois : la Transylvanie, la Moldavie, la Valachie, la république de Raguse, et quelquefois la Pologne. En sorte que les vingt royaumes de Pyrrhus, de Persée, des rois Bulgares, des Ptolémées, de Carthage, des Numides, de Mithridate, d'Antiochus, d'Attale, de Prusias, d'Hérode, de Tigrane, des souverains de Cappadoce, de Comagène, de Cilicie, d'Ibérie, de Scythie et des Parthes, cet écueil éternel de Rome, formaient autour de Constantinople, la capitale de trois continents, le moyeu, les rayons et la circonférence d'un empire qui dépassait en étendue, en climat, en population et en fertilité l'empire romain.

Tel était l'empire ottoman le 18 janvier 1595, le jour où les crieurs publics et le canon du sérail annonçaient aux habitants de Constantinople la mort d'Amurat et l'avénement de Mahomet III, fils de ce prince et de la sultane vénitienne Safiyé. Quel héritage pour un peuple qui aurait su régner et administrer comme il savait combattre et conquérir! Mais c'était le génie de l'administration qui manquait à l'Orient et qui se manifestait en Occident. L'islamisme, chez les Ottomans, ne savait que croire et subjuguer; le christianisme savait s'assimiler et gouverner ses conquêtes.

Cet esprit d'assimilation et de gouvernement, que les Égyptiens en Afrique, les Grecs et les Romains en Europe, avaient légué à l'Occident chrétien, devait donner en peu d'années la supériorité aux races actives et progressives de l'Europe sur les races patriarcales, héroïques, mais oisives après la victoire, de l'Orient. Par un phénomène providentiel, qui ne se renouvela jamais sur un plus large plan que dans cette lutte de deux siècles entre l'Occident chrétien et l'Orient mahométan, ce n'est pas la guerre, c'est le travail qui donne le monde. La guerre est un travail aussi, mais c'est un travail stérile. L'activité continue et féconde des races est la loi de leur prépondérance durable et universelle. L'empire du monde, quoi que disent les sceptiques à courte vue, n'est pas au meurtre et au pillage, mais au travail, cette moralité des nations.

II

Or, l'Orient commençait à se reposer de ses conquêtes, et l'Occident à travailler. Ses princes et ses États, contenus et contre-balancés les uns par les autres, avaient compris les premiers que la monarchie universelle, soit par la religion, soit par les armes, était une chimère sanglante qui soulèverait toutes les autres familles nationales contre les ambitieux ou les fanatiques qui oseraient la rêver en Europe. Au lieu de conquérir, ils s'étudiaient à gouverner. L'émulation de la bonne administration, de l'agriculture, de l'industrie, des arts, des sciences, des lettres, de la division du travail, de la navigation, de la découverte des terres, des îles, des continents nouveaux, de la discipline, de l'armement, de la tactique des armées permanentes, avait succédé de jour en jour, dans les États de l'Europe, à l'émulation d'exterminer ou d'asservir les hommes. Les guerres civiles mêmes étaient éteintes ou assoupies, les guerres religieuses pour cause de schisme d'orthodoxie s'affaissaient sous la lassitude ; le système des alliances et de l'équilibre européen créait un droit public et une diplomatie qui formaient, des grandes et des petites puissances de l'Occident, une confédération où chaque membre était solidaire de l'indépendance de tous les autres.

La distribution plus équitable et plus nationale des territoires s'inscrivait dans des congrès. L'empire trop vaste de Charles-Quint se démembrait au profit de la pondération des républiques et des royaumes ; ce qui était faible s'appuyait sur ce qui était fort : la Hongrie s'assimilait à l'Allemagne, la Russie Blanche à la Pologne, l'Italie septentrionale à la France, le royaume de Naples et la Sicile à l'Espagne, la Hollande à l'Angleterre, Venise au nouvel empire romain. Une ligue semblable à celle qui avait dans l'antiquité relié en un seul faisceau défensif les républiques indépendantes de la Grèce prévalait au fond pour la défense commune de l'Europe sur la rivalité de ces puissances chrétiennes entre elles. Ce n'était plus la croisade de la religion du moyen âge, c'était la croisade de la nationalité européenne et de la civilisation.

Telle était la situation respective de l'Europe et de la Turquie aux derniers jours du seizième siècle et aux premiers jours du dix-septième, à l'avénement de Mahomet III.

III

La sultane vénitienne Safiyé, devenue sultane Validé, mère de l'empereur, avait été pendant toute la vie d'Amurat III, son époux, le véritable et immuable grand vizir du règne. Comme Livie et Agrippine avaient caché aux Romains la mort de leurs époux Auguste et Claude, pour ménager à loisir la transition et la possession du règne futur, la sultane Safiyé avait caché aux Ottomans la mort d'Amurat, jusqu'à l'arrivée à Constantinople de son fils le sultan Mahomet. Ce prince, qui attendait le trône dans le palais de Magnésie, fut le dernier des empereurs turcs en faveur de qui les vizirs ou les sultanes eurent à pratiquer ce subterfuge de cour.

IV

Mahomet III, sûr de la vigilance de sa mère, la sultane Safiyé, autour du trône, ne précipita pas sa course vers Constantinople. Il n'y débarqua avec sa cour personnelle que le douzième jour après la mort de son père. Le moment de son élévation au trône fut le signal de la mort de tous les princes ses frères, coupables d'avoir dans leurs veines une goutte du même sang que lui. Jamais le prestige monarchique n'avait coûté un si long massacre.

Amurat III avait eu cent deux enfants de ses femmes ou des innombrables esclaves de son harem. Vingt-sept filles et vingt princes vivaient dans le sérail le jour de sa mort. La loi constitutive de la dynastie laissait vivre les filles à la condition du meurtre de leurs enfants mâles; elle ordonnait l'immolation des princes. Dix-neuf frères du sultan de tout âge, depuis le berceau jusqu'à l'adolescence et à la maturité, reçurent l'arrêt de leur supplice en entendant le canon du sérail qui annonçait la mort de leur père. La sultane vénitienne Safiyé, quoique chrétienne d'origine, en correspondance avec des reines chrétiennes et en intimité confidentielle avec ses compatriotes vénitiens, était si familiarisée avec la sanglante raison d'État des Ottomans, et si jalouse de deux règnes, qu'elle ne parut avoir élevé aucun scrupule ou aucune pitié contre tant de meurtres.

Parmi ces victimes de l'unité du droit monarchique, un prince surtout, doué de tous les dons de la nature, du génie et de l'éducation, excita la commisération de l'empire ; c'était le prince Mustafa, second fils d'Amurat, déjà mûr d'années, que la nature semblait avoir fait pour le trône, à l'image de Soliman II, son grand-père, et que la politique avait fait pour la mort. Malgré la discrétion du sérail, la renommée de la grâce, du caractère et du génie inné de ce jeune homme avait transpiré dans l'empire. Une popularité mystérieuse s'attachait à son nom ; cette popularité n'était qu'un titre de plus au supplice. Mustafa, élève du premier poëte lyrique du siècle, Baki (l'immortel), qui vivait encore, ne murmura pas contre une mort à laquelle il se savait condamné en naissant. Il écrivit seulement, dans la nuit qui précéda son supplice, une élégie touchante et résignée, qui contenait en vers baignés de larmes ses adieux à l'existence. Quelques vers de cette élégie, qui rappellent les reproches funèbres du poëte français André Chénier à ses bourreaux, existent encore. André Chénier était né comme lui à Constantinople.

Le drame intérieur de ce long massacre resta enseveli dans l'horreur sans écho des muets qui l'exécutèrent. Il faut le silence aux crimes d'État ; c'est pourquoi la monarchie orientale avait arraché la langue à ses bourreaux. Le crime de la nuit ne se révéla le lendemain que par les dix-neuf cadavres étalés en monceaux devant le trône, et ensevelis dans la même mosquée que leur père.

V

Ferhad-Pacha, vieilli dans les guerres de Perse, fut nommé grand vizir à la place de Sinan-Pacha, qui retourna pour la troisième fois dans son exil somptueux de Malghara. Ferhad avait épousé une fille de la sultane Safiyé. Cette princesse gouverna sous son fils Mahomet III, du fond du harem, plus absolument qu'elle n'avait gouverné sous Amurat.

Ferhad, pour venger les incursions des Allemands et des Hongrois dans la Valachie, appela l'armée à la guerre sur le Danube. Les spahis refusèrent de marcher si l'on ne satisfaisait pas leurs exigences de gratifications et de priviléges. Ferhad arma contre eux les janissaires et dispersa le rassemblement séditieux des spahis. Il exila les deux anciens vizirs Cicala et Siawousch, quoique gendres comme lui de la sultane Safiyé. On soupçonnait ces deux vizirs d'avoir été les instigateurs secrets des agitations des spahis pour discréditer Ferhad.

Un massacre, semblable à celui des vêpres siciliennes, de la garnison turque de Giurgewo par les Valaques, hâta la marche de l'armée sur la Valachie. A peine en route, les soldats arrachèrent pendant la nuit les queues de cheval flottant devant la tente du grand vizir en campagne et la boule d'or qui décore le pilier du milieu de son pavillon. Ce symptôme du mécontentement des troupes parut un présage de revers.

L'ancien favori d'Amurat III, Ibrahim-Pacha, gendre aussi de la Validé vénitienne, fut nommé caïmakam pendant l'absence de Ferhad. Le poste de caïmakam était une sorte de lieutenance générale de l'empire et de la capitale, une espèce de dictature universelle et temporaire, qui donnait à l'homme revêtu de ce titre toute l'autorité de grand vizir et de généralissime à Constantinople. Ibrahim, qui ambitionnait le poste de grand vizir pour lui-même, n'usa de son autorité et de son crédit que pour desservir Ferhad.

VI

Pendant que le grand vizir présidait au passage de l'armée sur la rive valaque du Danube, Ibrahim obtint du jeune sultan son arrêt de mort. Son crime était d'avoir dit aux spahis révoltés que « s'ils ne rentraient pas dans la discipline, leurs femmes seraient à jamais stériles. » Cette malédiction, impie pour des musulmans, parut à ses ennemis un impardonnable outrage aux soldats.

Instruit par ses affidés du sérail et par sa femme des trames ourdies à Constantinople contre lui, Ferhad, pour la première fois depuis l'origine de l'empire, n'attendit pas avec résignation le poignard ou le cordon de son maître. Il s'enfuit du camp avant l'arrivée de son bourreau, avec trois mille cavaliers de sa maison, et s'avança sur Constantinople.

Le grand vizir Sinan, qu'Ibrahim avait fait rappeler à sa place, s'avança de son côté avec vingt mille janissaires pour aller prendre le commandement de l'armée sans chef. Les deux grands vizirs ennemis se rencontrèrent par hasard dans leur route opposée aux environs d'Ostranidja. « La tête du rebelle est à moi, ses trésors sont à vous, » dit Sinan à ses janissaires. Ferhad, intimidé par le nombre et par l'énormité du forfait, se retira sur une colline avec ses cavaliers, et contempla de là le pillage de ses trésors et de ses tentes par les janissaires; se jetant ensuite dans les forêts de la Bulgarie, il arriva, sans avoir été poursuivi, à une métairie qu'il possédait non loin de la capitale.

L'intercession de la sultane Validé, sa belle-mère, et les présents offerts en son nom au sultan par son banquier, nommé Salomon, lui obtinrent son pardon. Le sultan lui envoya un katti-chérif (ordre sans appel du souverain lui-même, supérieur à tout autre ordre du gouvernement), qui l'autorisait à vivre en paix dans sa métairie de Litrof.

Mais la haine du caïmakam Ibrahim, qui avait paru s'arrêter devant la protection de Safiyé, le poursuivit jusque dans ce refuge. Au moment où l'infortuné Ferhad commençait à recevoir les visites et les félicitations de ses amis dans sa solitude, le bostandji-baschi vint l'enlever pour le conduire au château des Sept-Tours, vestibule du supplice. Il y fut étranglé juridiquement trois jours après, sur l'ordre du caïmakam, ratifié par le sultan. Safiyé avait tenté en vain encore une fois de sauver son protégé.

Un hasard funeste à Ferhad avait offensé le sultan, jaloux de son autorité souveraine. Cicala-Pacha, autre gendre de la Validé, ayant reçu ordre de partir pour l'armée de Hongrie, voulut acheter les chevaux de Ferhad, alors disgracié et exilé dans sa métairie. La sultane mère fit venir Cicala et lui défendit d'acheter les écuries de l'ancien grand vizir. Cette défense parut à Cicala un indice de la volonté de la sultane de replacer bientôt son favori au pouvoir. Il raconta cette circonstance au sultan, qui s'indigna de ce que sa mère défendait tout bas ce qu'il ordonnait tout haut. La tête de Ferhad fut livrée à ses ennemis.

VII

La campagne de Sinan en Valachie commença par des revers : l'armée turque, après une longue bataille dans les marais de Kalougéran, périt tout entière. Sinan lui-même, à demi submergé par son cheval dans le marais, ne dut son salut qu'à la vigueur d'un soldat de son escorte, nommé Hassan, qui reçut en cette circonstance le surnom d'Hassan *du Marais*, illustré depuis par son courage. Un prisonnier valaque se dévoua à la mort, et fit sauter les poudres de l'armée ottomane.

Le grand vizir, après avoir recomposé une armée, marcha sur Tergowischt. Le prince indépendant des Valaques, Michel, l'en expulsa après un siége de quelques jours. Sinan se replia de nouveau sur Bucharest et sur Giurgewo avec les débris de ses troupes. Michel l'atteignit encore au passage du pont du Danube, et, foudroyant le pont sous les pieds de l'armée, l'engloutit avec toute son artillerie dans le fleuve.

Pendant ces désastres du grand vizir en Valachie, une armée autrichienne et hongroise, sous les ordres du prince Mansfeld, assiégeait la ville forte de Gran, en Hongrie. Le fils du grand vizir Sinan y perdit une troisième armée en voulant délivrer Gran. Gran succomba après la mort de son intrépide défenseur, Kara-Ali (Ali *le Noir*), qui se fit tuer sur la brèche. Malgré une capitulation qui assurait aux femmes, aux enfants des Turcs leurs vies et leurs propriétés, les pillages, les viols, les massacres des Allemands et des Hongrois à Gran flétrirent la loyauté et l'humanité des vainqueurs. Les monuments, les statues, les tableaux, les bibliothèques, respectés par les Turcs à l'époque de la conquête de Gran, disparurent sous le fer et sous la flamme de la soldatesque allemande.

Tout un pan de l'empire parut s'écrouler vers le Danube après ces revers. Ibraïl, Varna, Kilia, Ismaïl, Silistrie, Rutschuk, Bucharest, Akkermann, tombèrent dans les mains des Valaques, des Allemands, des Hongrois confédérés. La terreur reflua jusque dans le sérail. Le sultan ordonna des prières publiques sur la place de l'Okmeïdan pour conjurer l'écroulement des frontières d'Europe. Un tremblement de terre répondit par les calamités de la nature aux calamités de la guerre. Le grand vizir, rentré presque seul à Constantinople, s'humilia sous ses disgrâces, et se retira pour la quatrième fois dans l'exil des vizirs, à Malghara.

Un fils de la nourrice du sultan, Lala-Mohammed, fut nommé grand vizir par le crédit des femmes du harem : c'était le fils d'un pauvre naïm de village, aux environs de Magnésie, entré au palais comme simple tschaousch, promu de grade en grade jusqu'au rang de defterdar, grâce à son titre de frère de lait du fils d'Amurat, devenu enfin précepteur, ou lala, de Mahomet III dans sa jeunesse ; la faveur domestique l'éleva pour trois jours au sommet des dignités. Une mort naturelle l'empêcha d'en jouir.

Sinan-Pacha, quoique âgé de quatre-vingts ans, fut rappelé de son exil de Malghara pour prêter encore une fois son expérience aux dangers du trône. C'était son cinquième règne. L'âge ne lui avait rien enlevé ni de son ambition, ni de sa rudesse ; les historiens ottomans le comparent au Marius romain sept fois exilé, sept fois consul, toujours cruel.

Sinan, malgré sa complicité avec le favori Ibrahim le caïmakam pour perdre Ferhad, se déclara, dès le premier divan, l'ennemi implacable du favori. Il fallait rejeter sur quelqu'un les hontes et les revers de la fortune ottomane. « C'est vous, dit-il à Ibrahim, qui, en votre qualité de caïmakam, avez attiré sur la nation tous les désastres de ces campagnes; vous n'avez envoyé que des soldats insubordonnés et des généraux incapables! » Et comme Ibrahim cherchait à balbutier une justification devant le sultan, Sinan se levant, et entraînant hors de la salle Ibrahim par sa ceinture, avec la fougue et la vigueur d'un jeune homme :

« On dit que je suis vieux et décrépit, s'écria-t-il d'une voix tonnante; si Ibrahim affecte de croire à ma décadence, qu'il sorte, qu'il descende dans la cour, qu'il lutte avec moi, soit corps à corps avec nos bras, soit à cheval avec nos sabres, et que le sultan donne le gouvernement au vainqueur! » Le sultan, rougissant de son inaction à la fleur de sa jeunesse devant un vieillard à qui le salut de l'empire rendait la verdeur et la colère de ses premiers jours, céda enfin aux instances de Sinan et marcha au printemps avec cent cinquante mille hommes au Danube.

Sinan mourut, malheureusement, à la veille de la campagne qu'il avait inspirée, préparée, et qu'il allait conduire. Son héritage égalait la fortune d'un roi. L'Europe, l'Afrique et l'Asie l'avaient accumulé pendant sa longue vie. L'inventaire de son trésor, conservé jusqu'à nos jours, énumère vingt caisses pleines de lingots d'or brut, quinze chapelets de grosses perles, trente nœuds de diamants, vingt urnes de poudre d'or, vingt aiguières de même métal, un jeu d'échecs d'un travail rare et précieux, apporté de l'Inde, sept tapis de table en cuir parsemé de diamants, seize écrans, seize selles de cheval, trente-quatre étriers, trente-deux cuirasses incrustées de rubis, cent quarante casques, cent vingt ceintures, seize brassards en pierreries, des services de table en argent ciselé, six cents fourrures de zibeline, six cents de lynx, trente pelisses de renards noirs, deux mille pièces d'étoffes tissées d'or et de soie, neuf cents pelisses de petit-gris de Russie, soixante boisseaux de perles, six cent mille ducats d'or et deux millions de piastres en argent.

Ces mobiliers et ces trésors trouvés à la fin de leurs jours dans les souterrains des généraux ou des vizirs attestent la crainte de la confiscation, la constitution vicieuse de la propriété en Turquie. Ces richesses inactives ou enfouies appauvrissaient le pays au lieu de l'enrichir. La seule richesse utile est celle qui se fie au sol et qui se reproduit par le travail. L'or du Mexique appauvrissait déjà les Espagnols; les trésors de l'Orient et de l'Europe allaient appauvrir les Ottomans.

Ibrahim monta enfin au rang de grand vizir à la place de Sinan.

VIII

La sultane Validé redoutait le départ de son fils pour le Danube. Dans son désespoir de voir s'éloigner d'elle le fils sous le nom de qui elle régnait, Safiyé, quoique Vénitienne de patrie et chrétienne de souvenir, trama un massacre général des chrétiens de tout l'empire, à l'imitation de Catherine de Médicis, son modèle, qui avait enivré son fils du sang de la Saint-Barthélemy. L'horreur de ce crime le fit avorter dans le harem qui l'avait conçu. Le sultan se borna à bannir de Constantinople tous les Grecs chrétiens qui n'y étaient pas fixés par leur famille établie immémorialement dans la capitale. Pour consoler sa mère de son départ, il ajouta à sa dotation trois mille piastres par jour, et trois cent mille piastres de gratification par an, un million de piastres annuel pour argent de pantoufles ou de toilette.

Mahomet III partit de Constantinople le 21 juin 1596. Le grand vizir Ibrahim commandait l'armée ; le secrétaire d'État Séadeddin, la lumière du conseil depuis deux règnes, dirigeait les affaires civiles et diplomatiques sous le grand vizir. Séadeddin, homme principal dans une situation secondaire, fut l'âme de l'expédition.

Parvenu sous les murs d'Erlau, en Hongrie, le sultan somma la ville de se rendre. « Je jure, par le cheval que je monte et par le sabre qui ceint mes flancs, dit-il dans sa sommation à l'armée hongroise d'Erlau, que je vous laisserai libres de vous retirer sans obstacles de la forteresse. » Erlau tomba en douze jours sous les canons d'Ibrahim. Les Hongrois qui avaient écorché vif, pendant la campagne précédente, les Turcs prisonniers à Hatwan, en représailles, furent immolés.

L'archiduc Maximilien, Sigismond, prince insurgé de Transylvanie, et le prince Michel de Valachie s'avançaient avec trois armées combinées pour disputer Erlau aux Turcs. Leurs avant-gardes avaient repoussé Hassan-Sokolli, le fils du fameux grand vizir de ce nom, sur l'armée du sultan. On parlait de retraite. « Il serait inouï, dit Sokolli dans le conseil, qu'un padischah des Ottomans eût jamais tourné le dos à l'ennemi sans motif! » Le secrétaire d'État Séadeddin, accoutumé à l'énergie des résolutions de Soliman, appuya Hassan-Sokolli : « Ceci, dit-il avec une courageuse sincérité devant le sultan indécis, n'est pas une circonstance où l'on puisse employer des seconds; la présence du padischah lui-même est commandée par l'honneur et la nécessité. »

On marcha à l'ennemi quelques jours après.

Cependant la sultane Validé conjurait son fils de revenir à Constantinople. Le sultan inclinait aux conseils de sa mère, mais il voulait que ce départ parût à l'armée imposé par ses vizirs. « Mon lala, écrivait-il au grand vizir, quel inconvénient y aurait-il à ce que je partisse pour Constantinople en te laissant ici comme serdar? »

Le grand vizir et Ibrahim osèrent réfuter ce désir d'abandonner l'armée. La présence du padischah pouvait seule ramener la discipline et le zèle dans les troupes. Mahomet III, entraîné plus que convaincu, assista, le 26 octobre 1596, à la bataille contre l'archiduc Maximilien, qui commandait les Allemands et les Hongrois. C'était depuis Orsova sous Bajazet Ier, et depuis Varna sous Amurat II, le duel le plus décisif entre les Turcs et les chrétiens pour la possession du Danube. Quatre cent mille combattants des deux côtés s'étendaient en deux lignes séparées par un sol fangeux, presque liquéfié par les premières pluies d'automne. La droite des Turcs était composée, contre l'usage, des généraux et des troupes asiatiques, qui cèdent ordinairement le pas aux troupes d'Europe; l'armée d'Andrinople formait la gauche; Cicala, fils du renégat de Gênes naturalisé par tant de services sur terre et sur mer, commandait l'avant-garde avec ses fougueux cavaliers du Diarbékir.

Le sultan, inexpérimenté de la guerre, était placé sur une éminence un peu en arrière, au milieu de la ligne de bataille; l'étendard sacré flottait sur sa tête; six escadrons asiatiques d'élite veillaient sur sa personne; Séadeddin, aussi bon conseiller de guerre que de paix, était à côté de lui pour lui inspirer le génie du moment; les bagages de l'armée formaient un rempart autour de l'éminence; les janissaires, distincts du reste de l'armée, se groupaient autour d'une église en ruine qui surmontait un marais; cent vingt pièces de canon, liées les unes aux autres par des chaînes, selon l'habitude inhabile des Persans et des Turcs, présentaient une citadelle redoutable, mais immobile, entre les janissaires et les Asiatiques.

Maximilien, en général consommé, rangeant son armée en forme de cône pour briser les Turcs par leur centre, enfonça, de la première charge, la ligne qui couvrait l'éminence d'où Mahomet contemplait le combat. Ses escadrons, passant par la brèche ouverte à travers les rangs rompus des Turcs, gravirent au galop le mamelon, et pénétrèrent le sabre à la main jusqu'aux tentes impériales. Le sultan, surpris par cette foule de chevaliers hongrois qui débordaient de toutes parts sa retraite, ne fut sauvé que par les pages, les porteurs de bois, les planteurs de tentes, les chameliers, les cuisiniers armés au hasard de haches, de couteaux, de broches, de pieux qu'ils trouvèrent sous leur main pour couvrir leur maître. Séadeddin l'abrita enfin derrière la ligne épaisse des chariots et des chameaux, des bagages dans la tente de Younisbeg, général des Mouteferrikas. « Ne tremblez pas, dit-il au sultan ; la patience ramène la victoire, et la fortune succède aux revers. » Ces paroles, prononcées avec sang-froid au moment de la panique, où les cœurs, selon l'expression énergique du Coran, remontent dans la gorge de l'homme, rendirent l'espérance à Mahomet. On lui jeta sur les épaules le manteau du Prophète, cette relique la plus sainte des musulmans, sous laquelle on ne peut être abandonné d'Allah.

A cet aspect les janissaires dispersés se rallièrent ; Cicala, qui avait placé son avant-garde de cavalerie arabe derrière une forêt, et qui avait laissé passer l'ouragan hongrois, pour fondre au moment décisif sur les escadrons décomposés par la charge, vola au secours du sultan. L'assaut des tentes impériales par les Allemands avait dégénéré en pillage ; les soldats, éblouis par les richesses de ces étoffes et de ces meubles, se les partageaient en lambeaux, avides de dépouilles avant la victoire. Déjà les caisses du trésor de l'armée, défoncées à coup de hache, laissaient rouler leurs aspres et leurs ducats d'or sous leurs mains ; Cicala les écrasa sous sa charge de vingt mille sabres. Les Hongrois et les Allemands débandés moururent ou s'enfuirent bientôt noyés dans la fange du marais ; les deux ailes, un moment coupées du centre, se replièrent au drapeau du Prophète déployé de nouveau sur le mamelon ; elles enveloppèrent l'armée de Maximilien, privée de sa cavalerie et de son artillerie, et changèrent une fausse victoire en une immense fuite. Cinquante mille Allemands périrent dans les marécages ; cent vingt pièces de canon restèrent embourbées dans les mains des Turcs. Avant le coucher du soleil, ils n'apercevaient plus un ennemi devant eux.

Le grand vizir Ibrahim achevait la victoire par la poursuite à la tête des cavaliers les plus rapides de l'Asie. Le sultan, rentré dans ses tentes, recevait les félicitations de ses généraux ; il avait, grâce à Séadeddin, ressaisi en quelques heures le prestige évanoui des armes ottomanes et les provinces un moment détachées de l'empire. Il devait la victoire et la vie à la manœuvre et à l'intrépidité de Cicala qui n'avait pas désespéré dans la défaite, et qui n'avait pas craint d'attaquer avec une avant-garde toute une armée. Au moment où Cicala entrait dans la tente impériale pour baiser la main du sultan, Mahomet le nomma grand vizir, seul poste digne d'un tel service : « Celui qui a sauvé l'empire doit le gouverner, « dit-il à Cicala, en lui remettant les sceaux qu'il portait sous son cafetan.

Cependant le sultan, en récompensant son général, craignit de mécontenter le favori de son père et le sien, Ibrahim. A son retour de la poursuite, Ibrahim ignorait encore ce qui s'était passé dans la tente de Mahomet. Il se préparait à exercer le lendemain, à la revue des troupes, les fonctions de grand vizir ; nul n'osait, pas même le sultan, le contrister dans son triomphe en lui annonçant sa déposition. Séadeddin représenta au chambellan, l'eunuque Ghaznéfer, l'embarras et le danger d'une plus longue réticence qui laissait les sceaux à deux grands vizirs, et l'État sans gouvernement sous une double autorité.

Ghaznéfer, quoique aimé de son maître, n'osait lui reprocher sa timidité. Le grand écuyer Ahmed, rude Asiatique accoutumé à la franchise des camps, se chargea de la sommation sous forme indirecte et parabolique : « C'est demain que Votre Hautesse passera en revue son armée, dit-il en interrogeant du regard le sultan avec une expression de visage qui donnait un double sens à ses paroles ; il faut pourtant que vos esclaves sachent quel cheval vous voulez monter pour passer devant vos troupes. »

Mahomet, qui comprit à demi-mot l'intention de son écuyer, ne répondit pas sur le choix du cheval, mais, s'adressant au grand chambellan Ghaznéfer : « Allez, dit-il, retirer les sceaux de l'empire à Ibrahim et portez-les à Cicala. »

IX

Cicala fut déposé aussi soudainement qu'il avait été élevé. Sa sévérité militaire mécontenta l'armée, amollie par l'indiscipline des dernières campagnes. Trente mille Asiatiques de Caramanie, de Bithynie et de Saroukhan qu'il avait fait rayer du registre de solde pour s'être absentés du drapeau, traversèrent en groupes tumultueux les provinces d'Europe, et, se choisissant des chefs de leur nation, semèrent la révolte, le pillage et la terreur en Asie.

La sultane Validé, liée d'intrigue avec le favori Ibrahim, protesta dans ses lettres contre la nomination de Cicala. Ses lettres rencontrèrent son fils à Khirmenli, pendant son retour de Hongrie à Constantinople. Après avoir lu les lettres de sa mère, il fit retirer le sceau à Cicala et le remit à Ibrahim. Tous les ennemis du favori, Cicala, Séadeddin, le grand écuyer Ahmed, furent destitués ou déposés de leur charge. L'âge et la renommée de Séadeddin le préservèrent seul de l'exil. La sultane Validé accourut au-devant de son fils sur la route d'Andrinople.

Son entrée triomphale à Constantinople rivalisa avec les triomphes de Soliman II. Un ambassadeur de Perse envoyé par Schah-Abbas y éblouit les yeux des Turcs par une suite de mille cavaliers, et par des présents dignes du possesseur d'Ormus. L'ambassadeur de Venise, Capello, et l'ambassadeur de France y relevèrent par leur présence et par leurs félicitations la gloire de la victoire de Kéresztes. La France conjurait en ce moment Mahomet III de joindre ses forces à celles du roi pour secourir les Mores d'Espagne contre les Espagnols.

X

Des troubles civils en Crimée dénoncés par des assassinats dans la famille régnante de Ghéraï, une molle campagne en Hongrie terminée par des revers, forcèrent la sultane mère et son fils à abandonner le grand vizir Ibrahim à l'opinion publique : il ne fut, toutefois, que déposé.

Après de vaines tentatives pour trouver un homme à la fois capable et assujetti aux volontés de la Vénitienne, on tira du château des Sept-Tours Hassan-Pacha, le dilapidateur de l'Égyte, et on lui donna le gouvernement. Il gagna la faveur de la sultane en lui promettant des richesses dont elle devenait plus insatiable avec les années; il la perdit en demandant au sultan la tête de son favori, l'eunuque Ghaznéfer, grand chambellan du sérail. Reconduit le 8 avril 1598 par le bostandji-baschi dans sa prison des Sept-Tours, il y fut étranglé six jours après. Ses richesses disparurent avec lui. Son trésorier, en fuyant, emporta ce mystère.

Djerrah-Mohammed, second vizir, homme de peu d'éclat, reçut les sceaux avec ces mots de la main du sultan qui ne lui laissaient pas la liberté du refus : « Si tu ne fais pas ton devoir, tu seras écartelé, et ton nom sera couvert d'une éternelle infamie. ».

Sous ce vizir, les généraux autrichien et hongrois Schwarzenberg et Palfy surprirent la ville de Raab. Le pacha turc, un sabre dans chaque main, se défendit jusqu'à la mort sur la porte ouverte aux Hongrois par la trahison de ses habitants. Ses trois cents soldats, réfugiés dans le magasin à poudre, s'y firent sauter pour échapper aux tortures. Le serdar de l'armée de Hongrie tenta de laver cet affront dans le sang des Allemands, Pendant sa marche sur la Theïss, ses janissaires mécontents se soulevèrent, coupèrent les cordes de sa tente pour la faire écrouler sur sa tête, le frappèrent à coups de bâton, et ne lui laissèrent la vie que sur les supplications de leur aga.

Othman *sans Oreilles*, ainsi nommé pour avoir eu les oreilles coupées sur le champ de bataille, en Perse, sauva la capitale Ofen, assiégée par les Allemands. Vingt mille Valaques, sous les ordres de leur prince Michel, reparurent en Valachie contre Hafiz-Pacha, gouverneur militaire de cette province, pour affronter les Turcs; ils promenèrent dans la campagne un mannequin de femme revêtu des habits et des armes d'Hafiz-Pacha. Les rires des Valaques couvrirent de rougeur le front des Turcs. Hafiz vaincu se replia sur Schumla. Sa honte reflua sur le grand vizir Djerrah-Mohammed, qui fut déposé et remit une troisième fois les sceaux à Ibrahim.

Le favori repartit pour le Danube, suivi de quarante mille janissaires; un katti-chérif du sultan lui livrait la vie du séraskier de l'armée d'Europe, Satourdji-Pacha, son ennemi. L'aga des janissaires, Hassan, reçut l'ordre d'exécuter le séraskier. Arrivé à Andrinople, l'aga convia le séraskier à un festin sous sa tente; à la fin du repas, il tira de son sein le katti-chérif et fit signe aux yaya-baschis de massacrer son convive. La tête de Satourdji roula sur le tapis. Ibrahim, absent d'Andrinople pendant cette exécution, jura qu'elle était le crime d'Hassan. La perfidie des Esclavons s'associait dans ce favori à l'ambition et à l'adulation, vices de ces barbares, mal recouverts du vernis des cours. Il marcha sur Gran et reconquit cette citadelle perdue dans l'avant-dernière campagne.

Le khan de Crimée Ghazi-Ghéraï amena cinquante mille Tartares à l'armée. Mais le meurtre de Satourdji lui faisait tout redouter d'Ibrahim. Les deux généraux ne réunirent jamais leurs troupes en un seul corps d'armée, et ne conférèrent entre eux qu'à cheval en pleine campagne, suivis d'un nombre égal de cavaliers. En automne, le khan des Tartares refusa d'hiverner sur les rives du Danube et ramena sa cavalerie en Crimée.

Des négociations avec la cour d'Autriche furent tentées pendant l'hiver; on ne put s'entendre; Ibrahim, qui désirait la paix, s'attacha, par une discipline sévère et par une rigoureuse répression de toute violence et de tout pillage, à ramener aux Ottomans l'affection des Hongrois, des Valaques et des populations chrétiennes de ces frontières. Il effaça entre elles et ses soldats, par une sage tolérance, les antipathies de religion; les Hongrois, les Serviens, les Valaques, grossirent volontairement les rangs de l'armée turque contre les Allemands, plus indisciplinés et aussi barbares alors que leurs ennemis.

La guerre de Hongrie se poursuivit sans résultats dignes de l'histoire depuis la première année du dix-septième siècle (1600) jusqu'en 1608. Ibrahim, qui la dirigeait plus en homme d'État qu'en guerrier, avait transporté pour ainsi dire le gouvernement à Belgrade.

La sultane Validé, Safiyé, se maintenait au pouvoir à Constantinople par son ascendant sur son fils. Elle avait affermi cet ascendant en faisant présent à Mahomet III d'une esclave d'une incomparable beauté qui donna un héritier au trône, Sélim. Ces belles esclaves introduites par la Validé dans le harem de son fils étaient les confidentes et les instruments de sa politique. L'habitude du gouvernement, disent les relations vénitiennes de l'époque, était devenue une indomptable passion dans cette femme. Jamais depuis Roxelane le harem n'avait plus complétement dominé le divan. La nourrice Raziyé, entremetteuse des intrigues de cette cour féminine sous Amurat III, venait de mourir en laissant d'immenses richesses et un fils pacha d'Alep et beglerbeg d'Erzeroum; on lui avait fait des funérailles magnifiques; son tombeau s'élevait comme celui d'une impératrice auprès du palais impérial de Beschiktasch. Cicala le Génois et Ghaznéfer l'eunuque hongrois, affermis et enrichis comme Ibrahim dans les plus hautes dignités de la cour par la Validé, appelaient à eux pour héritiers de leurs richesses de jeunes parents auxquels ils faisaient embrasser l'islamisme. Ce règne des femmes, pour qui plaire est le seul mérite des favoris, commençait à soulever de temps en temps l'indignation des vrais Ottomans.

Le corps des spahis resté à Constantinople pour la garde du sultan accusait la juive Kira, favorite de la sultane Validé, de vendre les *timars* ou *fiefs* militaires à prix d'argent, au lieu de les donner au mérite et à la valeur. Ce commerce des dignités militaires fit demander aux spahis la tête de la juive. Le caïmakam Khalil, qui gouvernait la capitale en l'absence d'Ibrahim, n'osa refuser cette satisfaction sanglante aux spahis. Cerné dans son palais par une émeute de soldats, le caïmakam fut contraint d'envoyer à la juive l'ordre de comparaître devant lui avec ses trois fils. Livrer cette victime aux révoltés lui parut le seul moyen de détourner leur fureur de la tête de la sultane Validé sa protectrice. Kira fut dépecée en lambeaux ainsi que ses trois fils en montant l'escalier du palais du caïmakam. Leurs membres palpitants furent cloués par les soldats aux portes des vizirs et des pachas accusés d'avoir trempé avec cette femme dans ce commerce des faveurs de la cour.

L'empire perdit, la même année, son plus grand homme d'État dans l'historien Séadeddin, et son plus grand poëte dans l'immortel Baki. Un autre historien, le secrétaire des janissaires, Ali, auteur du *Livre de la victoire*, du récit de la campagne de Géorgie et de la guerre de Hongrie, mourut à la fin de la même année. Annaliste intègre, impartial et courageux, Ali ne flatte pas même sa nation dans ses récits. Il comprend que flatter son temps c'est corrompre l'avenir. Il est le témoin pour la postérité; les Turcs lui doivent plus que de la gloire, ils lui doivent la vérité sur trois règnes de leur histoire.

XI

Cependant le prince Michel de Valachie, intimidé et contenu par la présence d'Ibrahim sur le Danube, sollicitait enfin la paix. Ibrahim accueillit un Valaque, son ambassadeur, nommé Dimo, et l'envoya à Constantinople pour exposer ses propositions au divan. L'eunuque Hafiz-Ahmed, victime autrefois, pendant la guerre de Valachie, d'une perfidie de Dimo, parvint à obtenir du mufti un *fetwa* ou jugement qui condamnait ce Valaque au supplice. Hafiz-Ahmed, alors caïmakam, le fit pendre par des crochets de fer à un mur et expirer dans de lentes tortures. Cette violation du sauf-conduit et du titre d'ambassadeur indigna Ibrahim; il s'en plaignit dans ses lettres à la sultane Validé, qui fit destituer Hafiz-Ahmed et nommer à sa place un de ses protégés, Hassan *le Fruitier*.

Les Autrichiens, pendant ces négociations, redoutant la défection de Michel à leur cause, le firent assassiner en Transylvanie. Ibrahim renoua, par l'intermédiaire du khan des Tartares, des négociations pour la paix avec Vienne. La mort le surprit à Belgrade au moment où il allait signer la paix. Son corps, rapporté à Constantinople, fut enseveli, avec des honneurs presque souverains, dans le parvis de la mosquée des princes. Ce favori, devenu homme d'État et guerrier par le long exercice du pouvoir, aspirait, comme le premier Sokolli, à consolider plus qu'à conquérir. Il fut le premier des grands vizirs qui ne rougit pas de proposer des traités de paix au nom de son maître.

Sa mort perpétua des guerres que sa sagesse allait assoupir.

La sultane Validé donna la dignité de grand vizir à son protégé, le caïmakam Hassan *le Fruitier*. Le sultan fit présent à Hassan des tentes, des chevaux, des chameaux, des mulets, des armes d'Ibrahim. Il lui promit jusqu'à sa veuve, la sultane Aïsché, pour épouse après les mois du veuvage écoulés. Hassan partit avec la promptitude d'un soldat pour la rive du Danube. Soixante mille janissaires et spahis le rejoignirent dans la plaine de Semlin, sur la rive gauche du fleuve, en face de Belgrade.

Les Autrichiens, commandés par l'archiduc Ferdinand, assiégeaient la forteresse turque de Kanischa (1602). Hassan-Teryaki, ou Hassan *le Fumeur d'opium*, la défendait avec l'héroïsme d'un Ottoman des premiers jours. A l'approche du grand vizir, les Autrichiens abandonnèrent le siége; leurs canons et des milliers de cadavres restèrent dans les tranchées. Hassan-Teryaki, assis à la porte de la ville, des sacs de piastres sous la main, distribuait des pièces d'or à tous ceux de ses soldats qui lui apportaient des têtes d'ennemis. L'archiduc, dans sa précipitation de fuite, avait laissé sa tente debout et meublée dans son camp forcé. Hassan y entra, fit une prière sur le tapis, puis, tirant son sabre, il fendit d'un seul coup le trône de l'archiduc, le fit voler en morceaux, et s'assit fièrement sur les débris. Vingt mille prisonniers, soixante canons, tous les trésors et tout le bagage de l'armée autrichienne tombèrent en peu de jours dans les mains de Hassan-Teryaki. Il abandonna tout à ses soldats, ne se réservant que la gloire. La tente de Ferdinand et les canons furent offerts en présent au grand vizir.

Le grand vizir, après avoir rejoint Hassan, le nomma

pacha à trois queues, et lui fit présent de trois chevaux de guerre. Le sultan, pour récompenser le grand vizir, lui envoya, avec une dot de quarante mille ducats d'or, la sultane Aïsché, veuve d'Ibrahim, qu'il lui avait réservée comme encouragement et comme prix de la campagne.

XII

Pendant ces succès en Hongrie, un rebelle asiatique, nommé Karayazidji (ou l'écrivain noir), insurgeait les Arabes et les Turcomans contre les gouverneurs de Mahomet III, et remportait victoire sur victoire sur ses généraux. L'exemption d'impôts était le mobile de ce tribun armé sur les populations mal domptées de la Cilicie et de la Cappadoce. Le fils du fameux vizir Sokolli, envoyé contre Karayazidji, vers Césarée de Cappadoce, anéantit enfin ce rebelle, qui mourut de ses blessures dans les montagnes de Djanik, branche du Taurus. Ses partisans coupèrent son corps en morceaux et ensevelirent chacun de ses membres dans une contrée différente, pour que son tombeau, découvert par les Turcs, ne livrât pas du moins ses restes entiers à la profanation.

Hassan *le Fou*, son frère, succéda à sa popularité; il évoqua de nouveau l'insurrection dans ce fond de l'Asie, reflua avec des masses innombrables sur Sokolli, qui fut obligé de se réfugier dans les murs de Tokat. Les rebelles ravagèrent impunément la vallée de Tokat; ils saccagèrent le jardin de Sokolli, situé dans les environs, et appelé, à cause de sa magnificence et de ses délices, le Jardin du paradis, *Djennet-baghi.* Les parterres, au lieu de fleurs naturelles, étincelaient de rubis et de pierres fines, imitant la forme des fleurs et dépassant leur éclat. Ces trésors de l'art persan devinrent les décorations des armes et des harnais des barbares.

Le sultan, pour punir la défaite de Sokolli, nomma à sa place Khosrew-Pacha séraskier de l'armée de Tokat contre les partisans de Karayazidji. Mais Sokolli était si fier de son nom, de ses richesses, de ses dignités, que personne n'osait lui apprendre sa déposition. Il menaçait de mort quiconque lui parlerait de descendre de son rang de séraskier. Son kiaya et son propre frère échappèrent avec peine à sa fureur, pour avoir osé lui conseiller l'obéissance aux ordres du sultan. Il continuait à défendre Tokat (1602) contre les rebelles avec l'intrépidité et le fanatisme d'un héros, lorsqu'un matin, qu'il s'était assis comme à l'ordinaire devant la porte de son palais pour donner des ordres aux troupes, un arquebusier turc, posté sur une éminence d'où l'on découvrait le séraskier, le visa et le renversa mort, mais non dégradé, sur son tapis. Tokat tomba avec lui. Le chef des rebelles, Hassan *le Fou*, inonda de ses bandes l'Asie Mineure, et cerna dans Kutaïah le nouveau séraskier Khosrew-Pacha. L'hiver suspendit seul ses progrès.

Cicala-Pacha, nommé capitan-pacha comme son père, défendait les côtes d'Afrique contre André Doria et don Juan de Cordoue, et ravageait les côtes d'Italie. Stuhlveissenbourg, sépulcre des rois de Hongrie et siège de leur couronnement, tombait aux mains du grand vizir. Ofen et Pesth, séparées seulement par le Danube, étaient assiégées, l'une par les Autrichiens, l'autre par les Turcs. Le khan des Tartares, Ghazi-Ghéraï, revenu avec ses troupes en Hongrie depuis la mort d'Ibrahim, se contentait de ravager le pays sous le pas de ses chevaux et de chanter, dans des poésies en langue turque, les délices des vins de Tokai. La guerre était incohérente et molle comme une lassitude de combats.

Ces oisivetés de la guerre en Europe et ses désastres en Asie aigrissaient le patriotisme des spahis de Constantinople. Ils rédigèrent par leurs écrivains et ils apportèrent les armes à la main une supplique séditieuse au sultan, pour lui demander les têtes de l'eunuque hongrois, favori de deux règnes, Ghaznéfer, de l'ancien caïmakam Hassan *l'Horloger*, et d'un autre Hassan, surnommé Tirnakdji, qui occupait dans le divan le rang de quatrième vizir. Ces têtes, disaient les spahis, expiaient les corruptions du sérail et les funestes conseils donnés au sultan par ses favoris. L'empire ne se régénérait que dans le sang de ses corrupteurs.

Mahomet III, assiégé dans le sérail par ses propres défenseurs, comparut devant eux sur un trône élevé dans la dernière cour, moins en souverain qu'en suppliant. Il leur disputa en vain, une à une, les têtes de ses plus chers confidents : pour une qu'on lui accordait, on en exigeait une autre. Hassan *l'Horloger*, tiré du château des Sept-Tours, harangua ses bourreaux et leur prouva, les ordres du grand vizir à la main, qu'il n'avait fait que son devoir en Asie. On le renvoya justifié. Hassan Tirnakdji implora la vie à genoux devant les spahis, et obtint sa grâce de l'intercession des janissaires. Mais Othman, le kislar-aga, et Ghaznéfer, le chef des eunuques blancs, plus odieux parce qu'ils étaient plus chers à leur maître et à sa mère, sacrifiés avec larmes par Mahomet, livrèrent leurs têtes, quoique innocentes, au sabre des spahis. Le sultan fut contraint d'assister à leur supplice, de saluer les troupes devant ces cadavres, comme pour les remercier de leur crime, et de dévorer sa honte et sa douleur dans le secret de son harem.

XIII

Le grand vizir, rappelé par des lettres urgentes de la sultane Validé, accourait en secret à Constantinople pour rétablir l'ordre et venger ces crimes. Arrivé aux portes de la capitale, Hassan *le Fruitier* n'osa y entrer que la nuit, de peur que les spahis ne lui défendissent de passer les portes. Il se glissa furtivement dans son palais. Le sultan lui envoya un eunuque pour le féliciter de son retour et pour l'assurer de sa faveur et de son appui. Pendant la nuit, le caïmakam Mahmoud-Pacha, quoique son ennemi, et les deux juges de l'armée, vinrent concerter avec lui le rétablissement de l'autorité et la punition des coupables. Le mufti, qu'il attendait pour justifier ses sévérités par un fetwa, n'y parut pas. Les spahis, informés des mesures qu'on préparait contre eux, le gardaient à vue dans sa maison et lui avaient arraché un fetwa de mort contre le grand vizir. L'aga des janissaires et les deux grands juges de l'armée, intimidés par ce fetwa du mufti, abandonnèrent lâchement la cause d'Hassan et se chargèrent de concourir à l'arrêt de mort.

Cependant Hassan, déserté dans son palais par les soutiens naturels de l'ordre, sentait sans faiblesse le vide qui se faisait autour de lui. Il écrivit un billet au sultan dans lequel il lui traçait la conduite à tenir : « Mahmoud, l'aga des janissaires, nous trahit, disait-il dans cette confidence; il s'entend avec les rebelles; il leur a promis trente mille ducats pour me renverser; voici ce qu'il faut répondre au rapport qu'il va vous adresser : « Ce que fait mon vizir, il » le fait par mon ordre; je ne veux pas que personne s'im- » misce dans les hautes affaires du gouvernement. » Hassan demandait que dans la nuit suivante la tête du traître Mahmoud expiât ses intrigues et décourageât ses complices.

Mahomet III lui accorda le katti-chérif qui légalisait le supplice de l'aga; le grand chambellan Kazim fut chargé de l'exécution; mais Mahmoud, qui soupçonnait le piége, se déroba à Kazim en se cachant dans une des casernes des janissaires. Le matin, la sédition militaire bouillonnait sans répression dans les casernes.

XIV

Hassan *le Fruitier*, n'attendant plus de secours que de son courage et de l'indignation des bons musulmans, se barricada dans son palais et contint pendant tout le jour les spahis par son attitude. Au coucher du soleil, il s'enferma dans un kiosque attenant à l'appartement de la sultane Aïché, sa fiancée, qui habitait déjà son palais, mais chez laquelle il n'avait pas encore le droit d'entrer, parce que les cérémonies de ses noces avec cette veuve d'Ibrahim n'étaient pas entièrement accomplies. Cet asile inviolable du harem le couvrit jusqu'au soir contre les recherches des spahis. Les ténèbres lui permirent de s'évader par une porte du jardin, et d'aller s'installer dans la maison même de l'aga des janissaires, Mahmoud, dont il avait, la veille, demandé la tête. De là il envoya pendant la nuit des messagers à tous les généraux et à tous les magistrats réputés fidèles, pour leur donner l'ordre de se réunir au lever du jour, avec leurs soldats et leurs serviteurs armés, sous le parvis de la mosquée de Soliman, en face de la maison de l'aga des janissaires.

Au point du jour, le parvis, la place, la cour du palais de l'aga ressemblaient à un camp sous les armes. Le grand vizir fit la prière du matin dans la mosquée, puis, se plaçant sur une des marches élevées du péristyle, il lut à la multitude une adresse du sultan à ses troupes :

« Janissaires, mes braves serviteurs, disait cette adresse, je vous remercie! Ma faveur vous est justement acquise; depuis le règne de mes ancêtres jusqu'au mien, vous avez été irréprochables. Continuez à rester dans le devoir, et aidez mon grand vizir à punir de misérables rebelles ; ma faveur et mon amitié sont avec vous. »

XV

Les janissaires, émus par les paroles de leur padischah et par l'aspect d'Hassan *le Fruitier*, soldat comme eux avant d'être vizir, jurèrent de mériter les éloges du sultan et de réprimer la rébellion des spahis. « Destituez à l'instant l'infidèle mufti! crièrent-ils à Hassan. — Qu'il soit fait selon vos désirs, » répondit Hassan.

Il convoqua à l'instant les oulémas et les cinq vizirs à un divan général dans la mosquée; tous y accoururent, à l'exception du capitan-pacha, Cicala, le Génois, qui s'y fit traîner de force par les chiaoux, comme pour protester d'avance contre les résolutions que le divan tumultueux allait promulguer. Pendant que le divan délibérait, les officiers des janissaires parlementaient avec les spahis, campés sur la place de l'Hippodrome, près de la ménagerie des lions. Les spahis repoussèrent toute avance de paix.

Deux chambellans rapportèrent du sérail à la mosquée de Soliman un firman du sultan qui ratifiait la déposition du mufti, et nommait à sa place Mustafa-Effendi, ouléma célèbre par ses lumières et par ses vertus. Un autre firman nommait Ferhad-Pacha aga des janissaires à la place de Mahmoud, évadé la veille de son palais. Le nouveau mufti prononça sans hésiter le licenciement des spahis révoltés et le supplice de leurs officiers. Ferhad-Pacha s'élança sur son cheval, entraîna à sa suite les janissaires et le peuple, balaya l'hippodrome des spahis qui remplissaient la place et emporta d'assaut le kan de Plomb, vaste rotonde couverte en métal, dont les spahis s'étaient fait une forteresse. Avant la prière de midi, la révolte, résolûment abordée, avait disparu des rues de Constantinople et rendu la majesté au palais.

Quelques exécutions rapides des meneurs de la soldatesque confirmèrent la victoire d'Hassan. Othman Poriaz, un de ses vieux compagnons de guerre, confessa devant lui sa faute, qu'il attribua aux suggestions du mufti, et demanda pour toute grâce de n'être pas étranglé comme les femmes, mais d'être décapité comme un soldat. Hassan lui accorda cette grâce ainsi qu'à Oghuz, autre chef repentant des spahis. On poursuivit le sabre à la main tous les complices de la révolte désignés par les délateurs. Un des plus coupables, Djizmi, pour s'échapper de Constantinople, se fit ensevelir et transporter dans un cercueil, par ses serviteurs, au cimetière de Scutari, sur la côte d'Asie. Ce subterfuge le sauva du glaive des lois, mais non du glaive des assassins : ses serviteurs l'égorgèrent dans les montagnes de Magnésie pour se partager les trésors qu'il emportait dans sa fuite.

Le mufti et le caïmakam, réfugiés ensemble dans la mosquée des marchands, asile sacré, y bravèrent leur arrêt de mort sous la protection des imans. Un des vizirs fut décapité, malgré son rang, par l'ordre et sous les yeux du grand vizir. Hassan *l'Horloger* fut exilé à Trébizonde; Cicala, le capitan-pacha, dont le grand vizir sollicitait vainement la tête, ne dut son salut qu'à son titre de gendre de la sultane Validé; mais il n'osa plus reparaître au divan pour y exercer les fonctions de son ministère de la marine.

L'inflexible Hassan, incapable de plier sa politique aux manéges des cours, perdit la faveur de son maître par la sévérité même qu'il apportait à le venger. L'aga des janissaires Ferhad, le mufti, le defterdar, s'entendirent pour aliéner de lui la Vénitienne Safiyé. Ils le représentèrent comme un dictateur féroce qui corrompait la fidélité des janissaires par des gratifications excessives, afin de s'assurer, au besoin, leur appui contre le sultan lui-même.

Hassan lisait ces ombrages sur le front de son maître. C'était le temps où la sultane Validé faisait construire hors des murs, dans la plaine de Daoud-Pacha, un palais immense et fortifié pour y trouver asile, au milieu d'un camp, contre de nouvelles agitations de la capitale. Un jour que le sultan visitait avec le grand vizir ce palais, Hassan lui demanda une audience particulière pour une affaire pressante. Le sultan, ordinairement gracieux et complaisant pour le vizir, l'ajourna froidement au prochain divan. Hassan pressentit sa chute et ne chercha pas à la prévenir.

Après le premier divan qui suivit ce refus d'audience, et rentré dans son palais, il écrivait à la sultane Validé pour lui rendre compte d'une affaire, quand le grand chambellan vint lui redemander le sceau de l'empire. Il le rendit sans murmure, et se retira à l'instant dans ses jardins de Sudlidgé, sur le Bosphore, appartenant à la sultane Esma, son épouse.

Au bruit de la déposition de leur grand vizir favori, les janissaires s'ameutent contre leur aga, Ferhad-Pacha, et contre le mufti, ennemis avérés d'Hassan *le Fruitier;* ils s'attroupent sous les fenêtres et menacent d'incendier leurs demeures, si Hassan, victime de leur haine, n'est pas rétabli dans ses fonctions de grand vizir. Le mufti et l'aga se cachent dans le palais du caïmakam, Djerrah-Pacha, leur ami, qui exerce, en l'absence du grand vizir, l'autorité suprême du gouvernement.

Le sultan brave ces rumeurs, satisfait les janissaires en leur donnant un nouvel aga tiré de leurs rangs, Turk-Aga; Kazim, homme subordonné au mufti, est nommé caïmakam en attendant l'avénement d'un autre grand vizir. Ces deux soldats, chers aux troupes, apaisent leur fermentation. Un Bosnien de la famille chrétienne de Malcovich, nommé en Turquie Ali, et surnommé, à cause de son caractère, Ali le Sévère, alors gouverneur d'Égypte, reçoit le titre de grand vizir.

Pendant que la capitale rentre dans le calme par une habile combinaison de la sultane Validé, dix eunuques muets, envoyés par le sultan au jardin de Sudlidjé, forcent l'entrée du harem d'Hassan *le Fruitier*, l'arrachent aux bras de la sultane son épouse, sœur de Mahomet III, l'entraînent dans le jardin écarté de Khanédan pour qu'on n'entende pas ses derniers soupirs, et l'étranglent en récompense du trône et de la vie rendus par lui à son maître.

XVI

Ali le Sévère, à qui un muet avait porté au Caire les sceaux de l'empire, arrivait déjà d'Égypte à travers la Syrie et la Caramanie, semant partout sur son passage les supplices et la terreur.

A Damas, les troupes révoltées avaient fléchi sous ses bourreaux; à Adana, des têtes et des mains coupées avaient signalé sa trace; à Konïah, les quatre vizirs, Pialé, Khosrew, Ibrahim et Ali, venus en cortége au-devant de lui, avaient été chassés de sa présence et de la ville comme des dilapidateurs; à Akschyr, l'ancien chef des rebelles turcomans, Ghourghour, qui portait une énorme massue de bois dur, et qui avait coutume de la planter sur les murs des villes envahies par ses soldats, en demandant pour rançon le poids en or de cette massue, vint se soumettre de lui-même au nouveau grand vizir; Ali le laissa approcher de son cheval pour baiser son étrier, et, au moment où Ghourghour se relevait de la poussière, il lui trancha la nuque d'un coup de sabre.

Un autre rebelle, Hassan *le Fou*, vainqueur impuni de Sokolli, négocia sa soumission avec plus de prudence. Ali le Sévère lui pardonna et le nomma gouverneur de Bosnie, afin d'y racheter, par ses exploits contre les Autrichiens, ses crimes contre les Ottomans. Hassan *le Fou*, ainsi pardonné, traversa Constantinople avec une armée de dix mille bandits asiatiques, dont l'aspect répandait l'horreur sur son passage. Les uns, à demi nus, portaient au cou et aux bras des amulettes et des talismans d'idolâtres; les autres laissaient flotter leurs longues chevelures comme des femmes; ils étaient armés de lances de bois, à la pointe desquelles ils agitaient des haillons blancs pour effaroucher les chevaux; des chapelets et des ossements de chameaux au cliquetis lugubre pendaient de leurs étriers de cordes. Le khan des Tartares, en les voyant arriver avec Ali *le Fou* à Andrinople, refusa de combattre avec ces sauvages, dont le contact déshonorait ses soldats. Ils passèrent seuls le Danube et périrent tous avec Ali *le Fou*, leur chef, aux environs de Pesth, sous la mitraille des Autrichiens.

XVII

Un meurtre domestique ensanglanta peu de jours après le sérail lui-même (1603).

Un des fils du sultan, le prince Mahmoud, jeune homme dont l'impatience de gloire et l'ardeur militaire inquiétaient la sultane mère par une popularité dangereuse à son fils, eut la témérité de demander au sultan et aux vizirs le commandement de l'armée chargée de réprimer les rébellions incessantes de l'Asie. Les prédictions d'un derviche, sans doute vendu à une intrigue de palais, promettaient au jeune Mahmoud des victoires et la restauration de la paix en Asie. Quelques généraux et quelques vizirs trempaient dans cette importune ambition d'un prince dont la popularité menaçait ses frères. Les muets étranglèrent pendant la nuit avec le jeune ambitieux sa mère, son prophète et ses complices. Le silence étouffa le murmure de cette exécution : le crime et la peine n'avaient pas franchi les murs du sérail.

XVIII

Mahomet III alla, dans l'automne de 1603, habiter quelques mois ses jardins d'Andrinople, pour écarter de lui les remords de la mort de Mahmoud et de la sultane Aïsché, qui n'avait pu survivre à l'assassinat d'Hassan *le Fruitier*, étranglé si injustement sous ses yeux. Mahomet recevait aussi plus promptement à Andrinople les nouvelles de l'armée et les rapports du grand vizir, Ali *le Sévère*, qui commandait sur le Danube. La défaite et la mort des dix mille Asiatiques d'Hassan *le Fou*, sous les murs de Pesth, frappèrent son esprit. On appela en Turquie cette armée *l'armée du revers*.

Le schah de Perse Abbas, provoqué par les beglerbegs ottomans des frontières, avait refoulé les Turcs jusqu'à Erzeroum et à Kars; il menaçait Bagdad. L'imminence du danger força le divan, réuni à Constantinople sous le caïmakam Kazim, à révoquer l'exil d'Hassan *l'Horloger*, alors relégué à Trébizonde, et à lui donner le commandement de l'armée de Perse. L'empire, découvert de tous côtés par l'absence de la cour et du grand vizir, cherchait à parer de lui-même les coups que lui portaient tant d'ennemis.

L'indolent Mahomet III, quoique dans la force de ses années, languissait à Andrinople au milieu des eunuques et des femmes. Un jour qu'il passait à cheval dans les rues de la ville, un derviche, à qui les mœurs ottomanes permettaient alors de tout dire au nom d'Allah, arrêta le cheval du sultan, et, voyant sans doute sur le visage de Mahomet des symptômes de défaillance, lui prédit une catastrophe avant peu de jours écoulés. Mahomet, dont l'âme était plus maladive que le corps, fut anéanti par la prophétie, que sa superstition lui fit écouter comme un arrêt du ciel. Il mourut, en effet, le cinquante-cinquième jour après la prédiction du derviche (en 1603).

Son règne, qui n'avait été que le règne de sa mère, fut la date des grandes séditions intérieures qui allaient secouer le trône et disloquer l'empire. On ne peut accuser Mahomet III que du malheur de son caractère. La nature l'avait fait bon et droit; ses faiblesses furent celles de son esprit; ses crimes furent ceux de ses favoris et de sa mère.

Trois femmes de caractères différents, mais d'ambition égale, Élisabeth en Angleterre, Catherine de Médicis en France, la sultane vénitienne Safiyé à Constantinople, semblaient avoir été prédestinées, sur la fin du même siècle, à gouverner parallèlement trois empires, et à étonner tour à tour le monde : la première par le despotisme de sa volonté; la seconde par de sanglantes intrigues de

cour masquées de religion ; la troisième par l'ascendant de
ses charmes et de son ambition sur un harem. Ni les unes
ni les autres n'avaient épargné leurs ennemis : Élisabeth
avait décapité des favoris et une reine ; Catherine de Médicis avait décimé un peuple en assassinant un parti dans
une secte ; Safiyé avait vu étrangler dix-neuf frères et une
fille par Mahomet III pour prémunir le trône contre des
compétiteurs. L'Europe et l'Asie n'avaient à se renvoyer
que du sang ; mais Élisabeth avait été sanguinaire par politique, Catherine de Médicis par faction, Safiyé par maternité. L'une était une reine, l'autre une ambitieuse, la dernière une mère. Des motifs différents expliquent leurs
vengeances, mais la même horreur les couvre. Il n'est
donné ni à la politique, ni à la religion, ni à la nature, de
laver ces trois mains de femmes qui trempèrent le sceptre
dans le sang.

XIX

Deux enfants enfermés dans le sérail restaient seuls des
quatre fils que Mahomet III avait eus de diverses femmes :
Ahmed ou Achmet, âgé de quinze ans ; Mustafa, de treize.

Achmet était un de ces caractères sans vices et sans
vertus, qui ne laissent d'autres traces dans la vie des nations que les dates de leur avénement et de leur mort. Mustafa était hébété par un idiotisme de naissance qui ne pouvait faire de lui que le jouet des événements. Il dut la vie à
cet idiotisme et au respect que les Ottomans ont pour ces
déshérités de l'intelligence, dans lesquels ils croient devoir

vénérer la fatalité et pour ainsi dire la divinité du malheur. La nouvelle sultane Validé, cette belle esclave donnée à Mahomet par la Vénitienne, soit par humanité, soit par religion, ne permit pas aux muets de sacrifier l'enfant infirme d'esprit à la sécurité du trône. Achmet, qui aimait son frère, le couvrit de sa tendresse contre la loi et contre l'habitude des meurtres du sérail.

Le jeune sultan, dirigé par sa mère et par son gouverneur, Lala-Mustafa, connut le premier la mort de son père dans le sérail. Il se hâta, par le conseil de sa mère, d'écrire, d'une main inhabile et tremblante, un katti-chérif, ou ordre personnel et direct du souverain, au caïmakam Kazim, dépositaire de tout le pouvoir en l'absence du grand vizir. Il l'enveloppa, suivant l'usage, d'un mouchoir de soie, et le fit porter par le chef des eunuques blancs. Kazim ignorait, comme toute la ville, la maladie et la mort de Mahomet. Il essaya en vain de déchiffrer les caractères illisibles du katti-chérif déployé sous ses yeux. « Qui t'a donné cet écrit? demanda-t-il au chef des eunuques. Ce n'est point un katti-chérif; il n'est point de la main du sultan. — Je l'ignore, répondit l'eunuque. Cet écrit m'a été remis pour toi par le gouverneur du harem. » Kazim, de plus en plus étonné, se fit aider par le secrétaire d'État Hassanzadé, présent dans la salle. « Caïmakam, disait le papier, par l'ordre de Dieu mon père est mort cette nuit, et je suis ton maître; maintiens l'ordre dans la ville : s'il arrive la moindre émotion, je te ferai trancher la tête. »

Cette nouvelle, cet ordre, cette menace, firent trembler à la fois le caïmakam de tomber dans un piége ou de désobéir à un ordre du padischah. Il se hâta d'écrire au kislar-aga, gouverneur du harem, un billet pour éclairer ces ténèbres. « On vient de me présenter, à moi votre indigne serviteur, disait-il dans ce billet au kislar-aga, un katti-chérif dont je ne puis comprendre le sens; je ne sais s'il m'est adressé comme un ordre réel et sérieux, ou simplement pour mettre mon dévouement à l'épreuve; tirez-moi de ma perplexité. »

Pour toute réponse à ce billet, le chef des eunuques blancs vint prendre le caïmakam et le conduisit au sérail. Kazim y trouva le jeune padischah déjà assis sur son trône, entouré de tous les grands officiers de la domesticité du palais. Il s'agenouilla devant son maître, et prit ses ordres pour les funérailles de Mahomet.

Les membres du divan, conseil de l'empire, furent convoqués, sans connaître le motif de leur convocation, à une séance extraordinaire au sérail. Ils y trouvèrent un trône vide élevé dans la cour de *la Félicité*, au pied des degrés qui montent à la dernière porte du harem. Ils entourèrent, sans oser s'interroger, ce trône, attendant l'apparition de Mahomet. Tout à coup les battants des portes du harem s'ouvrirent, et ils en virent sortir un prince de quinze ans coiffé d'un turban noir, qui salua gracieusement la foule, et qui s'assit sur le trône aux cris des chiaoux, en tendant sa main aux lèvres de ses vizirs. Les cérémonies du premier ensevelissement s'accomplirent. Les assistants entourèrent leurs turbans d'un châle noir; on exposa le cercueil de Mahomet sur une estrade; on lut autour du cercueil les versets du Coran; on distribua des largesses aux pauvres et aux orphelins, et le jeune sultan rentra dans le harem pour y attendre l'arrivée du grand vizir, avant d'imprimer une direction au nouveau règne.

XX

Ali le Sévère, instruit à Belgrade de la mort de son maître, arriva à Constantinople le huitième jour. Achmet Ier le confirma dans son poste, et le chargea de distribuer en gratifications aux troupes les douze cent mille ducats d'or du tribut d'Égypte qu'Ali le Sévère apportait avec lui pour les premiers besoins du règne.

La sultane vénitienne Safiyé fut reléguée pour la fin de ses jours, avec l'immense suite de serviteurs, d'esclaves et de femmes qui composaient sa cour, dans le vieux sérail, magnifique et triste exil des cours déchues et des harems répudiés. Le chef des eunuques blancs (le *capou-aga*), le chef des eunuques noirs (le *kislar-aga*), ou gouverneur du harem, vendus à cette princesse, furent destitués; l'intendant général de sa maison fut étranglé. La nouvelle Validé se vengeait du joug longtemps supporté de l'ancienne.

« Repars à l'instant pour conduire l'armée en Hongrie, » dit aussitôt après son couronnement le sultan au grand vizir. Ali le Sévère comprit dans cet ordre absolu les ombrages du gouverneur Lala-Mustafa et du harem, qui voulaient bien de son bras, mais non de son influence.

Cicala-Pacha fut envoyé le même jour à l'armée de Perse pour combattre Schah-Abbas.

Ce prince guerrier avait anéanti l'armée turque de Chérif-Pacha, et l'avait contraint à signer la capitulation d'Érivan. Le jour où Chérif-Pacha se rendit au camp du roi de Perse pour discuter les articles de la capitulation, il trouva le schah assis dans l'angle d'une mauvaise tente, sur un morceau de tapis jonché de ses armes, mais entouré de tous les khans de ses provinces. Abbas s'était fait soldat pour redevenir souverain. Il gourmanda durement les vaincus et marcha sur Kars, dernier refuge des Turcs.

Cicala-Pacha releva en quelques jours l'honneur des armes du sultan; mais, obsédé par l'indiscipline de ses troupes, il fut contraint de se replier sur Erzeroum pour y passer l'hiver dans l'inaction.

XXI

Ali *le Sévère* s'éloignait avec regret de la capitale; il s'arrêta quinze jours à Halkalü, première halte après Constantinople, sous prétexte d'y attendre le trésor de l'armée. « Si tu tiens à ta tête, lui écrivit le sultan, tu partiras demain. »

Ali *le Sévère*, qui sentait son règne fini, mourut de découragement en arrivant à Belgrade. On offrit les sceaux de l'empire à Hafiz-Pacha, guerrier malheureusement célèbre par sa défaite de Nicopolis. Sur son refus, on nomma grand vizir un vieux général des frontières, nommé Lala-Mohammed-Mustafa. Le plan du harem semblait être d'éloigner toujours les grands vizirs de la capitale pour la gouverner par des caïmakams vendus à Lala-Mustafa et à la sultane Validé.

Le bostandji-baschi fut envoyé en Asie pour rapporter la tête de l'ancien caïmakam Kazim, accusé d'exactions dans le gouvernement où on le tenait exilé. Kazim, averti par ses affidés, éluda la rencontre du bostandji et arriva par une autre route à Constantinople. Achmet Ier lui accorda avec une grâce feinte la permission de se présenter devant lui.

Le divan était assemblé ; Achmet, changeant de ton, demanda avec indignation à Kazim pourquoi il avait désobéi deux fois à ses katti-chérifs. Un fetwa rendu immédiatement par le mufti déclara l'infortuné caïmakam digne de mort. Achmet Ier, chez qui l'indifférence pour le sang devançait l'âge, fit un geste : les bostandjis tranchèrent en plein divan la tête de Kazim. Son cadavre, placé avec dérision par ses bourreaux sur un cheval des jardins qui portait ordinairement du fumier, fut promené dans les rues de Constantinople.

« Regarde bien, dit le jeune sultan au nouveau caïmakam Mustafa-Sarikdji ; si tu fais les mêmes fautes, ce même sabre tranchera ta tête, comme il vient de trancher celle que tu viens de voir tomber. »

Quelques mois après, le nouveau caïmakam, miné dans l'esprit du sultan par une intrigue du mufti et du grand trésorier, ayant retardé de quelques jours, faute de fonds dans les caisses, la solde des janissaires, fut appelé inopinément au sérail. Achmet l'y attendait entouré des ennemis de son ministre. Sur un signe du sultan, les bourreaux l'étranglèrent et jetèrent son corps dans le bassin de la fontaine du divan.

Des cadavres étaient les jeux de cet adolescent sur le trône ; grâce aux déplorables principes que lui suggéraient sa mère et ses corrupteurs, tuer, pour lui, c'était régner.

Un petit-fils de Sinan fut nommé caïmakam.

Deux fils naquirent à la fois au sultan avant l'âge de quinze ans, Othman et Mahomet.

XXII

Le grand vizir négociait toujours à Belgrade la paix avec l'Allemagne (1604). Les plénipotentiaires des impériaux demandaient la restitution des territoires conquis réciproquement depuis le commencement de la dernière guerre, la remise de la forteresse de Kanischa, la renonciation des sultans au droit de patronage qu'ils prétendaient sur la Transylvanie. Un armistice prépara les conférences; elles s'ouvrirent à Pesth, puis à Ofen; rompues, reprises, ajournées, rouvertes pour se rompre encore, elles aboutirent, après de longues péripéties et des intermèdes de guerres, à l'investiture du royaume de Hongrie et de la Transylvanie donnée par le grand vizir à Bocskaï, protégé des Turcs. Ce nouveau roi leur rendit en retour les forteresses hongroises de Lippa et de Témeswar. Le gouverneur ottoman de cette forteresse en fut chassé par les habitants les armes à la main. Il se réfugia à Belgrade, où le sultan le fit décapiter pour ses revers. Le grand vizir, rappelé à Constantinople et réprimandé par Achmet sur ses lenteurs, était menacé de destitution ou de mort.

Pendant qu'il se rendait aux ordres de son maître, les janissaires et les spahis s'ameutèrent contre leurs officiers et en lapidèrent quelques-uns.

Achmet Ier les convoqua dans les cours du sérail; on leur présenta leur solde et leurs marmites; ils refusèrent obstinément d'y toucher jusqu'à ce qu'on leur eût fait justice. Le sultan, vêtu d'une pelisse rouge en signe de colère, les adjura avec énergie de rentrer dans le devoir.

« On vous offre votre solde, leur dit-il avec indignation; pourquoi ces mutineries contre votre padischah ? Livrez vous-mêmes ceux qui vous corrompent.

» — Padischah, répondit, au nom des soldats, un des plus vieux agas de l'armée, ce ne sont pas tes esclaves nourris de ton pain dans ton sérail qui commettent ces insolences, ce sont des étrangers qui, après avoir formé les garnisons des places fortes de Hongrie, ont été incorporés contre les coutumes dans nos rangs.

» — Nomme-les donc, » lui cria le sultan.

L'aga lui tendit une liste des nouveaux enrôlés dont les murmures avaient agité les soldats. Livrés sans retard par leurs complices, ces agitateurs furent décapités sur la place.

« Regardez bien, dit alors Achmet aux janissaires; s'il y en a parmi vous qui fomentent de nouvelles séditions, je les ferai tous exécuter comme ces coupables; emportez vos cadavres, et ne reparaissez qu'obéissants devant moi. »

Une telle vigueur dans un sultan de seize ans atterra les rebelles et rétablit l'autorité dans sa plénitude. Le grand vizir, arrivé le même jour, réclama en vain quelque délai pour suivre les négociations commencées et près d'aboutir avec l'Autriche.

« Pars, sans réplique et à l'instant, pour l'Asie, » lui dit Achmet.

Le ministre, quoique malade, fut obligé de planter le soir ses tentes à Scutari. Sa maladie s'aggrava de sa terreur. On l'accusa auprès du sultan de feindre une infirmité pour se dispenser d'obéir.

« Ne te fais pas plus longtemps malade, lui écrivit de sa main le sultan, et marche. »

Pour toute réponse le grand vizir mourut le lendemain. On accusa Dervisch-Pacha, son rival d'ambition, de l'avoir fait empoisonner par un médecin portugais. L'accusation était sans fondement : il était mort d'humiliation et de terreur.

Dervisch-Pacha lui succéda (1605). Ses biens immenses furent enlevés à ses enfants et dévolus au trésor pour payer la campagne de Perse. Djafar-Pacha, renégat européen, qui avait gouverné Chypre, fut nommé capitan-pacha. Dervisch voulut appliquer au gouvernement relâché sous deux règnes le système d'inflexibilité, de promptitude et de férocité de son jeune maître. « Ne me jugez pas sur mes prédécesseurs, dit-il aux membres du divan; à la première séance du conseil, je ferai trancher la tête au premier d'entre vous qui remettra une affaire au lendemain. »

Le séraskier de l'armée de Perse, Cicala, était mort après ses revers à Erzeroum. Le grand vizir nomma Ferhad *le Fou*, espèce de favori trivial des troupes, pour conduire cette guerre. Ce Souvaroff ottoman, à son arrivée à Scutari, fut assailli par les dix mille janissaires et les vingt mille spahis déjà rassemblés pour marcher sous ses ordres à la frontière de Perse; ils lui demandaient à grands cris leur solde arriérée, et coupaient les cordes de sa tente pour l'ensevelir sous les toiles, destitution soldatesque des généraux et des vizirs par les séditieux.

Ferhad sortit de sa tente avant qu'elle fût renversée, se mêla aux révoltés, ramassa des pierres, en remplit ses poches, et les lança comme eux sur sa propre tente. « Et moi aussi, je suis spahi, et je n'ai pas reçu ma solde; devez-vous être payés quand je ne le suis pas? » Il coupa ensuite lui-même les cordes de sa tente et apaisa ainsi les murmures par le rire des soldats. Sa campagne fut désordonnée comme son esprit.

XXIII

Le grand vizir, Dervisch-Pacha, fut justement accusé de ces revers. Il se bornait à sévir et ne gouvernait pas; la crainte qu'il inspirait se retourna contre lui. Il avait ordonné à un architecte grec la construction d'un palais magnifique dans le quartier du sérail. Le palais achevé, il demanda à l'architecte le compte des dépenses. Le Grec lui apporta son mémoire; Dervisch, après l'avoir parcouru en fronçant les sourcils, parut mécontent du chiffre.

« C'est bien de l'argent que vous me demandez là! » dit-il. L'architecte intimidé reprit ses comptes, les déchira : « L'esclave et ses biens sont la propriété du maître, dit-il humblement au grand vizir; il ne me serait jamais venu à la pensée de vous présenter ces comptes et de vous demander un aspre, si vous ne l'aviez vous-même exigé. »

L'avarice du grand vizir se réjouit d'avoir payé ainsi un palais par un froncement de sourcils et par une observation équivoque; mais le Grec avait juré dans son cœur de se payer par le sang de l'avare. Les travaux n'étant pas encore achevés, il construisit, comme par les ordres du grand vizir, un souterrain voûté qui conduisait du palais de Dervisch-Pacha aux jardins du sérail. Quand le souterrain toucha presque aux murs des jardins du sultan, il fit avertir par un faux délateur aposté, le chef des eunuques blancs, gouverneur du sérail, de l'existence de cette galerie dérobée, qui ne pouvait avoir d'autre but que de couvrir quelque entreprise contre la sécurité ou la majesté du padischah.

Achmet Ier, indigné, communiqua le rapport du chef des eunuques à son précepteur et au mufti. Ils aigrirent ses soupçons et rendirent le fetwa nécessaire pour motiver le supplice du coupable. L'existence avérée du souterrain était un témoin suffisant du crime. Dervisch-Pacha, en entrant le lendemain au divan, fut saisi par les bostandjis dont il avait été autrefois l'aga, et étranglé, sans être interrogé, sur un geste du sultan. Son cadavre, étendu sur le tapis, ayant conservé dans l'agonie quelques mouvements convulsifs, Achmet tira son sabre du fourreau et coupa de sa propre main la tête de son grand vizir. « Sa tête hideuse, dit l'historien Naïma, traduit par Hammer, roula comme la tête d'Alghol (la Méduse des Arabes et des Turcs) aux pieds du ciel étoilé de la majesté souveraine. » Le Grec s'était vengé de sa peur par une trahison.

Pendant ces drames de palais à Constantinople, Mourad-Pacha, le négociateur de Dervisch-Pacha à Pesth, venait de signer enfin avec l'Autriche la paix à Sitvatorok (1606). Ce traité confirmait, au prix de légères restitutions de territoires et de forteresses envahis, la Turquie dans sa prépondérance sur le Danube et sur la plus large moitié de la Hongrie. Il fut précédé et facilité par un traité particulier de Bocskaï, roi de Hongrie, feudataire des Turcs, avec l'empereur.

Le traité de paix de Sitvatorok contenait en dix-sept articles la conversion du tribut payé par l'empire aux Turcs en un présent annuel de trente mille ducats d'or ; une indemnité, une fois payée, de deux cent mille piastres à la Porte; l'envoi réciproque d'ambassadeurs à Constantinople et à Vienne tous les trois ans avec des présents d'une valeur arbitraire et illimitée; l'égalité de cérémonial et de respects entre le sultan et les empereurs d'Allemagne; la renonciation à toute agression mutuelle sur les frontières; la confirmation du traité conclu entre Bocskaï, roi de Hongrie, prince de Transylvanie, et l'Autriche; l'extension facultative de cette paix au roi d'Espagne, s'il désirait y adhérer. La seule véritable déchéance que contenait le traité de Sitvatorok pour les Ottomans, c'était la renonciation à d'autres envahissements sur la Hongrie et sur l'Allemagne.

Les conquérants consentirent pour la première fois à poser eux-mêmes la borne de la conquête. Ils ne pouvaient plus avancer, ils pouvaient reculer vers le Danube. Là commençait pour l'empire ottoman une retraite morale dans ses limites enfin définies; il doutait de lui-même, et il apprenait à ses ennemis à mieux espérer et à plus oser contre lui. Le traité de Carlowitz, un siècle plus tard, lui marqua l'espace d'où il avait rétrogradé.

Ce traité néanmoins honora la diplomatie ottomane et couvrit d'une juste considération son principal plénipotentiaire, Mourad-Pacha, surnommé *le Creuseur de puits*, que le sultan venait d'élever au poste périlleux de grand vizir.

LIVRE VINGT-QUATRIÈME

I

La paix de Sitvatorok (1606) permettait au nouveau grand vizir de porter toutes les forces de l'empire sur la répression des troubles qui se perpétuaient en Asie, depuis la grande rébellion de Karayazidji (*l'Écrivain noir*), et sur la frontière de Perse, de plus en plus menacée par Schah-Abbas.

Mourad *le Creuseur de puits*, aussitôt après avoir organisé son gouvernement à Constantinople, partit avec l'élite de l'armée pour Alep.

Alep était au cœur des deux révoltes qui agitaient la Caramanie et l'Arabie. Les fils de Karayazidji, à la tête des débris des bandes de leur père, ravageaient toute l'Asie Mineure depuis Adana et Konïah jusqu'à Brousse. Un chef des Kurdes, peuplade indépendante et belliqueuse entre la Perse et la Turquie, nommé Djanboulad, se répandait sur la Mésopotamie. Un émir druze du Liban, le célèbre Fakhr-eddin, nommé Facardin par les Européens, se constituait, à force d'héroïsme, de politique et de génie, un véritable empire dans la Syrie. La famille de Djanboulad (en arabe *âme d'acier*) avait été investie naguère, par le dernier séraskier, Cicala-Pacha, du gouvernement d'Alep. Cicala, vaincu et se repliant sur Alep, avait poignardé de sa main le premier Djanboulad pour se venger des trahisons dont on l'accusait pendant la campagne. Ali, frère du Kurde assassiné, avait, pour venger à son tour ce meurtre inique, pillé Alep, assiégé Tripoli de Syrie, enrôlé trente mille Kurdes syriens, aventuriers de tous les pays, et occupé avec cette armée nomade la grande capitale de la Mésopotamie, Damas. Huit mille cavaliers du désert, divisés en six escadrons et appelés les gardes du corps de l'étendard, formaient le noyau mobile de l'armée du Kurde.

Le grand vizir, dans sa route vers Alep, avait négocié avec les chefs secondaires des rebelles, soumis les autres, égorgé par trahison plusieurs d'entre eux et comblé les puits de leurs cadavres (1607). Cette sépulture en masse donnée par Mourad aux rebelles lui avait confirmé ce surnom de *Creuseur de puits* que les soldats lui avaient donné autrefois à la déroute de Perse pour être tombé avec son cheval dans un puits creusé sous les murs de Tauris par les Persans.

Konïah, dominée par Ahmed-Beg-Serradjazadé (le fils du sellier), chef insoumis, lui avait ouvert ses portes. Les habitants de Konïah, satisfaits du gouvernement de ce chef de tribu, qui y maintenait la paix après l'avoir subjuguée, conjurèrent le grand vizir de confirmer Ahmed-Beg dans son gouvernement pendant qu'il irait pacifier la Syrie. Mourad-Pacha feignit d'incliner à cette politique; il fit appeler par sauf-conduit Ahmed-Beg dans le divan avec les principaux habitants de la ville : « Je veux, lui dit-il, te confier la garde de Konïah pendant que je marcherai moi-même contre Ali-Djanboulad; mais si j'ai besoin de renforts, combien d'hommes peux-tu me fournir? — Trente mille sans difficulté, » répondit Ahmed-Beg. Le grand vizir le congédia sur cette promesse, en le comblant de félicitations et d'honneurs.

Mais quand le chef de rebelles fut sorti du divan, le vizir se tournant vers ses conseillers et vers les habitants de la ville qui intercédaient pour Ahmed : « Si je laisse derrière moi, leur demanda-t-il, un homme qui peut lever d'un geste trente mille soldats à lui, et que cet homme se fortifie après mon passage dans Konïah, qu'en résultera-t-il pour mes propres soldats? »

Le silence attestant au grand vizir que la question était sans réponse : « Creusez un puits de plus, dit-il à ses chiaoux, et ensevelissez cet homme, trop puissant dans la terre qu'il a usurpée. »

A la ville d'Angora, entre Konïah et Alep, Mourad-Pacha extermina également Kalender-Oghli, le lieutenant d'un autre rebelle, avec trente hommes de sa suite, en les faisant tous massacrer isolément dans la nuit par les hôtes chez lesquels on leur avait assigné leur logement.

Djanboulad attendait Mourad avec quarante mille Kurdes aguerris, aux Portes de Fer, entre la Syrie et la Caramanie. Le grand vizir le tourna par une autre route, et lui présenta le combat dans la plaine de Syrie appelée *la plaine des Pigeons*. Les janissaires, fiers de leur supériorité et de leurs armes, anéantirent en une seule charge cette nuée de Kurdes, appelés par eux avec mépris *les sauterelles du désert*. La bataille ne fut prolongée que par le massacre impitoyable des prisonniers; des milliers de têtes s'amoncelèrent en pyramides sous la main des bourreaux. Le cheval arabe de Djanboulad l'emporta d'une seule course jusqu'à Alep. Les habitants, informés de sa ruine, l'en chassèrent le lendemain, en lui jetant de la boue, et égorgèrent dans les rues et dans les jardins deux mille de ses Kurdes, qui cherchaient à fuir sur les pas de leur chef.

Damas n'attendit pas, pour se purger de Kurdes, l'approche de l'armée du grand vizir. Les spahis y prirent leurs quartiers d'hiver; des troupes nombreuses traversèrent le désert pour aller renforcer, contre Schah-Abbas, la garnison de Bagdad, sous les ordres de Cicala le Génois, fils du renégat qui avait pris le nom de Mohammed-Pacha. Cicala, par sa seule apparition aux portes de Bagdad, fit fuir les troupes révoltées qui s'en étaient emparées. La barque trop chargée sur laquelle leur chef traversait le Tigre pour se réfugier en Perse coula et l'engloutit dans les flots.

II

Pendant que le grand vizir exterminait ainsi partout les restes de la révolte devant lui, Djanboulad, échappé sur une barque du port de Latakieh, allait, sous des déguisements divers, se confier à la générosité du sultan lui-même à Constantinople.

Ayant demandé sa grâce et obtenu son pardon d'Achmet Ier, le chef kurde amusa pendant huit journées entières le jeune padischah du récit de ses exploits et de ses aventures. Le sultan, sûr désormais de lui, lui accorda le gouvernement de Témeswar, en Hongrie, pour se servir, contre ses ennemis d'Europe, du bras qui avait si longtemps secoué l'empire en Asie. Un jeune frère de Djanboulad, qui devint plus tard le favori d'un autre sultan, fut incorporé parmi les pages du sérail. Mais à peine Djanboulad avait-il pris possession de son gouvernement de Témeswar, que le grand vizir, sans égard à la faveur imprudente de son souverain, le fit étrangler par ses propres soldats, honteux d'obéir à un aventurier kurde (1608).

III

Le grand vizir revint sur ses pas pour combattre, aux environs de Brousse, deux autres chefs de rebelles, Kalender-Oghli et Karayazidji, fils du premier moteur de ces longs soulèvements de l'Asie. Kalender-Oghli, qui avait bravé le sultan jusque dans les plaines de Nicomédie, ne voulut entendre aucune proposition d'accommodement.

« Le meurtre de Djanboulad, dit-il la veille de la bataille à ses chefs réunis en conseil de guerre, nous éclaire assez sur la sincérité des Ottomans. Leur orgueil s'est abaissé assez souvent depuis quinze ans devant nos sabres; ils règnent de nom sur leurs provinces d'Asie, nous y régnons de fait; Aïdin, Konïah, Angora, Saroukhan, les montagnes et les côtes de la Caramanie sont nos forteresses; le butin de leurs villes est notre héritage. Jusqu'à présent nous pouvions transiger ou temporiser avec eux; la guerre ouverte et désespérée est maintenant notre seule politique. Nous vaincrons, nous repousserons jusque dans la mer de Marmara ce vizir décrépit qui sait mieux assassiner que combattre; mais si la fortune favorise encore ce vaillant astucieux, eh bien! il nous suffira que le récit de nos grandes actions passe de bouche en bouche et que nos noms soient immortels comme nos exploits! »

La bataille livrée dans le défilé de Geksoun répondit à la féroce énergie de cette harangue. Les Égyptiens et les spahis du grand vizir fléchirent un moment sous la charge des vingt mille cavaliers de Kalender-Oghli. La victoire inclinait aux rebelles. Le vieux Mourad-Pacha, malgré le poids de ses années, lança son cheval dans la mêlée, tira de son fourreau un sabre indien recourbé et bénit que les Arabes de l'Yémen lui avaient donné, quarante ans auparavant, pendant qu'il gouvernait leurs tentes, fit trois signes cabalistiques dans l'air avec la lame et fondit, avec une nuée de ses janissaires, sur les cavaliers ennemis.

Arrêtés en tête par cette charge et cernés sur les flancs

par l'infanterie que Mourad avait cachée derrière des rochers, les rebelles plièrent à leur tour et, coupés dans toutes les gorges par les corps habilement portés du grand vizir, laissèrent quinze mille morts dans les défilés de Geksoun. Le reste parvint, avec Kalender-Oghli, à se glisser, par les montagnes d'Arménie, en Perse, où Schah-Abbas les enrôla dans son armée, à la condition d'abjurer la secte d'Omar.

IV

Mais la vieille rébellion renouait ses tronçons sur les traces du vizir. Un autre chef de Kurdes nommé Maïmoun, frère de Khalil *le Long*, expulsé de Bagdad par Cicala, arrivait à Tokat avec dix mille combattants pour rejoindre Kalender-Oghli, dont il ignorait la défaite.

Mourad-Pacha, oubliant de nouveau ses quatre-vingt-dix ans, et retrouvant, non la force, mais l'audace de la jeunesse dans sa volonté de vaincre, laissa son infanterie à Geksoun, et revint avec douze mille cavaliers sur Tokat, pour anéantir ce nouveau germe de soulèvement entre la Perse et la Caramanie. Suivi pour tout bagage d'une tente de toile d'été et d'un tapis pour la prière, il devançait les plus rapides de ses escadrons dans la marche et dans la charge. Accablé à la fois par la vieillesse, par la maladie et par la lassitude, mais soutenu par son âme, on le voyait aux haltes du milieu du jour se faire descendre de cheval, semblable, disent les récits de cette campagne, à un cadavre vivant, rester quelques minutes immobile, couché sur le bord de la route, comme si la vie s'était entièrement retirée de lui, puis rappeler ses serviteurs et se faire de nouveau remonter sur son cheval, qu'il maniait avec la vigueur d'un jeune homme.

Il atteignit enfin Maïmoun près de Siwas, dans les défilés de Baibourd, et, après une lutte désespérée, il en purgea la Caramanie. Dix mille têtes s'élevèrent en pyramides sur le lieu du combat (1609), où elles blanchissent encore le lit d'un torrent.

Le pacha de Diarbékir, Nassouh, appelé par Mourad depuis longtemps, le rejoignit à Baibourd. Ce pacha, qui était en même temps un des vizirs de la Porte, amenait une armée nombreuse, magnifiquement équipée, mais tardive, au grand vizir. Il s'assit sous sa tente d'été, sur un tapis usé, pour voir défiler devant lui l'armée de Nassouh, suivi de ses chevaux, de ses armes, de son luxe.

A l'aspect du grand vizir, Nassouh descendit respectueusement de son cheval, s'agenouilla et baisa, selon l'usage, le pied du vieillard. Mourad, quoique grondant intérieurement de colère, baisa le général sur les yeux, se leva, lui prit la main et le conduisit avec une ostentation de faveur dans l'intérieur de sa tente. Il ne voulait pas, par des reproches publics, affaiblir dans l'armée le respect pour ceux qui commandent. Mais quand la toile déroba les deux vizirs aux regards et aux oreilles des soldats :

« Pourquoi, dit Mourad à Nassouh, arrives-tu si tard? Ton armée est, grâce à mes soins, capable depuis longtemps d'entrer en campagne; tu savais que je n'avais d'autres soldats que ceux que je conduis tous les jours au combat contre des ennemis renaissants, de Tokat à Alep, d'Alep à Brousse; le chemin de Diarbékir en Syrie n'était pas long; est-ce par mépris pour ma barbe blanche que tu n'es pas venu te réunir à moi? Mais ton mépris retomberait sur le padischah plus que sur moi. Si j'avais été vaincu, est-ce toi qui aurais résisté seul à Kalender-Oghli, à Yazidji, à Maïmoun, à Khalil *le Long?* Si je demandais un fetwa au mufti pour décider de la punition méritée par le chef d'une armée musulmane plus forte en nombre et qui laisse écraser la plus faible, que dirait le fetwa?... »

Nassouh confondu baissait la tête, comprenant que le fetwa prononcerait la mort.

« Mon fils, reprit le vieillard, la main du padischah est longue; s'il t'envoyait une des six queues de cheval que tu es venu tout à l'heure planter devant ma tente, en t'ordonnant de remettre les trois queues qui te suivent et de redescendre au rang de simple beg, ou si même il ordonnait ton exécution comme traître, qu'aurais-tu à dire pour te justifier? »

Le silence de Nassouh-Pacha parut fléchir le grand vizir; il se borna à l'avoir fait trembler pour sa tête, et feignit de lui pardonner. Nassouh sortit de la tente revêtu du cafetan d'honneur, et fut reconduit à ses troupes avec une escorte digne d'un vizir. « Le pardon, dit Mourad en le voyant remonter à cheval, est l'aumône de la victoire. »

V

Son retour à Constantinople, à travers les provinces pacifiées, lui valut le nom de *grand justicier*, de *glaive de l'empire*, de restaurateur de la monarchie. Ses vengeances étaient aussi rapides et aussi inattendues que ses victoires. Tout ce qui avait participé aux vieilles rébellions ne devait paraître qu'en tremblant devant lui.

Emir-Schah, beg de Begschyri, fut étranglé au milieu d'un festin auquel il l'avait invité pour le féliciter de son retour à l'obéissance.

La sévérité lui coûtait des larmes, disait le grand vizir, mais il la considérait comme une des vertus que le ciel commande aux vizirs. Il récitait à chaque instant des versets du Coran pour le soutenir dans sa faiblesse. Avant de combattre, il descendait de son cheval, étendait les bras sur le sol, trempait la poussière de ses larmes, la pétrissait dans ses mains et se la répandait sur ses cheveux gris et sur sa barbe blanche. « Ne m'humilie pas encore aujourd'hui, Seigneur, disait-il à haute voix à Dieu ; ne m'abandonne pas, moi, ton serviteur, dans le combat contre les impies; prends en pitié ma vieillesse; tu connais mes intentions sincères pour le salut de la foi et de l'empire. »

Puis il récitait une sentence arabe des habitants de l'Yémen, où il avait puisé son fanatisme, qui dit : « Qu'une fois parvenu à une grande élévation, et en sautant au-dessus des abîmes de rochers en rochers pour poursuivre l'antilope, le chasseur ne peut s'empêcher de glisser qu'en saignant ses propres pieds pour rendre le roc moins glissant sous ses pas. »

Le sang qu'il versait lui paraissait un tribut dont le ciel reprocherait à sa compassion d'avoir épargné la moindre goutte.

VI

Son retour à Constantinople fut triomphal ; il y entra (1610) précédé de quatre cents drapeaux pris sur les rebelles d'Arabie, de Syrie et d'Asie Mineure. Chacun de ces drapeaux portait inscrit le nom d'un des chefs de faction détruits par ses armes; trente mille têtes de leurs soldats avaient été envoyées à Constantinople pendant la campagne; trente mille autres marquaient par des pyramides de crânes les lieux où Mourad-Pacha avait anéanti leurs armées; cent mille rebelles étaient ensevelis dans les puits comblés de leurs cadavres.

Les dépouilles rapportées de ces exécutions furent déposées par le vieux guerrier aux pieds du sultan. Le defterdar Baki-Pacha, trésorier de l'empire, qui n'avait rapporté qu'un million de ducats recueillis sur les populations rebelles de la Syrie, fut jeté dans les cachots des Sept-Tours.

VII

Achmet Ier, plus confiant que jamais dans son vizir, après l'avoir si heureusement éprouvé comme guerrier, l'employa de nouveau comme négociateur dans les difficultés que la mort de Bocskaï, roi tributaire de Hongrie, éleva de nouveau entre l'Autriche et la Porte.

D'après le traité de Sitvatorok, la Transylvanie devait redevenir royaume indépendant à la mort de Bocskaï, qui régnait sur les deux provinces. A sa mort, attribuée à un crime, la noblesse de Transylvanie, sourdement provoquée par l'Autriche, choisit pour souverain Rakoczy, homme populaire et remuant, qui aspirait au trône. Les Autrichiens se hâtèrent de le reconnaître; la Porte réclama son privilége d'investiture et nomma de son côté Homonaï, autre seigneur transylvain, prince régnant de Transylvanie.

Après une longue négociation interprétative du traité de Sitvatorok, l'Autriche paya un présent de deux cent mille ducats à la Porte. La Pologne resserra par un nouveau traité les liens d'amitié et de dépendance qui l'attachaient à l'empire ottoman. Elle s'engagea à couvrir la Moldavie contre les Cosaques, alliés indépendants de la Russie. La Porte, de son côté, renouvela sa promesse de la protéger contre les Tartares. Les Polonais contractèrent l'obligation de payer tribut aux Turcs.

Le grand vizir, malgré son âge, méditait la vengeance contre Schah-Abbas, qui humiliait depuis tant d'années les armes ottomanes. Il obtint du sultan l'autorisation de porter l'armée sur les frontières de la Perse; mais avant de partir il voulut délivrer l'Asie d'un ancien chef amnistié des factions d'Asie, nommé Yousouf-Pacha :

« Tu es un brave jeune homme, lui écrivit-il, je sais que tu gouvernes avec justice tes anciens compagnons de guerre; pourquoi donc cite-t-on encore ton nom parmi les serviteurs douteux de l'empire? Si j'envoyais une armée contre toi, tu finirais par t'en repentir. La puissance a été donnée de Dieu, et aucune révolte ne peut prévaloir contre elle; Djanboulad, Kalender-Oghli, Kara-Saïd, étaient plus redoutables que toi; où sont-ils? J'en jure par le ciel, tu n'as rien à craindre du padischah ; nous entrons en campagne par ses ordres contre la vieille tête-rouge, le Persan; viens dans mon camp de Scutari; tu baiseras la main du sultan; tu recevras mes instructions pour assurer, pendant la guerre que je vais faire, la fidélité et la paix en Asie; consulte-toi avec des hommes sages; tu dois savoir ce qui convient le mieux; réfléchis bien et réponds-moi. »

Yousouf, après avoir consulté ses amis, crut que l'obéissance était plus sûre pour lui que l'hésitation; il partit avec une escorte pour le camp du grand vizir à Scutari. Le sultan, pour assister au rassemblement et au départ de l'armée, y avait transporté lui-même son sérail dans son kiosque d'été. Il ignorait le plan du vieux Mourad et s'étonnait de sa lenteur à partir. Las de ces délais, il écrivit un katti-chérif à Mourad pour ordonner le départ immédiat des troupes. Mourad accourut au palais et confia enfin à Achmet le meurtre prémédité d'Yousouf-Pacha. Le sultan approuva la trahison de son vizir!

Yousouf arriva enfin au camp. Il dressa ses tentes non loin de celles du grand vizir. Mourad l'accueillit en hôte vivement attendu; il le fit asseoir sur son tapis en face de lui, genoux contre genoux, le combla de présents ainsi que son escorte, et le conduisit au palais de Scutari pour y baiser la main du sultan.

Un tel accueil avait pour objet de rassurer complétement sur la loyauté du grand vizir un autre chef suspecté des populations d'Asie, ami d'Yousouf, nommé Mousselli-Tschaousch, qu'il voulait attirer au même piége.

Après un séjour d'un mois au camp de Scutari, Yousouf,

appelé dans la tente de Mourad-Pacha, y reçut l'investiture du sandjak opulent de Magnésie. Cette faveur inexpliquée parut exorbitante au divan.

« Voyez, se disaient les vizirs et les pachas les uns aux autres, voyez ce vieillard qui, les pieds déjà dans la tombe, ruine le trésor en donnant à un ancien rebelle le prix des plus vieilles fidélités. »

Le sultan lui-même, assiégé par les murmures de ses courtisans, finit par croire à l'affaiblissement des facultés de son premier ministre : « Mon lala (mon père), lui écrivit-il un jour, tu es devenu vieux et tu ne peux plus faire la guerre, désigne-moi toi-même dans ta réponse qui tu voudras pour séraskier (généralissime), ou pars toi-même avant trois jours. »

Mourad-Pacha, au lieu de répondre, se rendit au palais et conjura le sultan de lui accorder le temps d'achever son plan d'extermination, d'un seul coup, des chefs dangereux de l'Asie avant de quitter Constantinople. Un émissaire du grand vizir, Soulfikar, était allé en son nom à la rencontre de Mousselli-Tschaousch. Ébloui par des perspectives de faveur, Mousselli-Tschaousch le suivit à Konïah. Pendant qu'on l'enivrait d'honneurs et de vin dans les délicieux jardins de Méram près de cette ville, Soulfikar le fit massacrer dans un festin et envoya, avec une escorte de dix courriers, sa tête à Scutari :

« Dieu soit loué ! » s'écria Mourad en recevant cette tête et ordonnant qu'elle fût exposée le lendemain, à midi, devant sa tente aux regards du camp. Il garda le secret jusqu'à l'aurore, et invita Yousouf à venir le jour suivant déjeuner dans sa tente.

Le repas servi : « Mon fils chéri, dit le vieillard à sa

victime, tu connais ma tendresse pour toi; tu sais que je ne puis prendre mon café sans toi; allons nous asseoir derrière ma tente pour nous réjouir en liberté, car demain, si Dieu le veut, tu prendras congé de moi pour jamais. »

Pendant qu'ils s'acheminaient ainsi vers l'arbre où l'on avait étendu à l'ombre le tapis du déjeuner, le chef affidé des eunuques du grand vizir s'approcha, et s'inclinant devant son maître : « Le beg d'Awlona, lui dit-il, vient d'arriver au camp et demande à être admis en votre présence; que dois-je lui répondre? — Ne puis-je donc, dit avec une apparente impatience le rusé vieillard, avoir une seule heure de tranquillité? Je vais recevoir le beg. Un instant, ajouta-t-il en s'adressant à ses kiayas et à ses agas, vous autres, asseyez-vous ici, en m'attendant, et tenez compagnie à mon fils Yousouf. »

Yousouf s'assit pour déjeuner avec les agas, et commença à manger en attendant son hôte; mais un écuyer tranchant, lui présentant d'une main un plat de pieds de mouton, lui enfonça de l'autre son turban sur les yeux; un autre lui saisit les deux mains, pendant qu'un troisième lui abattait la tête d'un coup de sabre (1610). Cette tête sanglante, réunie à celle de Mousselli, fut élevée sur une pique plantée devant la tente du festin. Le cadavre, laissé sur l'herbe, consterna les compagnons d'Yousouf.

Le vizir cependant ne partait pas encore, il voulait laisser derrière lui d'autres impressions de terreur dans les yeux des serviteurs douteux de la monarchie. Le même repas devait servir à deux meurtres. Le defterdar Etmekdjizadé, dont le zèle lui avait paru suspect en Syrie, était invité par lui aux mêmes honneurs et au même piége.

En traversant le Bosphore en caïque pour se rendre à

l'invitation du grand vizir, Etmekdjizadé vit une barque inconnue effleurer la sienne du bord; la main d'un des rameurs lui jeta un billet anonyme qui l'avertissait du péril. Il fit rebrousser chemin aux rameurs et retourna à Constantinople. Le billet était du sultan lui-même, qui aimait le defterdar et qui n'avait pu obtenir sa tête de l'inflexibilité de son grand vizir.

« Mon padischah, écrivit le defterdar épouvanté au sultan, viens à mon secours! délivre-moi des embûches de Mourad. Donne ma place à un autre; je lui abandonne mes tentes, mes chevaux et mes équipages, plutôt que de retourner au camp où m'attend la mort. »

Achmet Ier tenta en effet une seconde fois de dérober le defterdar à la haine de son ministre. Il appela Mourad au palais de Scutari. « Assieds-toi, mon lala, lui dit-il avec bonté, tu es vieux, et je vénère tes années. — Ton esclave n'en fera rien, répondit Mourad en se prosternant, il connaît trop ses devoirs. — J'ai une grâce à te demander, continua Achmet. — Est-ce donc au padischah à prier son esclave? répliqua le vieillard. — Oui, je t'en prie, reprit le sultan, accorde-moi la vie du defterdar, que tu veux faire mourir; demain il se présentera de lui-même dans ta tente, pardonne-lui et laisse-le vivre. — C'est l'ordre de mon padischah, dit le vizir, il suffit. » Et il se prosterna de nouveau.

Le defterdar fut pardonné, mais les quatre pages du sérail qui avaient été chargés de lui transmettre l'avis secret auquel il devait son salut furent étranglés dans le sérail.

La campagne de Perse et le départ de l'armée, qui n'avaient été qu'une ruse de Mourad, furent ajournés à une autre année. Le grand vizir, sans quitter Scutari, avait vaincu sans combattre.

Le chef des eunuques noirs osant murmurer devant le sultan contre l'inertie du vieillard, qui avait, disait-il, lassé l'armée et usé l'année :

« Tais-toi, misérable! lui répondit Achmet; qu'oses-tu blasphémer contre le plus habile des vizirs? Mourad est vieux, mais c'est un vaillant combattant de la foi, un ministre consommé par le génie et par l'âge ; sa tête m'a servi autant que son bras, il m'a reconquis l'Asie du fond de sa tente; sa pensée me vaut une armée. Ne profère pas un mot de plus contre lui; qu'il parte ou qu'il reste, tout est bien. »

VIII

Rentré à Constantinople, Mourad-Pacha y reprit ses habitudes de diplomate et y amortit les querelles incessantes des compétiteurs de Transylvanie. Plein de déférence pour l'ambassadeur français, M. de Salignac, il permit à cinq jésuites protégés par la France de fonder des écoles à Constantinople et de tenter pour la septième fois l'impossible réunion des deux cultes chrétiens, grec et latin, sous l'unité pontificale.

Les Vénitiens, par leur ambassadeur, contestèrent autant qu'il leur fut possible les progrès en Turquie d'un ordre religieux dont la milice accroissait l'influence des papes, leurs ennemis en Italie. L'agitation religieuse suivit, comme partout, cette milice habile et toujours militante en Orient.

Les jésuites ne tardèrent pas, comme nous le verrons bientôt sous d'autres règnes, à y subir et à y provoquer les dissensions et les persécutions pour cause de culte. Repoussés par les Grecs, ils s'adressèrent aux Arméniens, moins soutenus dans le divan. Après avoir vainement essayé de les rattacher à l'Église romaine, ils les accusèrent, comme d'un crime, de leur fidélité à leur foi.

Mourad, peu attentif à ces sujets de discorde entre les ennemis de l'islamisme, ne songeait qu'à satisfaire la France, en favorisant ses protégés, pour la rattacher à l'empire. Le schisme des Turcs et des Persans le préoccupait plus que les dissidences des prêtres chrétiens.

Il partit au printemps (1611) pour la frontière de Perse avec le titre de serdar. Les troupes de Roumélie, d'Anatolie, de Caramanie, de Siwas, de Damas, d'Alep, de Tschildir, de Diarbékir, de Batoum, d'Erzeroum, de Kars, d'Albanie, les janissaires, les Kurdes soumis, les spahis, les contingents feudataires, les topdjis ou artilleurs et tous les corps soldés et enrégimentés de l'empire composaient son immense armée. La renommée de son courage et de son expérience l'entourait d'un prestige qui semblait attacher la victoire à sa vie. Ses quatre-vingt-onze ans d'études, de diplomatie, de combats et de gouvernement, n'avaient pas usé sa pensée. Il voyait sans crainte s'avancer la mort, pourvu que sa vie profitât jusqu'à la dernière heure à l'affermissement du pouvoir du sultan.

Un de ses ennemis les plus acharnés, mais les plus capables, le visir Nassouh, étant venu imprudemment dans son camp, on lui proposa de profiter de l'occasion pour s'en défaire. « Non, non, dit-il ; ce misérable me hait, mais il manie également bien la plume, la parole et le sabre; sa mort serait un mauvais service à la Porte. Dieu me préserve de faire mourir des hommes capables d'être grands vizirs après moi. »

La mort le surprit en effet quelques jours après, sous sa tente, dans sa marche vers Erzeroum, et Nassouh-Pacha, qu'il avait épargné, fut nommé provisoirement par les généraux pour le remplacer comme serdar à la tête des troupes. Schah-Abbas, intimidé par ce lent déploiement de forces, se hâta de négocier avec Nassouh pour arrêter le débordement des Turcs sur ses frontières. L'armée congédiée revint à Constantinople attendre dans ses cantonnements l'issue de ces négociations.

IX

Nassouh-Pacha devint de serdar grand vizir. Il avait épousé une fille d'Achmet Ier encore au berceau et qui mourut avant l'âge. Le harem, depuis Amurat III, avait perdu toute influence sur les affaires. On avait persuadé à Achmet, par le long empire de la sultane Safiyé, de la gouvernante du harem Djanféda, de la juive Kira et des mille odalisques de son aïeul, que le sortilége faisait partie de l'attrait et de l'empire des femmes. Il redoutait d'être asservi par les charmes qui avaient agité les deux derniers règnes. Fougueux, mais sobre dans ses amours, il n'aimait que la mère de ses deux fils. Cette femme veillait avec une jalousie féroce sur la couche du sultan.

Achmet ayant reçu en présent d'une de ses sœurs une jeune esclave dont la beauté parut trop éblouir ses yeux, la sultane épouse avait secrètement étranglé l'esclave de ses propres mains. Pour cacher son crime à Achmet, elle revêtit du costume de l'esclave immolée une autre odalisque et la fit introduire à la faveur des ténèbres dans l'appartement d'Achmet. Achmet, ayant découvert la supercherie et le crime, déplora amèrement la mort de l'esclave qu'il avait préférée, et frappant l'épouse coupable du manche de son poignard au visage, la foula aux pieds sur le tapis.

Peu de jours après cet horrible drame intérieur, Achmet, passant à cheval dans l'hippodrome, reçut à l'épaule un coup de pierre lancée par un derviche fanatique. La tête du derviche roula aux pieds du cheval du sultan.

Une ambassadrice de Géorgie, contrée où toute la politique était dans la main des femmes, étonna Constantinople par sa beauté, son luxe et son éloquence. Des ambassadeurs de Schah-Abbas motivèrent des fêtes splendides, dans lesquelles Achmet voulut éblouir les Persans. Il combattit lui-même à cheval dans la lice contre le grand vizir, et son djérid, lancé par sa main avec la vigueur de la jeunesse, effleura la tête de Nassouh. Des chasses mémorables dans les forêts d'Andrinople et de Macédoine entassèrent devant les yeux du sultan douze cents cerfs et des milliers d'oiseaux de proie. Il revint passer l'été dans ses palais du Bosphore, au milieu des dévotions et des fêtes.

Deux années de tranquillité complète, assurées par l'énergie du vieux Mourad, succédèrent aux agitations de tant de guerres. Le nouveau grand vizir Nassouh céda à Schah-Abbas, dans un traité de paix définitif (1613), toutes les provinces contestées que les Turcs avaient usurpées sur les Persans depuis le règne de Mahomet II.

X

Les contestations relatives à la Transylvanie se renouvelèrent sans cesse entre les Turcs et l'Autriche. Cette province, depuis la mort de Bocskaï, était déchirée par les prétentions diverses des Bathory, rois de Hongrie, des Rakoczy, de Gabriel Bethlen, tour à tour élus par les nobles de Transylvanie et cherchant des appuis les uns chez les Turcs, les autres chez les Allemands; ceux-ci chez les Valaques, ceux-là chez les Polonais. Les Hongrois indépendants, en faisant valoir leurs droits antérieurs au traité de Sitvatorok sur cette province, accroissaient encore la confusion et l'anarchie; les pachas, gouverneurs des frontières de la Hongrie turque, protégeaient tour à tour les prétentions rivales de tous ces princes éphémères de Transylvanie. Gabriel Bethlen, soutenu un moment par les nobles hongrois, venait de signer secrètement avec Nassouh un traité par lequel « les nobles et magnats de la Hongrie supérieure s'engageaient, dans l'intérêt de Bethlen, à être les amis des amis des Turcs et les ennemis de leurs ennemis. » Ces prétentions et ces traités, discutés et interprétés sans fin entre les négociateurs viennois et ceux de la Porte, agitaient la paix, sans la rompre entièrement, du côté du Danube.

Du côté de l'Asie, un débarquement de Cosaques venait de surprendre et de saccager la ville maritime de Sinope sur la mer Noire. Le grand vizir Nassouh envoya tardivement une escadre reprendre Sinope; honteux de son imprévoyance, il cacha ce désastre à Achmet. Le précepteur, le mufti, le chef des eunuques, faction du sérail opposée à Nassouh, dénoncèrent ce revers et cette infidélité du grand vizir au sultan. Ils lui représentèrent, avec l'éloquence de la haine, la vile naissance de cet étranger, descendu enfant des forêts de l'Albanie, où son père était un bûcheron chrétien, pour être fendeur de bois (*baltadji*) dans les cuisines du sérail, puis tschaousch ou bourreau d'un aga des janissaires, puis écuyer, puis chambellan, puis gouverneur de province, puis enrichi jusqu'à l'opulence par son mariage avec la fille unique d'un chef de Kurdes, de Mésopotamie, assez riche et assez ambitieux pour avoir alors offert de payer quarante mille ducats d'or la place convoitée par lui de grand vizir; factieux dans le camp du vieux Mourad, épargné par ce vieillard qui aurait dû faire tomber sa tête, devenu son successeur par le choix des troupes plus que par le libre choix du sultan, fiancé avec la fille du padischah, régnant en maître absolu et insolent sur son bienfaiteur, aliénant de lui tous les cœurs par ses exactions et ses cruautés, marchandant des paix honteuses avec les Persans et les Hongrois, laissant insulter les côtes de Caramanie et de Morée par les vaisseaux de Florence, de Gênes, de Malte, dévaster Sinope par une horde de Cosaques, et dérobant ces désastres au sultan pour se dérober lui-même au juste châtiment de ses crimes.

De telles allégations tombant sur l'âme déjà ulcérée d'Achmet Ier étaient trop conformes à ses propres ressentiments pour laisser hésiter sa vengeance. Le sultan se défiait depuis longtemps de sa fidélité; une circonstance récente et accidentelle lui avait révélé une manœuvre secrète de son grand vizir avec les Tartares de Crimée pour leur donner un prince de sa main. Un jour qu'Achmet chassait au faucon avec Nassouh dans les marais d'Andrinople, il vit un faucon inconnu s'élancer d'un bouquet d'aunes sur le sien et lui ravir la proie qu'il apportait au sultan. « Quel est l'insolent, s'écria-t-il, qui ose avec son oiseau m'enlever le fruit de ma chasse? » En galopant vers le bouquet d'aunes d'où le faucon avait fondu sur le sien, il tomba au milieu d'un groupe de cavaliers circassiens cachés par les arbres et couverts d'armes éclatantes. Ces cavaliers étaient l'escorte d'un prince de la maison de Ghéraï, arrivé à son insu quelques jours auparavant à Andrinople, sur une invitation secrète du grand vizir, qui voulait l'élever au rang de khan de Crimée. Les princes de la famille tartare des Ghéraï sont les seuls successeurs légitimes par le sang des princes de la maison impériale des Ottomans, si jamais cette maison s'éteignait à Constantinople.

Ce mystère et les insinuations des ennemis de Nassouh persuadèrent à Achmet que son grand vizir méditait peut-être un changement de dynastie, pour porter ses protégés sur le trône et pour régner en leur nom. Il ne laissa pas éclater encore ses ombrages, mais il fit jeter le prince tartare et sa suite dans le château des Sept-Tours.

XI

Peu de jours après cet événement, le sultan, sortant de la mosquée où il venait d'assister à la prière du vendredi, fut apostrophé par un émir (descendant du Prophète) qui se plaignit avec larmes de l'enlèvement impuni de sa femme par un familier de Nassouh :

« Mon padischah, padischah de tous les Ottomans, s'écriait l'émir outragé, que signifie cette tyrannie d'un ramas d'Albanais et de Kurdes vendus à ton vizir, et qui abusent de la faveur dont tu les couvres pour humilier et martyriser tes esclaves ? »

Au retour d'Achmet 1ᵉʳ à Constantinople, Nassouh, qui sentait se former un nuage de haine contre lui, voulut frapper un grand coup sur ses ennemis par la main du sultan ; il lui demanda les têtes du mufti, du chef des eunuques noirs, de son lala ou précepteur favori. Achmet les avertit et refusa leur vie à Nassouh. Indigné d'un refus qui lui présageait une disgrâce, Nassouh résolut, avec la férocité naturelle à sa race, de prévenir leur triomphe par leur mort, et d'éviter le châtiment qu'il allait encourir par la fuite. Il ordonna à son kiaya Beïram, Albanais comme lui, d'assassiner le khodja, le chef des eunuques et le mufti, et il fit aposter cinquante cavaliers albanais de sa garde à la porte de Constantinople pour protéger, après ces trois meurtres, sa fuite dans les montagnes d'Albanie.

Beïram, ami aussi perfide qu'il était complice féroce, révéla la trame au chef des eunuques noirs, au khodja et au mufti. Ils convainquirent Achmet de l'infidélité de son ministre. Le sultan dissimula jusqu'au prochain divan. Là, Nassouh lui demanda plus impérieusement les trois têtes de ses ennemis. « Si vous ne me les livrez pas, dit-il, je résigne mes fonctions de grand vizir et je m'empoisonne. » Ce mot fit revivre dans la mémoire d'Achmet les rumeurs qui avaient autrefois couru de l'empoisonnement du vieux Mourad-Pacha dans son camp par son ambitieux rival.

« Ah! traître, s'écria Achmet, c'est donc toi, en effet, qui as empoisonné Mourad! »

Il n'osa néanmoins ni le destituer ni le frapper encore, soit qu'il redoutât une sédition des janissaires albanais en sa faveur, soit qu'il hésitât à verser le sang de son gendre. Le lendemain, qui était un vendredi, jour où les sultans sortent en cortége pour aller prier le soir dans la mosquée, Achmet envoya l'ordre à son vizir de l'accompagner à la mosquée selon l'usage. Nassouh refusa en alléguant une indisposition. Ce refus parut un outrage à la majesté du padischah, prélude d'une impardonnable révolte. Deux cents bostandjis, commandés par leur général, gardiens incorruptibles du sérail, montèrent en armes au palais du grand vizir, forcèrent ses portes et l'étranglèrent après l'avoir désarmé (1614).

XII

Ainsi mourut cet Albanais, dont la fortune, le génie naturel, le courage féroce, l'éloquence sauvage, l'ambition insatiable, l'intrigue hardie, la résolution désespérée, auraient fait un grand homme, si la fougue de ses passions et l'orgueilleuse légèreté de son caractère n'en avaient fait un aventurier funeste à son maître, à l'empire et à lui-même. Ses trésors incalculables, composés de boisseaux de perles, de tonnes de ducats, de dix-huit cents sabres à poignée d'or, dont un seul coûtait cinquante mille ducats, de douze cents chevaux de chasse et de guerre, de monceaux d'étoffes d'or et de tapis de Perse, de vingt mille chameaux, de six mille bœufs, de quatre cents juments arabes, de cinq cent mille moutons paissant les herbages d'Europe et d'Asie, restituèrent au trésor du sultan ce qui en avait découlé pour cet indigne favori.

Mohammed-Pacha, autre gendre du sultan, reçut les sceaux de l'empire. Le mufti Séadeddin ne jouit pas longtemps de son triomphe sur Nassouh ; la peste l'emporta peu de jours après la mort de son ennemi. Il fut un historien des Ottomans, comme l'avait été son père. Son frère Mohammed-Séadeddin lui succéda dans sa dignité de mufti et dans ses vertus. Arrivé à Constantinople le jour des funérailles, ce fut lui qui, en qualité de mufti, fit les prières sur le cercueil de son frère.

XIII

Le grand vizir Mohammed ne marqua son administration que par une rupture téméraire de la paix avec Schah-Abbas et par une campagne sans gloire terminée par une seconde paix sans dignité. Achmet Ier nomma, pour relever l'honneur des armes, le capitan-pacha Khalil, grand vizir.

Une armée de Cosaques avait envahi la Moldavie, battu le gouverneur de Silistrie, Mustafa *l'Ivrogne*, et chassé de ses États le prince de Moldavie installé par la Porte, Étienne Tomza. Iskender-Pacha, envoyé par le grand vizir en Moldavie, refoula les Cosaques et réinstalla Tomza et sa famille. Cinq cents Cosaques prisonniers, la veuve, l'épouse et les filles du prince moldave couronné pendant l'invasion des Cosaques, furent envoyés chargés de fers à Constantinople (1617). En route, la veuve du prince rebelle de Moldavie, que les Moldaves appellent *la Domina*, égara la plus jeune et la plus belle de ses filles, fiancée d'un seigneur moldave prisonnier comme elle. Les Turcs et sa famille promirent en vain quarante mille ducats de récompense à celui qui la retrouverait. Enlevée par un khan tartare de Crimée épris de ses charmes, elle ne reparut qu'un an après, avec deux enfants jumeaux qu'elle allaitait, fruit du rapt auquel elle avait échappé trop tard. Des chansons satiriques populaires sur cette disparition et sur ce retour réjouirent et réjouissent encore la malignité des Turcs sur les aventures des fiancées de Moldavie.

Des ambassadeurs russes, envoyés à Constantinople pour prévenir l'irruption des Turcs poursuivant les Cosaques dans les frontières, arrivèrent chargés de présents grossiers comme leurs industries de cette époque. Ces présents consistaient en fourrures, en oiseaux de proie dressés pour la chasse et en soixante grosses dents de poisson.

Un traité avec la Pologne, signé à Boussa le 27 septembre 1617, prévint un choc prochain entre les Turcs et les Polonais sur le Dniester. Les Polonais s'y engagèrent à empêcher désormais les Cosaques de franchir la ligne d'Ocsakow, renonçant à toute intervention dans les querelles de Valachie, de Moldavie, de Transylvanie.

Quelque conflits religieux, élevés par les manœuvres des jésuites protégés de la France, agitèrent la paix entre les puissances catholiques et la Porte. Les jésuites furent jetés dans les cachots des Sept-Tours pour avoir corrompu le vicaire du patriarche grec à Constantiople en leur faveur. Ce vicaire fut pendu comme leur complice. L'ambassadeur de France paya trente mille ducats pour la rançon des religieux emprisonnés.

Le cardinal Clésel, fils d'un boulanger, comme le vizir, décida l'empereur d'Autriche à envoyer à Constantinople une ambassade solennelle pour résoudre les difficultés de Transylvanie.

Le sultan Achmet Ier mourut (1617) sans avoir vu la fin de ces négociations. Il n'avait que vingt-huit ans.

Son règne, commencé à quatorze ans, avait occupé une longue place dans le temps, peu dans l'histoire. Quelques fougues d'énergie ou plutôt de cruauté dans le commencement de sa vie avaient abouti à la faiblesse qui cède tour à tour à tous les conseils. Il aimait le bien et il voulait le juste; c'est la louange que lui donnent unanimement les historiens et les ambassadeurs de son époque; mais il ne fut ni grand ni généreux. Le trône était trop haut pour son âme.

Il laissait sept fils, Othman, Mourad, Ibrahim, Mohammed, Kasim, Bayézid, Soliman, destinés les uns au trône, les autres au sépulcre. Mais l'histoire lui doit de reconnaître qu'il avait, le premier des sultans, épargné la vie de son frère Mustafa en montant sur le trône. Un tel acte dans un tel temps lui méritait les bénédictions des Ottomans. A sa mort on plaignit sa mémoire, on ne l'accusa pas; les Turcs ne demandent pas à leurs souverains plus que ne leur a donné la nature.

XIV

Les traditions de la famille de Gengis-Khan, qui gouvernent les droits au trône chez les Ottomans, y appelaient le frère du padischah mort. L'âge prévalait sur le sang dans ces traditions tartares. C'était ce défaut de droit au trône dans la descendance directe qui avait motivé si fatalement dans la famille impériale le meurtre des frères du sultan. Épargner ses frères, c'était déshériter ses fils. Cette considération rehausse Achmet Ier et les sultans ses successeurs qui ont suivi son exemple ; mais cette fois cet exemple devint funeste à l'empire.

Mustafa n'était que l'ombre d'un prince. La nature l'avait frappé d'une éternelle stupeur en naissant. Si les lois ottomanes avaient exigé qu'avant d'être un sultan on fût un homme, Mustafa, respectueusement écarté du trône, aurait cédé l'empire à ses neveux. Mais la loi était fatale comme la nature. On n'hésita pas à proclamer Mustafa Ier.

Les Ottomans, en le voyant sortir de l'ombre du sérail, où il languissait depuis quatorze ans dans les bras des femmes, entre sa mère, sa nourrice et ses odalisques, lurent sur son visage la défaillance de son règne. Une tête chancelante sur un corps grêle; un visage allongé qui se terminait par un menton aigu, signe de vieille enfance; des joues creuses, des lèvres pantelantes et humides, un teint que le sang n'animait d'aucune coloration, des yeux sans regard qui semblaient toujours éblouis : tel était l'extérieur de Mustafa Ier. Son intelligence, sans être tout à fait éteinte, était perpétuellement endormie; sa vie était machinale, il n'avait que les instincts de peine ou de plaisir irréfléchis et quelquefois fougueux qui sont les passions des enfants ou des brutes; ses penchants étaient des spasmes et non des attraits; ses loisirs n'étaient employés qu'à regarder, du haut d'une terrasse baignée par le courant du Bosphore, dormir ou écumer les vagues éternelles, et à jeter des pièces d'or aux poissons de ses bassins que l'éclat du métal attirait à la surface.

XV

Sous un tel prince, la mère aurait pu régner si elle avait eu les séductions de Roxelane et l'ambition de Safiyé; mais la mère de Mustafa, dominée par le kislar-aga, chef des eunuques et gouverneur du harem, n'offrait pas même à cet eunuque ambitieux assez de consistance d'idées et de caractère pour fonder sur cette femme un gouvernement de faveur. La nourrice du sultan, mariée au grand écuyer, lui disputait le crédit dans le harem; une Kurde, qui n'avait d'autre titre à l'autorité que d'avoir bercé sur ses genoux la longue enfance d'un idiot, allait gouverner l'Asie et l'Europe au gré de ses caprices. L'eunuque, pour perdre ces deux femmes, se hâta de révéler lui-même au vizir l'incapacité absolue de Mustafa. Il conspira avec la mère d'Othman, fils aîné d'Achmet Ier, le renversement de ce fantôme et l'élévation d'Othman au trône. Nul n'avait intérêt à soutenir une ombre de souverain qui ne pouvait présenter un point d'appui à personne. Un coup d'État unanime, concerté entre tous les chefs de la religion, de la loi et de l'armée, et délibéré sans passion dans un divan général, déposa, le 26 février 1618, Mustafa et proclama Othman II.

XVI

Le sultan déposé fut de nouveau enfermé dans un appartement reculé du sérail avec sa mère, sa nourrice, ses esclaves. Il n'avait pas même assez d'intelligence pour sentir qu'il avait monté et descendu en quelques jours les degrés du trône et de l'abdication. Il souriait à toutes les scènes de ce drame, tendant la main avec la même indifférence au baiser de ses vizirs ou aux grilles de ses geôliers.

Khalil-Pacha commandait, pendant ces événements de palais, en qualité de grand vizir et de serdar l'armée turque sur les frontières de Perse. Quelques avantages qu'il avait remportés sur Schah-Abbas lui avaient paru suffisants pour motiver une trêve. Rappelé à Constantinople, le sultan lui avait repris les sceaux et l'avait rétabli dans son poste de capitan-pacha. Othman II le punissait ainsi d'avoir élevé son oncle sur le trône, de l'y avoir soutenu trois mois et d'avoir ainsi retardé son propre avénement. Il nomma à sa place Ogüz-Pacha, qui ne laissa aucune trace dans le gouvernement et, après quelques mois d'indécision, fut remplacé lui-même par Ali *le Beau*, fils du gouverneur de Tunis.

Ali *le Beau* était de sang grec, originaire de l'île gracieuse de Cos, dans l'Archipel. Il avait les formes, le génie, l'éloquence et l'intrigue de sa race ; il en avait aussi l'instinct de la mer et l'aptitude navale exercée de bonne heure sur les côtes de Tunis. Élevé de grade en grade jusqu'au gouvernement de l'île de Chypre, il avait justifié cette fortune par de grands services de mer rendus aux Turcs. Les dépouilles et les prises qu'il avait amenées à Constantinople, et dont il avait enrichi le trésor du sultan et l'arsenal, lui avaient fait une renommée populaire; sa grâce, sa finesse, sa beauté, ses adulations habiles, lui avaient asservi le cœur du jeune prince.

Othman II accorda à son grand visir l'exil de tous ses rivaux. L'ancien grand vizir Ogüz-Mohammed, gendre d'Achmet Ier, alla languir dépouillé de ses biens et mourir en Syrie ; le chef des eunuques noirs, qui avait fait et défait deux empereurs, expia ses intrigues par un exil au fond de l'Éthiopie, d'où il était venu; le khodja ou précepteur d'Othman, familier dont le vizir subissait souvent le crédit, fut éloigné jusque dans les déserts de la Mecque.

La mort délivra aussi le vieux sérail de la domination de la sultane Safiyé, femme, mère et aïeule de tant de princes. Elle laissa, après quatorze ans de retraite dans cet asile, l'autorité dans le sérail à la sultane Kœsem, surnommée *Visage de lune*, épouse favorite du sultan Achmet Ier. Les frères encore enfants du padischah régnant, Mourad, Suleïman, Kasim, Ibrahim, étaient les fils de cette sultane. Pendant sa faveur sur le cœur d'Achmet, elle s'était liée d'amitié avec sa rivale, la sultane Mahfirouz, c'est-à-dire *favorite de l'astre des nuits*, et mère d'Othman. Ces deux femmes s'étaient promis de continuer à s'aimer et à se soutenir l'une par l'autre, dans l'intérêt de la vie de leurs enfants, quelle que fût après Achmet leur destinée.

Mahfirouz, fidèle à ses promesses, autorisa son fils Othman à visiter dans le vieux sérail la sultane Kœsem. Ce palais et ces jardins, sorte de nécropole vivante des puissances déchues et des beautés répudiées, n'étaient jamais visités par les souverains sur le trône. Leurs mères et leurs femmes auraient vu d'un œil jaloux ces familiarités entre le nouvel et l'ancien harem. Othman II fut le premier des padischahs qui viola, en faveur d'une favorite de son père, ces scrupules ombrageux de sa cour. Il accepta une fête intérieure que lui donna la sultane Kœsem, et passa quatre jours et quatre nuits dans le vieux sérail, charmé des entretiens de sa belle-mère, sans exciter la jalousie de sa mère.

XVII

Une intrigue des Polonais avec Gratiani, prince de Moldavie, fit éclater les hostilités entre la Porte et la république de Pologne. Iskender-Pacha livra bataille aux Polonais dans la plaine de Moldavie (1619). Vingt mille Sarmates tués dans le combat et dix mille prisonniers égorgés comme rebelles après la bataille furent le seul et prompt résultat de cette guerre. Les Polonais proposèrent de repasser le Dniester, de payer cent mille ducats pour les frais de la guerre, de doubler le tribut annuel. Ils envoyèrent des otages et en demandèrent à Iskender-Pacha pour assurer la sécurité des négociations. Iskender-Pacha désigna le prince tartare Cantimir pour otage des Turcs chez les Polonais. « Es-tu donc devenu *giaour* (infidèle)? s'écria le

Tartare Cantimir, quand Iskender lui parla de sa remise au camp des Polonais. Voilà trente ans que mon sabre s'abreuve du sang de leurs pères et de leurs fils, et tu veux me livrer à eux pour qu'ils m'embrochent et me rôtissent à petit feu ! Il ne faut converser avec ces Polonais sans parole qu'avec le sabre. » Et il se retira, dit Naïma, les yeux rouges de sang, comme un verre plein de vin.

Tous les otages auxquels Iskender fit la même proposition refusèrent à l'exemple de Cantimir. Les Polonais reculèrent en désordre jusqu'au Dniester. Parvenus au bord du fleuve, ils s'insurgèrent, selon leurs mœurs, contre leur général, qui voulait établir de l'ordre dans le passage du fleuve et sauver d'abord la cavalerie. Pendant la sédition, les Tartares et les Turcs atteignirent les Polonais débandés. Gratiani, le prince de Moldavie, victime de leur provocation à la révolte, fut tué dans la déroute et sa tête fut envoyée à Constantinople; Kalinowsky, noyé par son cheval dans le Dniester; Zolkiewsky, atteint sur la rive, crénela de sa tête la porte du sérail; Koniecpolsky, épargné seul parmi les chefs de cette noblesse brave et turbulente, fut jeté dans les cachots des Sept-Tours. Quarante mille Polonais jonchèrent de leurs cadavres les bords du fleuve.

Ces triomphes exaltèrent l'orgueil et l'insolence d'Ali *le Beau* : il traita tous les envoyés chrétiens en vaincus. Le beau-père de Gratiani, nommé Borissi, agent de la république de Venise, fut étranglé pour avoir représenté les griefs de sa nation; l'ambassadeur de la Bohême et de la Hongrie, pays soumis à l'Autriche et révoltés contre leur empereur Ferdinand II, qui venait offrir leurs armes aux Ottomans, fut menacé du cordon ou du bâton en plein divan.

Les *avanies* du grand vizir remplissaient les coffres du sultan. Il donna en présent à son maître, aux fêtes du Béiram, dix-huit jeunes filles mahométanes, vingt chevaux de Perse et cent cafetans brodés de perles. Le defterdar, ou trésorier de l'empire, trop modéré dans ses exactions, fut emprisonné aux Sept-Tours, et deux millions d'or de sa fortune personnelle furent confisqués. L'île de Chypre fut imposée à cinquante mille ducats par delà son impôt ordinaire. La Perse et la Porte échangèrent des présents dont la liste éblouit l'imagination des Orientaux eux-mêmes. Mille vases de porcelaine de Chine, quarante tapis de velours, soixante de duvet de chameaux arrachés du sein de leurs mères, des chevaux, des éléphants, des tigres, des rhinocéros, enfin des filles esclaves d'une beauté d'élite, cimentèrent la fausse et précaire amitié des deux peuples.

Un crime d'État ensanglanta ces pompes : un frère du sultan, le prince Mohammed, fils d'une autre femme que Mahfirouz, coupable de donner trop d'espérances à sa mère par son intelligence précoce et par son caractère viril, fut étranglé, le 12 janvier 1621, par les muets. La raison d'État ne pardonnait pas à la nature ; on ne vivait qu'à la condition de vivre abruti. « Othman, Othman, s'écria la victime en voyant s'avancer les muets pour l'arracher des bras de sa mère, je prie Dieu d'abréger tes jours et de renverser ton empire. Puisse-t-on t'arracher la vie, comme tu me l'arraches à moi-même ! »

Le grand vizir, déjà malade de la pierre au moment où il inspirait cette féroce prudence au sultan Othman II, ne survécut pas à ce crime. Un Albanais fanatique et stupide, nommé Housseïn-Pacha, lui succéda. Il sortait des bostandjis, d'où il s'était glissé dans les janissaires. Sa maxime unique de gouvernement était que la terre appartient au sultan, et que toute volonté de son maître était l'ordre du ciel. C'était un de ces hommes absolus par ignorance, qui poussent toute autorité à son excès, c'est-à-dire à sa ruine. Il se hâta d'entraîner le jeune sultan Othman, entré dans sa dix-huitième année, à une guerre inutile contre la Pologne vaincue.

Sur la route d'Andrinople, le sultan, à cheval à la tête de l'armée, fut abordé par quatre derviches sortis tout à coup de l'arche d'un pont pour lui demander l'aumône à grands cris. Leurs plaintes, leurs haillons, leurs gestes, firent cabrer d'étonnement le cheval d'Othman. Sa terreur le rendit féroce et les quatre têtes des mendiants roulèrent à son geste sous les pieds de son cheval.

XVIII

Arrivé sur la rive droite du Danube, Othman II, pendant qu'on construisait des ponts pour le passage de ses troupes, se montrait à l'armée revêtu de la cuirasse de son aïeul, Soliman le Grand, dont il prétendait égaler les hauts faits. Ses exploits se bornaient à tirer des flèches sur les prisonniers et à les frapper avec l'indifférence d'un but inanimé. Cette cruauté froide indignait ses propres soldats.

A Choczim, les soixante mille Polonais commandés par les princes héréditaires repoussèrent le choc des Turcs et des Tartares. Le grand vizir fut destitué pour le punir de ce revers, Dilawer, pacha de Diarbékir, surnommé *l'Intrépide*, reçut le sceau de l'empire. Les Polonais, cette fois appuyés par l'Autriche, la Russie, la France, le pape, la Hongrie, luttèrent avec constance contre les cent mille Turcs du sultan. Les pertes égales après une longue campagne firent conclure une paix où aucune des deux puissances ne gagnait ni ne perdait que le sang versé de deux cent mille hommes.

Othman II, pressé par l'amour de revenir à Constantinople, rencontra à Andrinople la jeune esclave favorite qui venait de le rendre père de son premier-né. Cette odalisque était une Russe comme Roxelane, dont elle exerçait l'ascendant et la fascination sur le cœur d'Othman. Son nom était Miliclia. Née dans une chaumière, enlevée enfant par les Tartares, offerte en présent à cause de sa beauté au grand vizir Mourad sous le règne d'Achmet Ier, elle fut donnée, après la mort de ce vieillard, au chef des eunuques noirs, Mustafa. L'eunuque s'y attacha comme un père, la fit élever comme sa fille et lui donna la liberté. Othman, l'ayant aperçue un jour dans une de ses visites au chef de ses eunuques, fut ébloui et enivré de ses charmes ; il demanda au chef des eunuques de la lui céder. L'eunuque lui dit avec regret qu'il ne pouvait, sans violer la loi, céder une fille libre qu'à un homme qui en ferait sa femme. Othman n'hésita pas à fléchir à ce prix les scrupules de l'eunuque. Il épousa Miliclia et en eut un fils. Son amour, augmenté de sa joie d'être père, fit régner l'esclave russe sur toutes les femmes de son palais, comme elle régnait sur son cœur.

Il retrouva à Constantinople son ancien précepteur, le khodja Omar-Effendi, revenu de son exil de la Mecque après la mort de son ennemi Ali *le Beau*. Ce khodja et le kislar-aga Suleïman, auteur du fratricide sur l'infortuné sultan Mohammed, s'entendaient pour gouverner de concert leur jeune maître.

La sultane russe, devenue mère et de plus en plus aimée, remplissait le sérail de fêtes et de spectacles. Pendant un de ces spectacles où la sultane faisait représenter devant elle des scènes militaires de la guerre de Pologne, un fusil éclata et tua le prince enfant de la sultane favorite et d'Othman. La crainte de laisser l'empire sans héritier décida Othman à épouser quatre femmes légitimes. Sa politique lui fit choisir des filles libres des plus hauts dignitaires de son gouvernement. Après avoir épousé une fille de Pertew-Pacha, il célébra ses fiançailles avec la fille du mufti.

XIX

Il est moins périlleux à un despote de violer les lois que les coutumes de son peuple. Les murmures des janissaires et du peuple s'élevèrent contre cette violation des usages des sultans dans le choix de leurs épouses. On craignit que la parenté avec les familles auxquelles Othman II s'alliait ainsi ne parût un jour des droits au trône dans leurs descendants. Quelques parcimonies des ministres dans les gratifications aux spahis en temps de guerre, la réduction du taux d'un ducat d'or par tête coupée des ennemis sur le champ de bataille, enfin le départ prochain et impopulaire d'Othman pour la Syrie sur la flotte qui allait combattre Fakhr-eddin, émir des Druzes, changèrent en peu de jours le murmure en sédition.

Le grand vizir et le mufti s'opposaient en vain à ce départ du padischah pour la Syrie; le chef des eunuques noirs et le précepteur s'entendaient pour lui conseiller ce pèlerinage armé aux lieux saints; leur piété superstitieuse faisait une gloire sainte à Othman d'avoir le premier visité la Mecque. La célébration des noces avec la fille du mufti ne fit que suspendre de quelques jours l'expédition. Un songe la précipita encore : Othman rêva, la nuit de ses noces, que le Prophète s'était approché avec un visage irrité de son trône et l'avait frappé au visage. Le précepteur, consulté sur l'interprétation de ce rêve, répondit qu'il était un avertissement sévère du Prophète, irrité des retards qu'apportait le padischah à son pèlerinage au tombeau de Médine. Cette interprétation lui parut un oracle.

Le mufti, son beau-père, résista courageusement à la faction fanatique qui poussait le sultan à une absence impolitique de sa capitale en fermentation. Othman déchira avec colère le fetwa du mufti dans lequel cet interprète suprême des lois religieuses déclarait que le pèlerinage n'était pas obligatoire aux souverains. Un vertige sacré l'entraînait à sa perte.

Il ordonna de planter ses tentes à Scutari, première halte des armées partant pour l'Asie. A cet ordre, les janissaires et les spahis s'ameutèrent et lapidèrent les chiaoux accourus pour réprimer la sédition au nom du grand vizir. Convaincus que ce départ du padischah sans eux n'avait pour motif que la pensée conçue par les favoris d'Othman II de lever des janissaires et des spahis étrangers en Syrie et d'attenter ainsi à leurs priviléges et à leur monopole militaire, ils s'assemblèrent tumultuairement sur la place de l'hippodrome et rédigèrent une question de droit posée en ces termes au mufti :

« Est-il légitimement permis de tuer des conseillers qui poussent le sultan à des nouveautés illégales, et qui dilapident les biens des vrais musulmans? »

Le mufti, sans faiblesse pour le dangereux caprice de son gendre, répondit qu'un tel meurtre était permis. Cette réponse légitima la révolte.

L'aga des janissaires et les officiers des régiments formant la garnison de Constantinople furent chassés à coups de pierres de l'hippodrome, où campaient les séditieux. Les janissaires, déjà embarqués sur la flotte à l'ancre dans la mer de Marmara, près du château des Sept-Tours, forcèrent leurs consignes, débarquèrent malgré leurs officiers et coururent se joindre à leurs camarades sur la place du marché aux viandes. Rassemblés en masse devant le palais du précepteur, ils l'appelèrent à sa fenêtre et lui enjoignirent de descendre et d'*aller porter au padischah la parole des troupes.*

Le précepteur, au lieu d'obtempérer à cette sommation, s'évada par ses jardins, déguisé en derviche. Le palais du grand vizir, dont les soldats ignoraient l'innocence, fut défendu à coups de fusil contre leur aveugle fureur. Sans armes pour forcer ce palais, les factieux coururent en chercher dans les boutiques des armuriers voisins du bazar; les armuriers les fléchirent par leurs supplications et les décidèrent à se retirer. La nuit tomba et les dissipa dans leurs casernes.

XX

Le sérail fermé était plein de trouble et de conseils divers. Othman II y ayant convoqué les oulémas, organes ordinaires et respectés de l'opinion publique, leur demanda la cause de ces agitations. Ils lui dirent que son départ pour la Mecque soulevait l'inquiétude des soldats, et les enflammait de colère contre le précepteur et contre le chef des eunuques, réputés les conseillers de cette mesure. « Allez, leur répondit avec obstination le sultan, et dites aux troupes que je consens à renoncer à mon voyage en Asie, mais que je ne consens à déposer ni mon khodja ni mon kislar-aga. »

Les ténèbres et le sommeil empêchèrent les oulémas d'accomplir leur mission avant le jour. Des rumeurs vagues accrurent le péril pendant cette nuit. On disait aux janissaires que les bostandjis, enfermés en masse dans les jardins du sérail, préparaient une sortie foudroyante dans la ville; on disait aux bostandjis que les janissaires débarquaient les canons de la flotte pour faire brèche aux portes et aux murs des jardins.

XXI

Le soleil du 19 mai 1622 se leva sous ces auspices; les janissaires et les spahis, campés dans les vestibules et dans les cours de la mosquée de Mahomet II, envoyèrent une députation aux oulémas pour les convoquer à une conférence. Les oulémas répondirent qu'ils n'iraient pas se joindre à un camp de soldats soulevés, mais qu'ils allaient se réunir sur la place de l'hippodrome, où l'on pourrait assister à leur délibération. Les révoltés, à ces paroles, firent religieusement leur prière du matin, et, après avoir invoqué trois fois à grands cris le nom de Dieu, se rendirent en ordre à l'hippodrome.

Le mufti les y attendait, entouré des douze principaux cheiks ou prédicateurs des mosquées de la capitale. Deux secrétaires des troupes, Khalil et Féridoun, présentèrent, au nom des soldats, une liste de six victimes dont les révoltés demandaient la tête en expiation de leurs crimes. Ces six noms voués à la mort dans la table de proscription étaient ceux du khodja Omar, du kislar-aga ou chef des eunuques Suleïman, du seghban-baschi Nassouh, du caïmakam Ahmed, du grand trésorier Baki et enfin du grand vizir Dilawer-Pacha (*l'Intrépide*).

Les oulémas et le mufti, après avoir contesté sur quelques-uns de ces noms et surtout sur celui de Dilawer-Pacha, le grand vizir, qu'ils savaient aussi opposé qu'eux au voyage, se rendirent au sérail pour présenter à Othman II les conditions de l'armée.

« Ne vous occupez plus d'eux, leur répondit avec dédain le sultan ; c'est une canaille sans chefs qui ne tardera pas à se disperser d'elle-même sous son anarchie.

» — Padischah, répliquèrent les cheiks, ce qu'on n'accorde pas aux révolutions, elles le prennent ; vos illustres ancêtres, dans de semblables occasions, ont toujours apaisé les exigences par quelques sacrifices à la justice où à la nécessité.

» — Taisez-vous, s'écria Othman d'une voix impérieuse ; vous parlez comme si vous étiez vous-mêmes les conseillers de la révolte, et si vous dites un mot de plus, je vous ferai trancher la tête comme à vos complices. »

Les oulémas interdits gardèrent le silence ; leurs physionomies exprimèrent leurs craintes moins de la colère que de l'obstination du sultan. Le vieux Housseïn-Pacha, ancien grand vizir, homme dont l'âge et la fidélité ne laissaient pas suspecter le dévouement, se précipite en larmes aux pieds d'Othman.

« Mon padischah, dit-il, qui sommes-nous devant toi ? Si les rebelles demandent aussi ma tête, hâte-toi de la leur jeter ; oublie-nous et pense à ton propre salut ! »

Othman fut attendri, mais inébranlable. On enferma les oulémas et le mufti comme des otages dans les jardins du sérail, et on laissa gronder hors des murs la sédition.

XXII

Le retard des oulémas à rapporter sur la place de l'hippodrome la réponse du sultan fit penser aux révoltés que le sérail était défendu par des bostandjis et par des canonniers en force et que leurs parlementaires étaient retenus prisonniers. L'un d'eux, pour s'assurer par ses propres yeux de l'attitude et du nombre des défenseurs du sérail, monta au sommet d'un des minarets de Sainte-Sophie et plongea de là ses regards dans l'intérieur des jardins impériaux. Ils étaient vides. La certitude de ne pas rencontrer de résistance doubla l'audace des rassemblements ; ils se réunirent dans la première cour, la comblèrent de leur foule et montèrent sur les plates-formes crénelées des murailles qui séparaient cette première cour de la seconde. Les bûches qui remplissaient les bûchers de la cour armèrent ceux qui n'avaient pas d'armes. Immobiles néanmoins dans ce camp pendant quelques heures, ils semblaient accorder au sultan le temps de la réflexion et la dignité des concessions.

De moments en moments un seul cri interrompait ce sinistre silence; ce cri demandait les têtes du khodja, de l'eunuque et du grand vizir. Le seul crime de Dilawer-Pacha était d'avoir fait défendre la veille son palais contre l'émeute et d'avoir jonché de quelques cadavres de séditieux armés le seuil de son palais.

XXIII

Les portes de la seconde cour s'ébranlèrent enfin sur leurs gonds et les troupes la remplirent. Même attente, même silence et mêmes cris ce fut tour à tour. Les portes de *la Félicité*, gardées par quelques eunuques blancs, s'ouvrirent comme les premières portes sous l'assaut des soldats armés de bûches. Ils semblaient hésiter cependant, par un respect d'habitude, à franchir le seuil qu'ils s'étaient ouvert. Un des oulémas, assis sur un banc de pierre devant le vestibule du palais, s'avança vers les soldats et leur dit à demi-voix : « Notre parole n'a servi de rien; entrez et parlez vous-mêmes. »

La foule entra timidement d'abord et comme indécise de

ce qu'elle allait vouloir et oser. Une seule voix, comme toujours, devint la voix unanime d'une multitude.

« Nous voulons le sultan Mustafa, » dit cette voix sortie sans délibération de l'impatience désespérée d'un seul homme ou de la connivence soufflée par quelques eunuques à un complice.

« Oui, oui, nous voulons le sultan Mustafa, » répéta à l'instant la foule, comme délivrée du poids de son incertitude.

A ce mot d'ordre irréfléchi des révoltés, la multitude s'engouffra dans les portes ouvertes du palais et inonda le vestibule et les appartements. Ils les parcouraient au hasard et sans guide, se perdant dans ce labyrinthe du sérail et des jardins qui séparent les différents kiosques, et vociférant toujours avec plus de force le même cri : « Nous voulons le sultan Mustafa ! »

Tout était désert, silence, mystère pour les révoltés dans ce dédale de kiosques, de jardins, de cours. Un ouléma plus familiarisé qu'eux avec les lieux leur montra du doigt le harem. Il était entouré d'un mur épais et sans portes du côté des jardins. Les soldats, pour le franchir, entassèrent un amas de bûches contre la muraille pour pénétrer dans le harem par les vitraux de la coupole.

Pendant qu'ils démolissaient la coupole en appelant toujours à grands cris le sultan Mustafa, une voix lointaine et timidement articulée cria du fond du harem aux démolisseurs : « Le sultan Mustafa est ici. »

Cette voix, reconnue pour celle de l'invisible captif, anima d'une ardeur désespérée les assaillants. Malgré les flèches tirées d'en bas sur eux par quelques nègres, eunuques fidèles jusqu'à la mort à leur consigne, trois janissaires descendirent par des cordes de la coupole détruite dans les salles du harem, et parcoururent, en invoquant le nom de Mustafa, les corridors et les appartements du palais sacré. Ils trouvèrent à la fin, dans un cabinet reculé, l'infortuné Mustafa couché à demi sur un vieux matelas, et gardé par deux esclaves muets debout devant lui.

« Mon padischah, lui dirent en tombant à ses pieds les trois janissaires, l'armée vous attend au dehors pour vous couronner. »

L'idiot, insensible à la restauration comme à la chute, leur répondit seulement, avec un vague sourire : « J'ai soif. » Depuis le commencement de la sédition, par trouble ou par cruauté, on n'avait apporté dans sa retraite ni aliments ni eau. Les janissaires restés sur le toit lui firent passer de l'eau dans un seau de cuir. Un des janissaires descendus par la corde dans sa prison en sortit par la porte, et courut au vieux sérail annoncer à sa mère que son fils avait été retrouvé et qu'on allait le réinstaller sur le trône.

XXIV

Pendant que la mère qui croyait son fils étranglé passait du désespoir au délire de la joie, Mustafa, hissé sur son matelas jusque sur la coupole, était reçu dans les bras des janissaires, descendu dans la cour et porté à bras, pour le montrer au peuple, sur le cheval du mufti. Mais sa faiblesse et son émotion l'empêchant de se tenir à cheval, même avec l'assistance de ses deux esclaves qui le supportaient sous les bras, on le descendit et on l'exposa sur le trône dans la salle du palais. Assourdi par les acclamations et les prosternements de la foule, il repoussait avec un geste de terreur enfantine l'aspect des sabres nus qui éblouissaient ses yeux affaiblis par les ténèbres.

Pendant cette exposition de Mustafa Ier sur son trône, d'autres scènes agitaient les cours au dehors, entre les oulémas et les séditieux. La proclamation soldatesque de Mustafa était un de ces hasards des révolutions qui dépassent témérairement le but et qui consternent de l'excès de leur victoire les agitateurs des peuples ou des armées. Le mufti, gendre d'Othman II, et les oulémas, hommes éclairés, qui connaissaient l'imbécillité de l'oncle d'Othman, étaient bien loin de la pensée de renverser du trône ce prince, pour y placer un idiot. Ils n'avaient voulu que se substituer eux-mêmes au précepteur et à l'eunuque. Spectateurs déconcertés, dans les cours, de la proclamation et de l'apparition de Mustafa, ils ne regardaient cette ovation que comme un de ces délires de peuple ou de soldats qui doivent tomber devant la réprobation des hommes d'État. Une altercation violente s'était élevée entre eux et les janissaires libérateurs de Mustafa.

Ils s'étaient hâtés, aux premiers cris de la foule en faveur de Mustafa Ier, de conseiller à Othman II, retiré au fond du harem, de livrer le khodja et le grand vizir. Othman, qui retenait près de lui ces deux victimes pour les sacrifier à la dernière nécessité, comme la rançon de sa propre tête, venait de faire ouvrir en silence une porte secrète du palais et de jeter ses deux amis à la fureur des soldats. Leurs cadavres avaient assouvi sans la fléchir la cruauté des assassins; les cris de : « *Vive le sultan Mustafa!* » continuaient à retentir autour du sérail.

« Insensés, que voulez-vous de plus? disaient vainement les oulémas aux soldats; vous avez obtenu plus que vous n'avez demandé; laissez maintenant le padischah en paix.

» — Nous avons, en effet, ce que nous voulions, répondaient ironiquement les soldats et le peuple; nous avons restauré notre sultan Mustafa Ier.

» — Frères et compagnons, reprenaient le mufti et les cheiks, le sultan Othman vous salue et vous félicite; il vous a livré ceux que vous demandiez, et il vous en livrera d'autres encore, si vous l'exigez; nous vous le certifions en son nom; mais, si vous replacez le sultan Mustafa sur le trône qu'il ne peut occuper, vous vous préparez à vous et aux Ottomans des calamités et des repentirs. Écoutez les sages.

» — Vous auriez dû nous le dire plus tôt, répliquaient les soldats; maintenant il est trop tard; nous avons retrouvé notre padischah Mustafa, et il faut que vous le reconnaissiez avec nous.

» — Non, non, cela n'est pas légal, tant que le sultan Othman sera sur le trône, continuaient obstinémennt les oulémas.

» — Légal ou non, crièrent les plus impatients du peuple et de l'armée; voilà qui vous contraindra au silence ou à la proclamation du souverain à qui nous rendons ce qui lui appartient, l'empire! »

Les sabres, les haches et les bûches levés sur la tête du mufti et des cheiks leur apprirent qu'on ne refrène jamais la sédition qu'on a déchaînée soi-même. L'un d'entre eux mourut de peur sur la place, les autres saluèrent de la voix l'idiot qu'ils réprouvaient de cœur. Les muezzins, montant par leur ordre sur les galeries des minarets des mosquées, proclamèrent dans la capitale le sultan Mustafa 1ᵉʳ padischah des Ottomans. On le hissa sur un chariot avec les deux esclaves compagnons de sa captivité; un mameluk, Dervisch-Aga, l'escorta à cheval à la place du grand écuyer; le peuple et les soldats s'attelèrent au timon du char et conduisirent le sultan dans ce séditieux cortége au vieux sérail, pour le présenter à sa mère. La mère et le fils s'embrassèrent et se félicitèrent d'avoir échappé au sort de la sultane Mahfirouz et de son fils, immolés quelques jours auparavant par ordre d'Othman II.

XXV

Cependant l'invisible Othman faisait encore trembler la révolte. Le bruit courut qu'il avait gagné Scutari sous un déguisement et qu'il allait revenir avec un corps de janissaires fidèles venger ses outrages, reconquérir le sérail, frapper Mustafa 1ᵉʳ. Les révoltés, inquiets pour la sûreté de leur idole, conduisirent le nouveau sultan et sa mère dans la mosquée des janissaires, pour y veiller sur lui jusqu'à la fin de la nuit.

Othman en effet n'était plus au sérail; fuyant l'enceinte violée du palais, il s'était glissé dans l'ombre jusqu'à la plage où les bostandjis, ses rameurs, tenaient ses barques à flot pour le transporter à Scutari. Mais la terreur du sérail envahi et des jardins parcourus par les révoltés avait fait fuir les rameurs. Aucun marin ne pouvait aider Othman à lever l'ancre et à manœuvrer un de ses caïques. Il s'évada avec Housseïn-Pacha, son ancien vizir, par une porte dérobée du jardin, et se réfugia dans un appartement élevé de la mosquée des princes, voisine de la caserne des janissaires, pour négocier avec eux sa réconciliation et implorer leur appui. Housseïn-Pacha portait derrière lui des bourses d'or pour tenter la cupidité des soldats.

Pendant la route, un serviteur d'Housseïn-Pacha dit à voix basse au vieux vizir : « Est-il bien prudent pourtant de conduire le sultan si près de la caserne de ses janissaires qui viennent de placer sur le trône un autre padischah? — L'empire et la fortune, répondit avec une religieuse résignation à la fatalité l'ancien grand vizir, appartiennent à celui à qui on les donne ; peu importe qui sera sultan, pourvu que l'ordre du monde ne soit pas interrompu. » Le monde, dans la langue des hommes d'État ottomans, c'était la capitale de l'empire.

XXVI

De sa retraite ignorée dans la mosquée des princes, Othman II fit appeler l'aga des janissaires, qui déplorait secrètement l'égarement de ses soldats; il le chargea d'offrir cinquante ducats à chaque soldat, une pièce de drap écarlate pour leur uniforme et une augmentation de solde de dix aspres par jour, s'ils voulaient rentrer dans le devoir et déposer Mustafa Ier.

Les officiers, informés de ces offres par le général, se montrèrent enclins à y accéder. Au lever du soleil, on rassembla les janissaires dans la cour de leur caserne. Le général monta les marches de l'escalier pour être entendu de plus loin en les haranguant. Mais les soldats, défiants, soupçonnaient quelque piége ; ils avaient eu vent des conférences nocturnes de leur aga avec les émissaires d'Othman. Aux premiers mots de leur chef pour entrer en accommodement avec Othman : « A bas! à bas le traître! crièrent-ils de la cour aux janissaires plus rapprochés qui entouraient le général; frappez le traître et ne lui permettez pas de continuer. »

Un soldat, complice de tous les autres, poussa à ces cris l'aga du haut du palais et le précipita sur les degrés ; mille sabres tirés l'y dépecèrent en morceaux avant qu'il eût rendu le dernier soupir. Le lieutenant ou kiaya du général et le tschaousch, chef de son escorte, s'enfuirent dans la mosquée pour annoncer ce meurtre à Othman, dont ils connaissaient l'asile.

Pendant que ce prince et ses derniers amis déploraient le sort de l'aga, présage du même sort pour eux-mêmes, une bande de janissaires couraient au vieux sérail saluer la sultane mère de Mustafa, et, connaissant l'imbécillité de son fils, la priaient de nommer elle-même un grand vizir capable de saisir et de sauver l'empire. « Y a-t-il parmi vous quelqu'un qui sache écrire? » demanda cette femme, esclave illettrée elle-même, aux soldats. Un simple janissaire, nommé Kara-Mossab, sortit des rangs; il rédigea et écrivit, sous l'inspiration de la sultane, les diplômes des principales dignités auxquelles elle, une femme, et un soldat, du fond du vieux sérail, appelaient de concert les hommes dont les noms venaient sur les lèvres des séditieux.

Daoud-Pacha, gendre et favori de la veuve d'Achmet Ier, fut nommé grand vizir à son insu; Dervisch-Aga, celui qui était monté à cheval à côté du chariot grotesque où la populace traînait Mustafa dans les rues, reçut le diplôme de grand écuyer; enfin Kara-Mossab lui-même, qui tenait la plume, fut élevé au rang de grand maréchal du palais, en récompense sans doute de l'initiative hardie qu'il avait suggérée à la sultane.

XXVII

Mais les janissaires et le peuple n'attendaient déjà plus, pour exercer leur autorité et leur vengeance anarchiques, la sanction d'un grand vizir ou d'un mufti. Maîtres du fantôme de souverain qu'ils entouraient dans le palais de leur aga, ils lui faisaient rendre à leur gré, par un geste, par un cri, par une supplique aussitôt consentie que présentée, tous les oracles nécessaires à la soldatesque. Les meurtres d'Omar le khodja, de Nassouh l'ancien grand vizir, de Baki le trésorier, furent ratifiés après coup; Ahmed le caïmakam et tous les vizirs dont le nom montait aux lèvres d'un ennemi ou d'un mécontent furent proscrits d'acclamation; toutes les mesures de police ou de discipline prises contre la débauche et la licence des tavernes dans les derniers jours du règne d'Othman II furent abolies.

Les soldats, toujours prompts à sacrifier les libertés civiles, demandèrent unanimement que le grand vizir, à nouveau, leur créature et leur ouvrage, gouvernât dictatorialement l'empire avec le despotisme absolu d'un *orta* (chambrée). Le sultan, qui ne savait ni refuser ni consentir, acquiesçait d'un mouvement de tête, sous l'inspiration des deux esclaves noires debout à côté de lui, comme deux nourrices auprès d'un enfant.

XXVIII

Cependant ceux des janissaires qui venaient de massacrer leur général sur les degrés de leur caserne s'étaient répandus, sur l'indice de quelques traîtres, à la recherche d'Othman II. On leur désigna du doigt le refuge mal couvert du prince dans les cuisines des pauvres, attenantes à la mosquée des tombeaux. Ils le découvrirent blotti sous des nattes, n'ayant pour vêtement qu'une chemise ou tunique blanche collée au corps, et pour turban qu'une petite calotte rouge semblable à celle des eunuques dans l'intérieur du harem.

Un soldat, par dérision ou par pitié, le coiffa de son propre turban. Les autres, l'entraînant et le poussant brutalement dans la cour de la mosquée, retentissante d'imprécations et d'injures, le firent monter sur un cheval boiteux, décharné et couvert de plaies, que l'on conduisait à la voirie. C'est de ce pilori ambulant qu'ils montraient au peuple celui qui, la veille, répandait, selon l'expression des Ottomans, *son ombre sur le monde.*

Le vieux vizir Housseïn-Pacha et le chef des bostandjis, Mahmoud, surpris dans le même asile, où ils n'avaient pas voulu abandonner leur maître, étaient chassés à coups de plat de sabre sur les pas du cheval. Mahmoud fut épargné par les soldats, parce qu'il avait fermé les yeux, comme chef de la police, dans les tavernes, sur les débauches des ivrognes surpris par ses patrouilles de nuit, et que la loi condamnait. Quant au vieux vizir Housseïn, vétéran redouté des troupes à cause de sa sévérité de paroles dans les camps, les janissaires ne lui pardonnèrent pas de les avoir conduits à la bouche des canons dans la dernière guerre de Pologne, et d'avoir répondu à ceux qui lui représentaient sa prodigalité du sang des troupes : « Qu'importe notre vie ! Ce qui importe, c'est la victoire. Le padischah manque-t-il de soldats ? Quand nous n'aurons plus d'ânes, nous monterons des chevaux. »

Ne pouvant plonger leurs sabres dans son cœur, protégé par la cotte de mailles dont il s'était revêtu sous son cafetan, ils lui coupèrent la tête, qu'ils portèrent en trophée devant le sultan, et jetèrent le cadavre sous les pieds du cheval.

« Hélas ! dit Othman, en oubliant sa propre misère pour pleurer son vieil ami, celui-là, du moins, était bien innocent ; si j'avais suivi ses conseils, le malheur et la ruine ne seraient pas sur moi. »

Ces nobles plaintes n'attendrirent pas les soldats. Tout se tourne en crime contre ses victimes, dans la soldatesque, même leur attitude. Elle les méprise si elles sont lâches ; elles les hait si elles sont courageuses. La raillerie élude dans le peuple la pitié : « Cher Othman ! noble padischah ! lui criaient des soldats impitoyables qui cherchaient le rire dans le supplice, jeune et beau prince dont la parole est la loi du monde, ne vous plaît-il pas de courir cette nuit les rues de Constantinople suivi de vos bostandjis pour surprendre les ivrognes attardés dans les tavernes du vin des Grecs, d'enchaîner des janissaires et des spahis sur les galères de votre flotte, et de les faire jeter à la mer ? » Le peuple applaudissait par ses éclats de jovialité cynique à ces dérisions de caserne.

D'autres, plus sérieux dans leur fureur, lui demandaient « si c'était avec de misérables revues de *seghbans* que ses ancêtres avaient élevé l'édifice de l'empire; si c'étaient des Syriens, des Égyptiens, des bostandjis qui avaient bâti les forteresses de l'Euphrate et du Danube. »

Un janissaire, plus lâche et plus féroce que les autres, fils d'un orfévre de Constantinople et dépravé par les vices ignobles de la capitale, marchait à côté de son cheval et lui tordait la peau de la jambe entre ses deux doigts pour lui arracher un cri de souffrance :

« Impudent maudit! lui dit le sultan en pleurant, malgré lui, de honte et de douleur, ne te souviens-tu pas que j'étais hier ton padischah et que tu te prosternais devant celui que tu outrages? »

Parvenu à la caserne en face de la mosquée où Mustafa 1ᵉʳ avait été conduit par le peuple, Othman fut remis à la garde et à la merci du chef des janissaires. De la galerie de la mosquée on voyait la fenêtre de la chambre où les janissaires surveillaient leur victime. Les deux princes et les deux règnes n'étaient séparés que par la place. Le peuple et les soldats s'agitaient entre la caserne et le temple, les uns saluant de leurs acclamations le nouveau prince, les autres injuriant et maudissant le dernier.

La grandeur tragique et la pitié d'une si étrange vicissitude commençaient cependant à impressionner plus gravement la multitude. Les muezzins étant montés à midi sur les galeries hautes des minarets pour appeler le peuple à la prière, le bruit courut dans la place que c'était le signal du supplice d'Othman. Tous les visages se tournèrent vers les casernes où devait s'accomplir l'exécution :

« Non! non! non! s'écrièrent mille voix dans la foule, en s'adressant aux janissaires de garde dans la chambrée; on ne doit point faire de mal au sultan déposé. Que le sultan Mustafa règne à présent sur nous! nous le voulons; mais que l'on préserve la vie au sultan Othman pour les éventualités de l'avenir. »

Le grand vizir Daoud-Pacha, qui venait d'arriver sur la place, monta dans la chambre qui servait de prison à Othman, et, le poussant de la main vers la fenêtre, il le montra au peuple pour apaiser les clameurs et pour attester qu'il vivait encore.

XXIX

Cette émotion inattendue du peuple en sa faveur avait rendu quelque espérance à Othman II; il osait en appeler au cœur et à la raison de ses geôliers : « Que prétendez-vous faire à votre empereur? disait-il aux soldats, ébranlés par les cris de pitié du peuple. Quoi! c'est vous, janissaires, soutiens de l'empire, qui accompliriez sa ruine et la vôtre! » Puis, s'apercevant du vieux turban qui déshonorait sa tête et le rejetant avec indignation loin de lui, et implorant, le front nu, les yeux en larmes, la voix entrecoupée de sanglots, ses gardes : « Si je vous ai involontairement offensés, leur disait-il, pardonnez-moi. Hier j'étais votre padischah, aujourd'hui je suis nu; que je vous sois en exemple! Vous aussi vous aurez à éprouver peut-être les vicissitudes de ce monde, vous aussi vous aurez besoin de miséricorde. »

Les soldats s'attendrissaient; le chef des chiaoux du grand vizir, qui était monté avec Daoud-Pacha dans la chambre, voulut prévenir, en étouffant sa voix, l'effet des supplications d'Othman; il lui jeta la corde au cou pour l'étrangler; mais Othman, qui l'épiait de l'œil, comme la victime pressent le bourreau, passa ses deux mains vigoureuses entre le cordon et la gorge, et, dénouant le nœud coulant, suspendit au moins le moment de sa mort.

Les officiers des janissaires présents crièrent au chiaou de ne rien précipiter dans un tel moment, à une telle place et devant le peuple, qui le rendrait responsable de la mort d'un sultan qu'on semblait vouloir épargner. Daoud-Pacha, accouru pour presser le supplice qui assurait le trône à son pupille, l'influence de la sultane sa belle-mère, la puissance de lui-même, encourageait du regard les bourreaux :

« Barbare! que t'ai-je donc fait, à toi, lui dit Othman, pour que tu viennes mendier ici mon supplice à mes esclaves? Ne t'ai-je pas arraché deux fois, d'un mot, à la mort que le grand vizir voulait t'infliger? Ne t'ai-je pas rétabli, malgré le divan, dans les dignités dont on t'avait dépouillé? D'où est née ta haine acharnée contre moi?

» — C'est un serpent! criait de l'autre côté de la place la sultane mère de Mustafa aux janissaires, dont elle voyait l'indécision et dont elle entendait les tumultes; c'est un serpent, ne l'écoutez pas! s'il se tire de vos mains il vous fera tous mourir! »

Daoud-Pacha, qui entendait la voix de la sultane, fit signe aux bourreaux de serrer le lacet; mais les officiers les écartèrent pour obéir au murmure de la foule. Othman II, rassuré par leur intervention, se tourna vers le chef de chambrée, qui répondait de lui à ses camarades :

« Qui donc t'a donné ton emploi? lui demanda-t-il, espérant que c'était lui-même et que la reconnaissance se réveillerait par le souvenir du bienfait.

» — C'est le sultan Mustafa, répondit le commandant de la caserne.

» — Le sultan Mustafa, reprit Othman, est un idiot qui ne sait pas même son nom. Viens, ouvre cette fenêtre et laisse-moi parler à mes serviteurs. »

L'officier, subjugué ou attendri, ouvrit une fenêtre de la chambre qui donnait sur le péristyle de la mosquée, dont un angle touchait à la caserne des janissaires. L'instinct de la vie dans un homme jeune qui se refuse à mourir, l'énergie du caractère qui n'avait pas faibli depuis la veille dans le souverain précipité du trône, l'espoir que les cris favorables rendaient à son âme, la conscience de l'imbécillité du compétiteur qu'on lui opposait, l'expérience de la mobilité des mouvements populaires, la confiance, enfin, dans l'impression que produiraient sur la multitude l'aspect de sa nudité et l'éloquence de ses larmes, donnèrent à Othman des accents aussi pathétiques que la circonstance; il avait déconcerté les soldats, atterré le grand vizir, il ne doutait pas de dompter le peuple :

« Mes agas, mes spahis, mes janissaires, cria-t-il à la soldatesque qui l'écoutait d'en bas, et vous, mes pères, qui m'avez protégé dans mon berceau, défendu dans les camps, instruit dans les divans, gardé sur le trône, si par ignorance, par jeunesse, par bonne intention trompée, j'ai prêté l'oreille à des conseils funestes, pourquoi m'humilier ainsi jusqu'à l'avilissement de votre propre souveraineté?

Si vous ne voulez plus de moi pour votre padischah, dites-le d'un mot, je saurai descendre de moi-même et mourir sans dégrader ni vous ni moi par ces indignités qui déshonorent le nom ottoman. » Le peuple, mêlé aux soldats, pleurait à ces paroles, et quelques voix déjà criaient de pardonner au repentir et de reconduire Othman au sérail.

XXX

La sultane mère de Mustafa, à la voix d'Othman II et au bruit de ces ondulations de la multitude, était sortie sur la galerie de la mosquée, puis rentrée dans l'enceinte aux cris de terreur de son propre fils, pour le rassurer et lui suggérer une contenance moins d'enfant que d'homme. Mais le pauvre fantôme de souverain n'avait pas plutôt perdu de vue sa mère qu'il retombait dans ses défaillances. Au moindre contre-coup des tumultes extérieurs produits par la lutte de clameurs entre le peuple et les soldats, il bondissait d'effroi sur son divan. Assis sur le mihrab de la mosquée entre ses deux esclaves muettes et attentives, il se levait en sursaut aux grands mugissements de la place, se figurant que les satellites d'Othman forçaient les portes pour l'immoler, s'élançait vers la fenêtre comme pour les fuir, et, se cramponnant aux grilles qui s'entre-croisaient sur les vitraux, il déchirait ses faibles mains aux nœuds du treillis de fer, comme pour le forcer à s'ouvrir devant lui et à lui livrer une issue pour la fuite. Ses deux esclaves le rasseyaient avec peine à sa place. Les spectateurs, pleins à la fois de terreur et de pitié, ne savaient s'ils devaient plaindre davantage un tel maître d'être reporté malgré lui à l'empire, ou l'empire d'avoir à supporter bientôt un tel maître.

« Viens, viens, calme-toi, je suis là, mon lion, lui disait sa mère en le recevant tout tremblant dans ses bras. Mon lion, mon tigre, mon fils, mon padischah, sois digne de ton peuple et de ta mère; tu vois qu'on s'agenouille et tu vois si je tremble. »

Othman, de son côté, à quelques pas du mihrab de la mosquée, quoique dans le péristyle d'un autre édifice adjacent, luttait pour la vie avec la même intrépidité qui faisait lutter la sultane pour le salut de son fils et pour l'empire. Pâle, demi-nu, la tête découverte, sa chemise déchirée sur ses épaules, il adjurait tour à tour Daoud, le peuple, les soldats, d'avoir pitié de lui et d'eux-mêmes, en réfléchissant à quel maître ils allaient se donner sur le cadavre de leur véritable padischah.

Les gestes de la sultane, les cris de Mustafa, les supplications et les objurgations d'Othman, se disputaient tour à tour ou tous ensemble l'attention de la multitude. Daoud-Pacha, toujours derrière sa victime avec ses bourreaux, profita d'un de ces instants où les têtes de la foule étaient tournées vers la galerie de la mosquée, et il ordonna une troisième fois au chef des chiaoux de jeter le cordon au cou du sultan.

Le commandant de la caserne, qui avait déjà prolongé l'agonie d'Othman en desserrant le lacet et en permettant à Othman de se présenter à la fenêtre et de parler aux spectateurs, détacha une troisième fois le cordon et le rejeta avec indignation aux chiaoux. Les janissaires, dont la première fureur avait eu le temps de s'évaporer et de se changer en compassion, applaudirent à l'humanité du chef de chambrée. Daoud se retira en ajournant malgré lui le crime, et Othman, confié à la garde des janissaires, resta entre la mort et la vie dans la caserne avec une poignée de vieux soldats.

XXXI

Le grand vizir passa de la caserne dans la mosquée, et se hâta de profiter du reste du jour pour faire prendre possession du sérail et du trône à Mustafa 1ᵉʳ. Le même char découvert, traîné par les soldats révoltés et par la populace, qui avait conduit Mustafa au palais de sa mère, le conduisit, entre ses deux négresses, de la mosquée au sérail. Une multitude innombrable le saluait de sa pitié, de ses vœux, de ses acclamations. Les Ottomans, compatissant pour sa double infortune, jouissant de rendre la liberté à un pauvre captif, oubliaient pour un moment qu'ils rendaient aussi le trône à une ombre.

Pendant cette marche moitié triomphale, moitié dérisoire, Daoud-Pacha, dans l'intention d'écarter de leur caserne la masse des janissaires, dont la présence intimidait ses desseins, les fit avertir sous main, par des affidés, des trésors qu'Housseïn et Othman II avaient déposés la veille dans le palais de l'aga d'où on avait arraché le prince fugitif pour le conduire aux casernes. A cette annonce, les janissaires quittèrent tumultuairement leur chambrée, oublièrent Othman et se précipitèrent en foule au palais de l'aga pour piller et pour se partager le prétendu trésor. Ils trouvèrent les onze bourses d'Housseïn, et le partage tumultueux de cette dépouille les retint éloignés, distraits et ivres, dans les tavernes une partie de la nuit.

Daoud, informé de leur négligence à surveiller leur otage, courut aux flambeaux avec une poignée de chiaoux et de bostandjis à la caserne, sous prétexte de transporter le sultan détrôné dans une prison plus digne de la majesté du prisonnier. Cette escorte, éclairée par des torches, conduisit, à travers les rues pleines de tumulte, l'infortuné Othman au château des Sept-Tours. Le peuple, qui suivait avec des impressions diverses le cortége, se retira peu à peu après qu'on eut refermé sur le prisonnier les portes du château.

Le bruit courait dans la foule qu'on épargnerait les jours d'Othman pour le reporter repentant et corrigé au trône, si son oncle était reconnu une seconde fois incapable de régner. La pensée de sa mort n'était dans le cœur ni dans les vœux d'aucun Ottoman désintéressé dans la question du trône. Ceux-là seuls en petit nombre voulaient sa mort qui se sentaient impardonnables par l'excès de leurs outrages, et qui ne pouvaient vivre en sûreté s'ils lui laissaient la vie : tels étaient Daoud et la sultane, maîtres désormais du sort d'Othman, et que sa vie condamnait à trembler toujours pour leur domination et même pour leur tête.

Aussi les portes du château des Sept-Tours étaient à peine refermées sur Othman II, et le silence extérieur annonçait à peine la dispersion du peuple au dehors, que Daoud-Pacha, assisté du chef des djébedjis et de deux robustes chiaoux, entra dans la chambre du prisonnier, le cordon de soie dans les mains.

Othman, dont vingt heures d'angoisses n'avaient ni

abattu l'énergie, ni énervé la vigueur, et qui avait trois fois déjà éludé le supplice en le retardant, combattit en désespéré contre ses quatre assassins. La chambre où ils s'étaient enfermés avec lui retentit longtemps des cris, des rugissements, des contre-coups d'une lutte terrible entre ce jeune homme de dix-huit ans et ces bourreaux exercés au supplice. Elle se prolongea longtemps dans les ténèbres; Othman espérait sans doute, en la soutenant jusqu'à l'extinction de ses forces, que le bruit appellerait à son secours les gardiens des Sept-Tours, ou que le peuple forcerait les portes à la voix de son sultan. Les gardiens étaient complices et le peuple était absent.

Le chef des djébedjis parvint à la fin à passer et à serrer le nœud du cordon autour du cou d'Othman, pendant que Daoud et les deux chiaoux, à genoux sur sa poitrine, s'efforçaient d'écarter ses poignets et de contenir ses jambes. Leurs efforts réunis ne suffisaient pas à contenir ce lion, quand un féroce exécuteur, nommé Kalender-Oghli, se précipita d'une étreinte de fer sur le corps d'Othman. La douleur arracha un cri terrible au jeune homme; l'évanouissement lui enleva la force; il fut étranglé déjà inanimé (1622).

Daoud lui coupa une oreille avec son propre poignard, et enveloppa ce cartilage sanglant dans son mouchoir de soie, pour porter à la sultane Validé ce témoignage certain de la réalité de la mort d'Othman II et du diadème incontesté de son fils. C'était le premier sacrilége des Ottomans contre la majesté de *l'ombre de Dieu.*

XXXII

M. de Hammer, dont l'érudition oppose souvent race à race, crime à crime avec profit pour l'expérience humaine, a fait entre la mort de l'empereur grec Andronic et la mort de l'empereur turc Othman un parallèle que nous croyons devoir emprunter ici :

« Le sort d'Andronic et celui d'Othman II, dit-il, présentent de grandes similitudes. Lorsque Andronic fut conduit à Chilaï (aujourd'hui Bebek), où il avait autrefois fait aveugler et jeter en prison Alexis Comnène, la mer, comme si elle se fût souvenue des exécutions dont il avait tant de fois souillé ses flots, le rejeta avec violence sur le rivage. Chargé de chaînes par les archers, il subit, en présence même de son compétiteur Isaac, les plus ignominieux traitements : on le souffleta ; on lui donna des coups de pied ; les femmes dont il avait fait aveugler les maris lui arrachèrent les cheveux et lui brisèrent les dents ; on lui coupa une main, on lui creva un œil, et on le jeta dans la tour Anemas du palais des Blakernes, où il resta sans aucune espèce de nourriture. Quelques jours après on lui arracha l'œil qui lui restait, et on le promena dans la ville sur un chameau galeux, pour le faire servir de risée à la populace. Quelques-uns frappèrent sa tête à coups de massue, d'autres versèrent sur lui des vases pleins d'urine et lui remplirent les narines de boue ; d'autres encore lui exprimèrent dans la bouche des éponges trempées d'immondices. Puis il fut pendu sur l'hippodrome, auprès des deux colonnes, entre les statues de la louve et de la hyène; au milieu de ses souffrances il s'écriait : « Seigneur, ayez pitié de moi; ne » brisez pas un roseau déjà brisé! » Les scélérats lui arrachèrent ses habits; un d'entre eux lui plongea une pique par le gosier jusque dans les intestins. Deux Latins lui percèrent les flancs de leurs épées, pour voir laquelle avait la trempe la plus fine. Puis il expira, en portant à sa bouche le moignon sanglant de son bras, dont probablement il voulait sucer le sang. Ce supplice est le plus ignominieux et le plus cruel de tous ceux qui furent infligés à un souverain détrôné, et ici la barbarie byzantine a de beaucoup surpassé la barbarie turque. »

Nous ne développerons pas ce parallèle sanglant de l'historien allemand au bénéfice ou à l'excuse de l'un ou de l'autre crime. Nous dirons seulement qu'Andronic avait mérité la mort, et qu'Othman II n'avait mérité que la pitié. Mais la mort même d'un prince coupable est un crime quand elle est infligée sans jugement : le peuple qui inflige le supplice sans droit, sans juges et sans pitié, assume à son tour le crime sur lui-même, et déshonore l'humanité au lieu de la venger.

Le règne d'Othman II ne laissa d'autre trace que son cadavre à l'histoire des Ottomans.

XXXIII

On ensevelit clandestinement ce cadavre pendant la nuit dans le tombeau de ses pères. Le mufti, dont Othman II avait épousé malgré lui la fille unique, et qui ne pardonnait pas au sultan mort la violence morale qu'il avait subie en n'osant décliner cet honneur, refusa de prier sur sa tombe ; il abdiqua volontairement le pontificat plutôt que de rendre les honneurs religieux à son gendre.

Le second règne de Mustafa Ier commença par ces oscillations et ces retours qui agitent l'esprit des peuples et des soldats après le triomphe des grandes séditions. Peu de jours après l'installation de Mustafa, pendant que ce prince assistait avec sa mère à une fête de famille chez le grand vizir Daoud, les soldats s'attroupèrent devant le palais de Daoud, et le contraignirent par leurs vociférations à descendre sur la place et à leur rendre raison de son crime.

« Pourquoi, lui crièrent-ils, as-tu tué, contre notre volonté, le sultan Othman, que nous avions confié à ta garde ?

» — Je l'ai tué, répondit le grand vizir, sur les ordres du maître du monde, le sultan Mustafa, notre padischah. »

Cette réponse, qui rejetait sur la volonté chimérique d'un idiot la fatalité du crime, interdit et parut satisfaire ce jour-là les soldats. L'ombre du sultan leur imposait encore. Mais, le lendemain, ils se présentèrent en plus grand nombre sous un autre prétexte, exigeant à grands cris des têtes qui avaient échappé, à la faveur du tumulte, le jour de la catastrophe d'Othman. C'étaient celles d'Omar, le précepteur d'Othman, d'Ahmed le caïmakam, de Nassouh-Pacha et de quelques autres, conseillers, vizirs ou favoris d'Othman. Daoud leur abandonna sans peine ces têtes pour sauver la sienne. Mais la fuite et les montagnes inaccessibles d'Asie sauvèrent ces victimes.

Les pages du sérail, de leur côté, honteux de servir un fantôme de prince et indignés du meurtre d'un sultan de leur âge qui flattait leur orgueil et leur ambition, assassinèrent pendant la nuit leur gouverneur, le chef des eunuques blancs, accusé par eux d'avoir concouru à la déposition et au supplice d'Othman, leur idole. Ils pendirent par les pieds son cadavre sur la place de l'hippodrome.

« Cet eunuque méditait, disaient-ils, de tuer également, à l'instigation de la sultane Validé et de Daoud, son gendre, les jeunes princes encore vivants, frères d'Othman II, neveux de Mustafa. »

Les spahis et les janissaires, ameutés par les pages, s'attroupèrent de nouveau pour sommer Daoud de répondre sur sa tête de la tête de ces enfants réservés peut-être au trône. Le nouveau mufti, nommé Yahya, convainquit la sultane Validé de l'impopularité unanime de Daoud, sur qui retombait justement et perpétuellement le sang de sa victime.

Daoud, attaqué par tous, même par ses complices, et mal soutenu par sa belle-mère, qui voyait chanceler l'empire entre ses mains, céda la dignité suprême à Mére-Housseïn, ancien cuisinier du sérail, devenu, par le jeu de la fortune, général de l'armée de Hongrie et gouverneur de l'Égypte. La fermeté qu'on attendait de lui contre les séditions incessantes échoua devant sa complicité dans la mort d'Othman. Le jour qu'il distribuait la solde aux troupes, un soldat s'élança contre lui le sabre à la main en criant : « Qu'avez-vous fait du sultan Othman ? » C'était le cri du remords des soldats et du peuple éclatant par une seule voix. Ce remords montait jusqu'à la fureur. Le soldat vengeur frappa légèrement et au hasard de son poignard Housseïn et plusieurs des officiers de sa suite avant de tomber lui-même sous les coups des chiaoux et des muezzins.

Ce tumulte ne fit qu'en émouvoir un autre. Le grand vizir, pour échapper à la sédition des troupes, résolut de les éloigner, sous des prétextes de guerre, de la capitale. Il commença par écarter l'aga des janissaires, Dervisch-Pacha, homme turbulent que nous avons vu, le jour de la chute d'Othman, accompagner le char comme écuyer trivial de Mustafa au vieux sérail. Le grand vizir, pour déguiser cet exil, nomma Dervisch gouverneur de Caramanie. Une barque impériale l'avait transporté au port de Moudania, sur la côte asiatique de la Propontide.

Les janissaires, inquiets de la disparition de leur aga, et prétendant qu'on l'avait noyé dans la traversée, se précipitèrent en tumulte, les armes à la main, dans les cours du sérail, imposant par leurs clameurs la déposition et la punition du grand vizir. La sultane Validé, arrachée par ces cris au harem, dicta à son fils épouvanté un katti-chérif suppliant adressé par ce prince aux soldats : « Nommez grand vizir Daoud-Pacha, Gourdji Mohammed-Pacha ou Lefkéli-Mustafa-Pacha, peu m'importe ; celui que vous aurez choisi sera choisi par moi. »

Ce katti-chérif servile augmenta l'embarras et la fureur des troupes. Elles se sentaient incapables d'obéir, mais plus incapables de gouverner. Leurs cris redoublèrent. La sultane Validé, qui avait dicté ce katti-chérif à son fils, tenta ce que sa présence pourrait une seconde fois sur l'esprit des troupes. Elle sortit couverte d'un voile transparent du harem et parut en suppliante devant les soldats. L'aspect inusité d'une femme dont la beauté et les larmes éclataient à demi à travers la mousseline transparente des Indes répandue sur ses traits, le respect pour la mère de leur empereur, le souvenir de l'énergie qu'elle avait déployée pour sauver et couronner son fils privé de raison le jour de la révolution, firent tomber à ses pieds les séditieux. Ils déchirèrent le katti-chérif par lequel le sultan leur résignait le droit de nommer un grand vizir, et lui crièrent qu'ils obéiraient à celui qui serait librement choisi par le padischah.

Mustafa-Lefkéli, frère de la nourrice du sultan, fut nommé par l'influence de sa mère. A peine eut-il gouverné quelques jours qu'une nouvelle émeute s'éleva contre lui, sous prétexte qu'il avait donné les premières dignités de la mosquée à un conducteur d'ânes et à un joueur d'instruments, ses amis. Un troisième grand vizir en trois mois, Gourdji-Mohammed, reçut le sceau.

XXXIV

Le pouvoir, déconsidéré dans sa source, n'étant plus maintenu par le respect, ne pouvait plus l'être que par la terreur. Les puérilités de Mustafa Ier, malgré le mystère dont le sérail essayait de les couvrir, éclataient dans Constantinople. Tantôt Mustafa, échappant à ses surveillants, courait de kiosque en kiosque dans les jardins du palais, invoquant à grands cris Othman pour se décharger sur lui du poids du règne, oubliant, comme l'empereur Claude redemandant sa femme, qu'il avait signé lui-même l'ordre du meurtre de son neveu. Tantôt il voulait entrer à cheval sur une barque; il se figurait traverser ainsi la mer. Quelquefois il se croyait prophète et favorisé de révélations célestes que la complaisance et l'adulation vérifiaient pour lui complaire. Le peuple crédule, disposé à vénérer la faiblesse d'esprit comme un don d'innocence, faveur du ciel, admirait dans ces révélations le doigt de Dieu sur la tête de l'idiot inspiré.

Les cheiks des mosquées se servaient de ce prestige des prétendues inspirations de Mustafa pour édifier les croyants et pour accréditer l'idée de sa sainteté. « Il s'enferme des semaines entières pour pleurer et pour prier dans sa chambre, disaient-ils en chaire; il voit son neveu Othman transfiguré dans le paradis et couronné d'un diadème impérissable. Priez pour votre saint padischah, afin que Dieu console ses peines et bénisse ses larmes. » Le peuple pleurait et priait.

Le grand vizir, pour complaire aux cheiks des mosquées, ayant publié une interdiction sévère de vendre du vin aux troupes dans les tavernes, fut déposé aux cris des soldats. Dervisch-Pacha, déjà nommé et déjà déposé, comme on l'a vu plus haut, fut nommé de nouveau et déposé une seconde fois. Un eunuque, nommé Mohammed, vieilli dans les hautes fonctions du gouvernement, succéda à Dervisch. On espéra bien d'un homme rompu aux affaires, et qui n'avait trempé dans aucune des factions de cour ou de caserne qui déchiraient l'État. Le peuple de Constantinople, lassé des anarchies soldatesques, était favorable à l'eunuque décidé à les réprimer. Il menaça le favori des janissaires, Dervisch-Pacha, de lui faire rendre compte de ses trésors.

Les janissaires, à leur première fermentation contre l'eunuque, furent hués par la multitude : « Vous tremblez pour votre *fauconnier*, disait le peuple aux soldats (c'était le surnom de Dervisch, dresseur de faucons avant sa fortune), et vous avez laissé, comme de lâches muets, étrangler votre padischah Othman, dont vous mangiez le sel et le pain, et qui vous avait été remis comme un dépôt sacré dans votre caserne par nous et par le sultan actuel Mustafa. » Les janissaires, dépopularisés par leur ingratitude et leur sacrilége contre Othman, ne savaient que répondre. Déjà, sous prétexte de venger Othman, des gouverneurs, des généraux et des pachas se déclaraient affranchis de l'obéissance à la Porte, et juraient de faire expier aux janissaires le meurtre du jeune sultan. De ce nombre était Yousouf-Pacha, gouverneur de Tripoli en Syrie, et Abaza-Pacha, gouverneur d'Erzeroum.

Yousouf était un Turcoman parvenu par la ruse, affermi par le crime, à qui la fortune de ses forfaits avait donné l'audace d'en commettre de plus grands. Il avait depuis longtemps chassé les janissaires de sa province, et il avait enrôlé à leur place des bandes de seghbans, milice locale et personnelle, instrument complice et victime tour à tour de ses féroces exécutions. Un tel ennemi, armé d'un grief si réel et si national que le meurtre d'un sultan, était redoutable aux janissaires.

Abaza, qui tirait son nom de sa tribu, les Abazes de la mer Noire, voisins des Circassiens, était un prisonnier devenu esclave du vieux grand vizir Mourad, vainqueur des Persans. Remarqué pour son courage sur la flotte de Khalil le capitan-pacha, Abaza avait monté de grade en grade jusqu'au gouvernement de Mérasch. Ennemi des janissaires, comme Yousouf, il était du nombre des généraux qui avaient levé en Syrie et en Mésopotamie des milices aguerries, et qu'Othman II se proposait d'aller rejoindre pour se délivrer du joug des janissaires, lorsque la découverte de cette pensée lui avait coûté le trône et la vie.

Sa révolte déclarée fit éclater à Constantinople une sédition nouvelle contre l'eunuque Mohammed. Le capitan-pacha Khalil et le grand vizir murmuraient : « Les janissaires sont les instigateurs et les soutiens secrets du rebelle ; Housseïn lui a donné sa fille. » Mais ces murmures, qui n'avaient point d'échos dans le peuple, s'amortirent contre l'impassibilité de Mohammed. La honte et l'exécration de leur crime, réprouvé par tous les bons musulmans, commençaient à peser si fortement sur l'esprit des soldats qu'ils cherchaient à s'en décharger à tout prix. Les spahis le rejetaient sur les janissaires, les janissaires sur Daoud, gendre de la sultane, Daoud sur Mustafa Ier; nul ne voulait porter plus longtemps la responsabilité de ce sang qui criait vengeance dans toutes les âmes.

Il est beau pour la nature humaine de voir une nation, comme un grand coupable, s'agiter d'elle-même sous les remords d'un attentat impuni, et demander pour ainsi dire à la justice divine de lui accorder le pardon ou l'expiation du sang innocent.

XXXV

Les spahis, ne pouvant plus tolérer le blâme et le silence même de leurs officiers qui leur reprochaient leur complicité dans la mort d'Othman II, séparèrent leur cause des janissaires leurs camarades. Ils s'assemblèrent d'eux-mêmes dans la mosquée de l'hippodrome, où le drame de la mort du neveu et du couronnement de l'idiot s'était accompli sous leurs yeux, et firent rédiger par leur secrétaire une supplique au sultan Mustafa 1ᵉʳ ainsi conçue : « Si le padischah a ordonné véritablement le meurtre du sultan Othman, qu'il le dise, et qu'il lave notre honneur des calomnies du peuple. »

Cette supplique, sans réponse pendant quelques jours, encouragea le peuple, les cheiks et les oulémas à demander plus haut, non plus de flétrir, mais de châtier la révolte contre Othman. Les spahis, pour se disculper davantage, invoquèrent eux-mêmes à grands cris la recherche et le jugement des meurtriers du padischah. « Livrez-nous l'assassin, dirent-ils aux oulémas, et nous en ferons justice nous-mêmes. »

Le sultan, sommé par la clameur des spahis de déclarer enfin la vérité, répondit par un katti-chérif laconique qui rejetait la mort de son neveu loin de lui. « Je n'ai jamais dit à personne qu'il fallût tuer le sultan Othman, disait le sultan Mustafa dans ce katti-chérif, Daoud en a menti. Si les meurtriers existent toujours, ils doivent expier leur crime. »

Ce désaveu expressif de Mustafa, en témoignant qu'il s'indignait lui-même du meurtre auquel il devait le trône, ne laissait aux janissaires et aux spahis pour apaiser le peuple que le rôle de vengeurs de leurs propres forfaits. Ils affectèrent plus de zèle et plus de fureur que le peuple lui-même dans la recherche et dans l'extermination des régicides. Ils se répandirent le glaive à la main pendant la nuit dans les rues, poursuivant partout ceux dont le nom était attaché au meurtre d'Othman.

Le chef des djébedjis, un des quatre assassins qui avaient étranglé le jeune prince dans le cachot des Sept-Tours avec Daoud, et qui lui avait coupé l'oreille pour la montrer à la sultane Validé, fut arraché de sa maison, traîné au bord de la même fontaine où l'infortuné Othman avait demandé vainement un peu d'eau à boire en marchant à la mort. On lui trancha la tête sur le bord de la fontaine, comme si son sang répandu devait expier la goutte d'eau si cruellement refusée.

XXXVI

Les rues retentirent pendant deux jours des cris de vengeance contre Daoud-Pacha, le plus coupable, le plus puissant et le plus féroce des auteurs de la révolution. Il était parvenu à s'échapper par la porte de son harem et à se cacher au faubourg d'Aïoub, dans la maison sans apparence d'un spahi reconnaissant de quelques bienfaits. La recherche obstinée des soldats l'y découvrit à la fin du troisième jour, blotti sous la litière du cheval dans l'écurie du cavalier. On lui déchira ses vêtements sur le corps, on le revêtit en dérision d'un haillon couvert de boue, et on le hissa sur un chariot de fumier pour le conduire, à travers les imprécations, au château des Sept-Tours, théâtre de son crime destiné à être celui de sa peine.

Kalender-Oghli, le troisième des assassins d'Othman, devenu le chef de la police de la capitale sous le vizirat de son complice Daoud, fut traîné avec la même ignominie aux Sept-Tours. La fureur feinte des troupes et la colère vraie du peuple parurent un moment satisfaites par ces expiations; elles rejaillissaient plus qu'il ne convenait à la sûreté du trône, non sur l'innocent Mustafa Ier, mais sur la sultane régnante sa mère.

L'aga des janissaires, à l'instigation secrète du harem intéressé à sauver Daoud, assembla ses soldats dans la mosquée, et, feignant d'en appeler à la générosité militaire : « Camarades, leur dit-il, maintenant vous êtes satisfaits, Daoud-Pacha est emprisonné, son sort est dans les mains du padischah, son juge et son maître; promettez de ne plus proférer d'imprécations contre Daoud et de ne plus vous ameuter pour pousser des cris de mort contre personne. »

Les soldats, trompés par ce semblant de magnanimité, le promirent et rentrèrent en silence dans leur caserne.

XXXVII

Pendant cette détente des soldats, la sultane Validé et sa fille la sultane, épouse de Daoud, conspiraient, par tous les artifices de deux femmes puisant à mains pleines dans le trésor, pour sauver l'une son mari, l'autre son gendre. Elles ne se dissimulaient pas que le supplice de leur instrument était l'avant-scène de leur propre supplice. Leurs largesses et leurs promesses réussirent à faire pendant la nuit un parti à Daoud. Le bourreau lui-même, gagné par leur or, promit de faire traîner assez longtemps l'exécution pour donner aux libérateurs de Daoud le temps de se grouper et d'arracher le coupable au supplice.

Le lendemain, en effet, au moment où Daoud, amené des Sept-Tours devant le divan, entendait sa sentence de mort, et où il était conduit, sous ses haillons de la veille, par les bourreaux, devant la fontaine arrosée du sang du chef des djébedjis pour y mourir, l'exécuteur lui laissa plus de temps qu'on n'en accordait aux condamnés pour faire sa prière.

Daoud, à genoux, sans turban, le sabre nu du bourreau déjà brandi sur sa tête, tira tout à coup de son sein et lut à haute voix le katti-chérif de Mustafa qui lui ordonnait le meurtre d'Othman. Ce katti-chérif après coup avait été sans doute surpris au sultan et glissé par des mains affidées dans celles de Daoud pour lui servir de justification à la dernière heure. Les janissaires affidés de ces deux femmes feignirent de s'en déclarer satisfaits, couvrirent cette lecture d'acclamations, écartèrent les bourreaux, arrachèrent Daoud à la fontaine, lui amenèrent un cheval richement équipé et le conduisirent en triomphe vers la mosquée, forum de tant de tragiques revirements de fortune. Le peuple, aussi mobile dans la Constantinople des Ottomans que dans la Byzance des Grecs, salua de ses cris cette péripétie du sort de Daoud et suivit le courant tumultueux créé par les soldats.

Tous se pressaient autour du cheval de l'ancien vizir, s'honorant d'avoir contribué à son salut et lui demandant de leur jeter un morceau des haillons dont il était revêtu, afin de pouvoir les lui représenter au jour de sa puissance et réclamer le prix de la vie qu'ils lui rendaient par leur sédition. En passant devant la boulangerie des spahis, un de ces soldats lui donna son turban, un autre son cafetan, un troisième son cheval et ses armes. En entrant dans le péristyle de la mosquée, les janissaires, plus intéressés encore que les spahis dans l'impunité de leur complice, le dépouillèrent de ses vêtements de hasard, lui en apportèrent de plus somptueux et placèrent sur sa tête le turban à franges d'or des vizirs. Daoud, investi tumultueusement de la dignité supérieure par les vociférations d'une poignée de séditieux, reconnut ces exigences de la soldatesque, en distribuant d'avance aux plus obséquieux les places de kiaya, de chef des chiaoux, de vizirs, les timars et les gratifications.

Mais l'heure qu'il employait ainsi à confirmer sa puissance au lieu de l'employer à assurer son salut par la fuite se retournait déjà contre lui. Les spahis s'indignaient contre les janissaires; le peuple, éloigné de la scène, contre les deux milices. La popularité vénale, conquise un moment, à prix d'or, par les deux sultanes à leur favori, s'écroulait devant l'immense impopularité de l'assassin impuni et maintenant triomphant d'Othman II. On s'attroupait autour du sérail pour demander au grand vizir vengeance contre cette dérision des lois. Le grand chambellan du sérail, Damadi-Ahmed, s'offrit à l'eunuque pour aller avec les bostandjis précipiter Daoud de son insolent triomphe. Suivi de quelques milliers de bostandjis et de capidjis, il marcha sans hésitation à la mosquée au milieu des encouragements de la multitude. Il dispersa, par son seul aspect, les janissaires, les spahis et la populace, escorte de Daoud; il leur arracha sans résistance leur idole, et plaçant Daoud sur le même char dans lequel Daoud avait conduit sa victime Othman aux Sept-Tours, il le ramena dans sa prison et lui fit trancher la tête, ainsi qu'à Khalender-Oghli, son complice, dans la même chambre et à la même place où ces deux scélérats avaient terrassé, étranglé et mutilé leur padischah.

Ainsi la représaille du même lieu, comme la représaille du même supplice, servit à attester une fois de plus le mystère de cette vengeance intelligente et inévitable qui punit le meurtre de la victime par le meurtre du meurtrier.

Leurs cadavres furent traînés par les pieds à la mer.

XXXVIII

Le vieil eunuque Mohammed, qui regardait avec une impassibilité forcée ces vengeances de l'opinion publique, les acceptait faute de pouvoir les détourner. Il fut même contraint d'employer l'autorité de Mustafa Ier à déposer, à exiler et à supplicier les principaux fauteurs de la révolution qui avait porté Mustafa au trône. Son rival, Mére-Housseïn, poussait sourdement l'opinion du peuple et des troupes à exiger des réparations plus sanglantes de la mort d'Othman; c'était pour lui le moyen de se populariser dans l'empire, d'avilir l'eunuque et la sultane Validé, et de remonter sur leur ruine au pouvoir dont il n'avait goûté que si peu de jours.

« L'empire, disait-il tout haut à ses partisans, faisant allusion à l'âge de l'eunuque, qui avait quatre-vingt-dix ans, et à l'ascendant de la sultane Validé sur ce vieillard, est gouverné par deux vieilles femmes et par un idiot. Faut-il s'étonner que tout s'écroule? »

Un aga albanais, nommé Suleïman, instrument de Mére-Housseïn, se chargea d'activer cette fermentation du mécontentement public dans la troupe, et de pousser le murmure jusqu'à la sédition. Les officiers des janissaires et des spahis se concertèrent pour arracher de force le gouvernement à ces mains débiles. Leurs soldats, secrètement encouragés par eux, assaillirent, le 5 février 1623, au lever du jour, le divan et interpellèrent le vieil eunuque : « C'est toi, lui dirent-ils, qui livres nos frères et nos chefs au bourreau ; nous ne voulons plus de toi ; nous voulons, pour gouverner des hommes, des ministres virils. Retire-toi à l'instant, dépose volontairement un pouvoir dont ton âge et ta mutilation te rendent indigne, sans quoi nos sabres te déposeront sur les marches du divan, et nos mains jetteront tes membres dépecés dans les flots où tu as laissé jeter Daoud. »

XXXIX

Le vieillard, abandonné de tous et même de la sultane, déposa les sceaux dans la main des rebelles, qui les remirent à Mére-Housseïn, leur instigateur. Cinq cents pains de sucre aux soldats, des cafetans d'honneur aux chefs de l'émeute et deux cent mille ducats aux janissaires récompensèrent, dans le sérail même, l'insurrection qui venait de le déshonorer. Mére-Housseïn laissa l'eunuque se retirer en paix dans le harem, mais il exila tous les hommes qui pouvaient lui porter ombrage par leurs talents et aspirer au rang de grand vizir.

XL

Mére-Housseïn n'hésita pas à s'attacher la faveur de ces milices par les mêmes corruptions et par les mêmes licences qui la lui avaient achetée. Il fit couvrir de riches tapis de soie neufs le parvis de leur mosquée; il réunit sur la place du marché aux viandes les cuisiniers en chef des chambrées, qui formaient sous ce nom l'état-major de chaque régiment : « Camarades, leur dit-il, priez pour la durée du règne de notre heureux padischah, et tenez-vous en paix; prenez partout où vous voudrez vos viandes, votre cire, votre bois et tout ce qui vous est nécessaire : Dieu merci, le padischah est assez riche pour traiter libéralement ses esclaves. »

Les janissaires acclamèrent le vizir et poussèrent leurs insatiables exigences aussi loin que le besoin de popularité de leur complice poussait la complaisance envers eux. Tout fut indiscipline, arbitraire et pillage des magasins et du trésor dans la capitale. L'opinion publique, asservie mais indignée, se révéla par des incendies multipliés dans Constantinople, avertissements anonymes qui prennent le feu pour voix, et soulèvent le peuple par la terreur et le désespoir.

XLI

Abaza, pacha révolté de Tripoli, profitait de ces agitations de la capitale pour s'avancer impunément, avec son armée de vengeurs d'Othman II, dans la Caramanie (1623). Maître de Siwas et d'Angora, il venait de faire assassiner Yousouf-Pacha, révolté pour la même cause à Mérasch, sous prétexte que ce collègue méditait de se réconcilier avec les assassins d'Othman. A Césarée, où il était entré en vainqueur, les cheiks l'avaient accueilli en libérateur : « Ne crains rien, lui avaient-ils dit devant le peuple, la fortune est pour toi! tu es l'envoyé de Dieu, il te donne la puissance pour délivrer les musulmans de l'oppression des tyrans les janissaires. »

Abaza, à la tête de soixante mille hommes, confisquait partout les propriétés des janissaires pour solder ses troupes. Ennemi et bourreau déclaré de cette milice, partout où il découvrait un janissaire, il lui faisait trancher la tête après lui avoir fait clouer des fers de cheval aux talons, en signe d'assimilation aux brutes. Maître de l'Anatolie tout entière, il bloquait depuis trois mois la ville capitale de Brousse.

Ce démembrement impuni de l'empire par un rebelle étranger de race, réputé barbare, le feu qui dévorait chaque nuit des quartiers de Constantinople, l'insolence des soldats, l'émulation de licence entre les spahis et les janissaires, l'imbécillité du sultan, l'incapacité de sa mère, femme qui n'avait que l'énergie et la mobilité de ses passions, mais aucune solidité de jugement, des intrigues sourdes de la sultane Kœsem dans le vieux sérail, qui tramait de substituer son fils Mourad au fils de la Validé sur le trône, tenaient les esprits dans une perpétuelle angoisse. Les oulémas, indignés des excès de la domination militaire, sommèrent le mufti de présider leur réunion dans la mosquée de Sainte-Sophie pour délibérer sur le péril public. Le mufti, pour augmenter l'excitation populaire, leur répondit que « tant que Mére-Housseïn serait grand vizir, aucun remède n'était applicable aux plaies de la nation ; qu'il allait se rendre auprès du sultan pour solliciter la déposition de ce ministre impie et corrupteur des troupes, et qu'il ne paraîtrait plus devant eux avant de l'avoir obtenue. »

Les spahis, avertis de la courageuse démarche du mufti, se rassemblèrent aux portes pour l'empêcher par leurs menaces de mort de se rendre au sérail. L'un d'eux, fils d'un coutelier, cria à ses camarades : « Ne le laissez pas sortir, autrement vous serez tous égorgés. » Le mufti brava ces cris et ces armes ; il monta, sous l'escorte des bons musulmans, vers le sérail. Mére-Housseïn, redoutant ce rassemblement, s'entoura de troupes vendues à sa cause dans le palais de l'aga des janissaires. De là il ordonna aux oulémas de Sainte-Sophie de se dissoudre. Les oulémas, forts de leur nombre, de leur droit, de l'appui moral des bons musulmans, reçurent ses envoyés avec des imprécations et les chassèrent par les épaules de la mosquée. Quelques-uns osèrent se rendre en députation à la caserne des janissaires pour tenter les derniers efforts du patriotisme sur le cœur des soldats : « Le sultan Mustafa, dirent-ils les larmes aux yeux aux soldats, est privé de sa raison ; on gouverne ou plutôt on déchire en son nom le gouvernement au gré du harem ou des ambitieux qui le dominent; la ruine est sur nous; laissez-nous appeler légalement un autre prince au trône; qu'en dites-vous? » Les soldats, séparés en ce moment de leurs chefs, s'interrogent du regard et confessent les calamités de la patrie. « De quelque côté, répondirent-ils enfin, que nos maîtres les oulémas se rangent, nous les suivrons. »

XLII

Les oulémas, satisfaits de cette déférence des soldats, retournent à Sainte-Sophie rassurer leurs collègues sur la disposition des troupes, et poursuivent leur délibération sur les maux de l'empire. Mére-Housseïn leur envoie en vain d'autres négociateurs pour les engager à la retraite. Ils sortent en masse autour de Sainte-Sophie avec le turban d'Akhschemseddin, un des martyrs de l'islam ensevelis sous la mosquée d'Aïoub. Ils déroulent ce turban sacré pour s'en faire un drapeau. Tous les cheiks des autres mosquées de Constantinople viennent apporter leurs drapeaux à Sainte-Sophie pour les joindre à celui d'Akhschemseddin. Le peuple salue de ses acclamations la mosquée de Sainte-Sophie pavoisée de ces mille étendards; mais les armes manquent et la nuit tombe sans que les troupes reconquises par les libéralités du grand vizir et de la Validé se déclarent.

Mére-Housseïn lance sur Sainte-Sophie un ramas de janissaires et d'Albanais sous les ordres d'un tschaousch de Caramanie. Ils enfoncent les portes, égorgent quelques oulémas et jettent leurs cadavres dans un égout pour faire disparaître les témoignages de leur crime. Un derviche qui avait harangué le peuple en faveur des oulémas fut pendu le lendemain. La consternation civique se cacha devant la tyrannie des soldats; mais les oulémas firent des vœux secrets pour Abaza et l'appelèrent, par leurs émissaires, à la délivrance de Constantinople (1623).

XLIII

Cependant le grand vizir, inquiet de la mobilité des spahis, qui séparaient leur cause de celle des janissaires, et qui avaient paru tremper dans l'insurrection civique des oulémas, avait résolu d'exterminer les spahis. Son plan, connu seulement de quelques-uns de ses familiers, consistait à les rassembler, après les fêtes du Beïram, dans une cour du sérail, sous prétexte de recevoir la solde, et de les faire foudroyer des fenêtres et des créneaux par ses Albanais.

Un hasard fit transpirer le complot. Pendant les fêtes du Beïram, le defterdar du grand vizir vint s'asseoir sur le banc d'une des boutiques du bazar couvert, pour voir défiler les processions. Quelques soldats du corps des spahis osèrent lui disputer la place. « Ne sommes-nous pas, lui dirent-ils insolemment, les favoris du padischah, et n'avons-nous pas le droit de nous asseoir aux places privilégiées partout où cela nous convient? — Asseyez-vous donc, leur répondit amèrement l'imprudent defterdar; mais après les fêtes on vous fera justice. »

Cette indiscrétion, colportée de caserne en caserne,

souleva d'angoisse et de colère les spahis. Ils coururent en armes au divan du grand vizir. « Tu médites notre perte, lui crièrent-ils, mais nous, nous voulons ta tête. » Le sérail, inondé de leurs cohortes, retentissait de leurs imprécations. La sultane Validé conjurait Mére-Housseïn de céder à la nécessité et d'apaiser le tumulte en se retirant. « Non, non, dit-il, j'ai reçu le pouvoir de la main des janissaires, et je ne le remettrai entre leurs mains que quand les janissaires me le redemanderont. » Il s'évada du sérail et alla se mettre, comme Hassan *le Fruitier*, sous la protection des janissaires dans leur caserne. Les soldats, flattés de sa confiance en eux, et qui régnaient par lui, l'accueillirent avec des cris de fidélité. Mére-Housseïn se retira dans la mosquée.

Cependant, en l'absence de l'aga des janissaires, leur kiaya ou général en second représenta aux soldats le danger de soutenir par les armes, contre les spahis armés, un vizir répudié par la majorité du peuple et des troupes, et de compromettre la domination de l'armée sur le sérail en faisant combattre la moitié des troupes contre l'autre moitié, dans le seul intérêt d'un vizir odieux à la nation. « Ne vaut-il pas mieux, leur dit le kiaya Béiram, vous entendre amicalement avec vos frères les spahis pour choisir ensemble un vizir impartial entre les deux corps? »

Cet avis prévalut. Les janissaires et les spahis, admis à nombre égal dans une délibération de caserne, déposèrent de concert Mére-Housseïn. Les sceaux, remis par ce ministre entre les mains du mufti, furent portés dans un mouchoir de soie au sultan. Les troupes désignèrent comme vizir impartial un officier nommé Ali *l'Arbalétrier*, du nom de sa première profession.

Ali *l'Arbalétrier*, inspiré par le mufti et les oulémas, populaire dans le peuple, tout-puissant par l'élection combinée des janissaires et des spahis, convoqua le soir même les juges d'armée, le mufti, les vizirs, les généraux, les imans, les cheiks des mosquées, organes religieux, légaux ou militaires des Osmanlis, et les fit délibérer sur le péril public.

La déposition du sultan Mustafa Ier et la proclamation du prince Mourad ou Amurat IV, enfant de onze ans, l'aîné des fils survivants d'Achmet Ier, furent votées d'une seule voix dans l'enceinte même du sérail du sultan et presque en sa présence. On n'attendit pas le jour pour enlever le nouveau sultan du harem de sa mère, la sultane Kœsem, et pour le saluer sur le trône padischah des Ottomans (1623).

Ce fut une de ces révolutions pacifiques où la nécessité évidente justifie la résolution unanime, et où le patriotisme de tous éclate sans opposition et sans crime au-dessus des ambitions et des intrigues du petit nombre. La nature avait déposé Mustafa en le créant : les soldats eux-mêmes, pour la première fois, reconnurent, avec un reste de pudeur, que les calamités de la patrie ne devaient pas être pour eux une occasion de richesse, et renoncèrent à la gratification habituelle pour le changement de souverain.

Mustafa Ier, sa mère, ses femmes et ses esclaves rentrèrent dans le vieux sérail.

Jamais prince enfant ne reçut l'empire dans une plus complète dégradation de gloire, d'ordre et de force. Les Persans avaient conquis sept provinces et une capitale, Bagdad, sur les Turcs; Abaza possédait l'Asie entière;

l'anarchie de la soldatesque possédait le reste. Le principe de l'hérédité monarchique avait, en trois règnes, miné jusqu'aux fondements la monarchie; ce principe lui avait donné en trente ans deux enfants et un imbécile, il allait lui donner un tyran.

LIVRE VINGT-CINQUIÈME

I

Le règne d'un enfant ne devait être pendant longtemps encore que celui de sa mère. La sultane Kœsem, mère d'Amurat IV, femme accoutumée à gouverner sous Ahmed Ier, jeune et belle encore, liée de cœur ou d'intérêt avec les hommes éminents de l'empire, pénétrante d'intelligence, prudente d'esprit, ambitieuse sinon par nature, au moins par situation, avait su, du fond du vieux sérail, sauver les jours de son fils et préparer son avénement. La sultane Validé, mère de Mustafa Ier, intimidée par l'ascendant de la sultane Kœsem sur le divan et sur le peuple, avait reculé devant le meurtre souvent proposé de sa rivale et d'Amurat. Le meurtre d'Othman II avait soulevé trop d'impopularité et trop d'horreur contre elle pour y ajouter le meurtre des autres fils d'Ahmed. Les Ottomans ne lui auraient pas pardonné de trancher en faveur d'un prince précaire et imbécile les racines vivantes de la dynastie impériale ; c'est à ces scrupules qu'Amurat avait dû la vie, et qu'il devait maintenant le trône. La main de sa mère qui l'y avait porté était seule capable de l'y soutenir.

Amurat IV n'était qu'un enfant (1623); mais c'était de plus un enfant maladif. Son intelligence précoce, mûrie dans le recueillement du vieux sérail par une mère attentive, était non obscurcie, mais éclipsée par une infirmité natale, triste héritage de son père. Quelques accès d'épilepsie lui présageaient une vie courte et un règne convulsif comme les spasmes de son âme. Son visage ovale, pâle, mélancolique, mais d'une expression pensive et pénétrante, rappelait les traits de la sultane Kœsem, surnommée Mahpetker, ou *Splendeur de lune;* ses cheveux et ses sourcils étaient noirs comme ceux de cette esclave persane; ses yeux, grands, bien fendus et d'un bleu sombre, étaient doux à regarder dans le repos; mais la moindre émotion des passions remuées au fond de son âme imprimait à ses regards, dit la relation vénitienne, un caractère d'égarement et de menace qui devançait l'âge de la tyrannie. Sa mère, que tous les annalistes du temps représentent comme une grande âme et un grand caractère, l'avait habitué dès le berceau à dominer et à vouloir avec le caprice absolu et prompt d'une femme. Élevé pendant douze ans entre le trône et le cordon, sous la terreur du sort perpétuellement indécis sur sa tête, incertain s'il allait être victime ou bourreau, il était devenu ombrageux comme l'une, féroce comme l'autre. Cette éducation sous le couteau semblait admirablement combinée pour former un prince sanguinaire. Elle avait produit son fruit; cette Agrippine avait son Néron.

II

La cérémonie de sa circoncision suivit immédiatement celle de son investiture religieuse du sabre d'Othman dans la mosquée d'Aïoub. Sa mère lui dicta les noms des vizirs auxquels il devait remettre son autorité jusqu'à ce qu'il pût l'exercer convenablement lui-même. Keman-Kesch Ali-Pacha, l'auteur de la révolution qui venait de la porter du fond du vieux sérail à côté du trône de son fils, fut maintenu par elle dans les fonctions de grand vizir; aucun homme n'était plus intéressé qu'Ali-Pacha à soutenir ce qu'il avait créé.

Ali, qui avait été si courageusement secondé dans ce mouvement populaire par le mufti Yahya, se hâta d'être ingrat, de peur d'être asservi à l'autorité morale de son complice; il déposa le mufti et l'éloigna de la capitale. Il nomma à sa place l'ancien mufti Ezaad, petit-fils de Séad-eddin, homme estimé pour ses vertus, mais dont l'élévation ne devait servir qu'à colorer l'injustice commise envers Yahya, et à préparer cette dignité à Bostanzadé, beau-père d'Ali. Il fit arrêter et conduire aux Sept-Tours l'ancien grand vizir Gourdji-Mohammed et le capitan-pacha

Khalil, sous l'accusation imaginaire d'un complot d'État contre le jeune sultan. Leur seul crime était d'offusquer son ambition dans le divan. Le kiaya des janissaires Béiram, qui avait harangué les soldats dans la caserne contre Mére-Housseïn, et préparé ainsi la coalition des janissaires et des spahis en faveur du détrônement de Mustafa Iᵉʳ, fut nommé aga de cette milice, et reçut pour épouse une sœur du sultan. Le capitan-pacha Redjeb en épousa une autre. Hafiz-Pacha, gouverneur de Diarbékir et homme de grande espérance, avait déjà épousé l'aînée de ces trois sœurs.

III

L'avénement d'Amurat IV coïncidait tristement non-seulement avec la révolte d'Abaza en Anatolie, mais avec la chute de Bagdad entre les mains des Persans (1623).

Schah-Abbas, aussi digne du nom de Grand chez les Persans que Soliman II chez les Turcs, avait continué à négocier, à régner et à combattre depuis son enfance, jusqu'à ce que toutes les provinces de la Perse antique, démembrées sous ses prédécesseurs, fussent rentrées soumises, reconquises et pacifiées dans le vaste cadre de son empire. Plus sage que Gengis et que Timour, au lieu de consumer les forces de son peuple en invasions précaires et aventureuses dans les Indes ou dans la Turquie, Schah-Abbas s'était borné à consolider le noyau primitif de la Perse, jugeant, avec la sagacité d'un homme d'État, que la postérité ne décerne pas la gloire durable aux aventuriers, mais aux fondateurs, et qu'elle ne mesure pas la renommée d'un grand homme à l'espace qu'il a parcouru, mais à l'empire qu'il a laissé après lui.

Ses dernières guerres contre les Turcs, contre les Ouzbeks n'avaient été que des guerres défensives pour ressaisir Tauris et Bagdad conquis par les Ottomans sur ses territoires. Après chaque campagne et chaque victoire, il avait écouté ou adressé lui-même des propositions de trêve ou de paix. Ses ambassadeurs venaient tout récemment encore d'apporter à Mustafa 1er des présents dignes de la somptuosité de l'Orient. Mais ces ambassadeurs eux-mêmes avaient pu mesurer à l'imbécillité du sultan, à l'anarchie du sérail, à la révolte impunie d'Abaza, la décadence de l'empire et la facilité d'en détacher un débris de plus. Toutefois Schah-Abbas était patient comme les hommes qui sentent le courant des choses humaines rouler dans le sens de leur fortune. Il ne déclarait pas les hostilités à un peuple dont les calamités combattaient pour lui-même mieux que lui. Il savait attendre, ce secret divinatoire des esprits qui laissent mûrir les événements.

Sa dernière victoire contre les Turcs pour récupérer Tauris avait failli lui coûter la vie. A la chute du jour, pendant que ses soldats vainqueurs ramenaient des masses de prisonniers turcs et kurdes dans son camp, il s'était assis pour boire le sorbet sur un tertre du champ de bataille auprès duquel passaient les captifs. Il aperçut dans le nombre un guerrier d'une stature colossale conduit par un jeune soldat persan à peine sorti de l'enfance. Il fit approcher le prisonnier, et l'interrogea sur sa nation et sa famille. « Je suis, répondit le géant enchaîné, de la race des Kurdes et de la tribu des Moukris. »

A cette réponse, Schah-Abbas se rappelant qu'il avait parmi ses propres généraux un Kurde, transfuge de sa nation et ennemi implacable de cette tribu, ordonna de remettre le prisonnier de guerre entre les mains de son compatriote, nommé Roustem-Beg, pour qu'il en fît son esclave ou son hôte, selon sa volonté. Mais Roustem-Beg, qui se trouvait en ce moment assis parmi les convives du roi, refusa avec noblesse le présent qu'on voulait lui faire : « Mon honneur, il est vrai, dit-il à Schah-Abbas, demanderait que je tirasse vengeance de cet ennemi de ma maison, mais j'ai juré de ne jamais abuser de la faiblesse d'un ennemi désarmé, captif et malheureux, pour satisfaire ma vengeance de famille. »

Schah-Abbas, ivre en ce moment du vin qu'il venait de boire et du reste de colère qui l'animait contre les Kurdes, oublia sa magnanimité ordinaire, et fit signe de trancher la tête au prisonnier. Au geste, le Kurde aux muscles de fer brise d'un effort les cordes qui le garrottaient, saisit un poignard à la ceinture d'un des chefs persans, et se précipite sur le roi, pour mourir du moins en immolant l'ennemi de sa race. Dans la confusion de cette lutte, les flambeaux qui éclairaient la table tombent et s'éteignent; les guerriers d'Abbas se lèvent pour le secourir; mais les mains cherchent au hasard les mains dans les ténèbres; le fer croise le fer; tous les poignards sont levés, et nul n'ose frapper de peur d'atteindre le cœur d'un ami en voulant immoler un ennemi; à la fin on entendit Abbas s'écrier en se débattant dans la poussière : « Je tiens sa main, je lui ai arraché le poignard; frappez sans crainte de m'atteindre. »

A ces mots, les serviteurs et les convives avaient percé de cent coups de poignard le colosse kurde, enlacé à terre au corps du roi. Les torches rallumées éclairent le vin et le sang confondus sur le tapis de la tente. Abbas, qui avait retrouvé son sang-froid dans le péril, s'était assis de nouveau devant sa tente, et avait continué toute la nuit à boire et à compter les têtes que ses soldats jetaient à ses pieds.

Peu de temps après, il avait repris l'île et le port opulent d'Ormus sur les Portugais. Un ambassadeur anglais, Dodmore-Cotton, au nom de la compagnie des Indes, était venu avec une suite de gentilshommes de sa nation le féliciter de cette conquête, et conclure avec la Perse un traité de commerce. Ces envoyés racontent, dans leur rapport à la compagnie des Indes, leur réception somptueuse à l'audience d'Abbas le Grand (1623).

« Sir Dodmore-Cotton et les gentilshommes qui l'accompagnaient restèrent quelques moments avant d'être présentés dans une antichambre; et au lieu de café, que l'on présente ordinairement dans de semblables occasions, ils trouvèrent là un repas somptueux, servi en plats d'or, avec grande abondance de vins qui coulaient de flacons d'or massif dans des gobelets de même métal. De cette pièce ils furent conduits au travers de deux autres appartements qu'on nous peint comme splendidement décorés, remplis de vases d'or et enrichis de pierreries qui contenaient de l'eau de rose, des fleurs et du vin; après avoir traversé ces deux appartements, ils arrivèrent dans la grande salle de parade; les grands officiers de la couronne étaient rangés tout autour, le long de la muraille, comme autant de statues; aucun d'eux ne faisait le moindre mouvement, tout était dans un profond silence. De beaux enfants, avec des turbans brillants et des habits brodés, portaient des coupes pleines de vin et les présentaient à ceux qui en voulaient. Abbas était vêtu très-simplement en drap rouge : il n'avait sur lui aucun ornement; la poignée de son sabre seulement était dorée. Les principaux seigneurs, qui étaient assis à côté de lui, étaient mis avec aussi peu de recherche, et l'on voyait que le roi, au milieu de cet appareil de richesse et de grandeur, affectait la simplicité. Peut-être ses prétentions au caractère religieux exigeaient-elles qu'en public il montrât son mépris personnel pour les richesses et les vanités du monde.

» L'ambassadeur expliqua par son interprète l'objet de sa mission : il s'agissait de former une ligue avec la Perse contre les Turcs; d'obtenir satisfaction pour sir Robert Sherley, gentilhomme anglais au service de Schah-Abbas, qui avait été injurié et pillé par un seigneur persan.

» La réponse du roi, dit le récit, fut tout à fait gracieuse. Il exprima son mépris pour les Turcs, promit de forcer les fils du seigneur mort de rendre satisfaction à sir Robert Sherley, et offrit enfin de recevoir, tous les ans, du drap anglais en échange de mille balles de soie qu'il ferait remettre par ses officiers aux agents anglais à Gombron. Abbas, dit-on, s'amusa beaucoup de l'embarras où se trouvait sir Dodmore-Cotton pour s'asseoir les jambes croisées, suivant l'usage du pays; mais voulant plaire à son hôte, il demanda un verre et but à la santé du roi d'Angleterre. Au nom de son souverain, l'ambassadeur se leva et ôta son chapeau : Abbas sourit en ôtant aussi son turban, pour montrer qu'il prenait part à ce respect pour le roi d'Angleterre.

» La seule pensée de ce prince, au comble de la gloire où il était monté, était, poursuivent ces ambassadeurs européens, de pacifier ses États. Sa sévérité n'était pas son caractère, c'était sa politique. Il savait qu'un gouvernement despotique ne pouvait être fondé que sur une soumission craintive et complète à l'autorité du monarque. Il réussit parfaitement à atteindre ce but ; et la longue paix dont il fit jouir la Perse doit être attribuée surtout à la sagesse de ses mesures. Il travailla plus que n'avait fait aucun autre souverain à l'amélioration et au bien-être de son royaume. Il prit la ville d'Ispahan pour capitale de ses États ; et la population de cette cité fut presque doublée pendant son règne. La grande mosquée, le magnifique palais de Chehel-Sétoon, les belles avenues et les palais appelés Char-Bagh ou les *quatre Jardins*, le principal pont sur la rivière Zainderood, et plusieurs des plus beaux palais de la ville et des faubourgs, furent bâtis par ce prince. Mushed lui dut aussi beaucoup d'importants ouvrages. Il fit faire, avec des frais immenses, une chaussée qui traverse tout le Mazenderan, et rendit ainsi ce difficile pays praticable pour les armées et les voyageurs dans toutes les saisons de l'année. Il construisit des ponts sur toutes les rivières de la Perse ; et c'est à la munificence de ce prince que le voyageur doit de trouver dans ce pays, sur tous les points, les caravansérais les plus spacieux et les plus solides.

» Il avait quatre fils, ajoute ce récit, qu'il avait regardés avec délices tant qu'ils n'avaient pas atteint l'âge d'homme et n'avaient pas montré encore ces grandes et nobles qualités qu'il devait leur souhaiter comme père ; mais quand tous les vœux de son cœur semblèrent satisfaits, il ne put souffrir que les yeux de ses sujets se tournassent vers un autre que lui. Il eut des soupçons sur l'ambition prématurée de l'aîné de ses fils, nommé Sophi-Mirza. »

Ce jeune prince, doué de l'héroïsme et de la magnanimité de son père, avait, croyait-on, conspiré contre la vie d'Abbas, par ressentiment du supplice que le roi avait fait infliger à un favori corrupteur de son fils. Abbas, comme Constantin et Soliman, oublia qu'il était père pour se souvenir qu'il était juge et roi. Il confia sa douleur et sa résolution de punir son fils à un de ses généraux nommé Karatchy-Khan, vainqueur des Turcs et le plus dévoué des soutiens de son trône; il le pria de se charger lui-même de frapper son fils, comme il avait frappé ses ennemis, puisque ce fils dénaturé méditait le parricide. Le vieux khan se jeta aux pieds de son maître, et le supplia de lui ôter la vie plutôt que de la lui rendre odieuse en le forçant de devenir l'assassin d'un prince si généreux.

Abbas ne le pressa pas davantage; mais il trouva bientôt dans Beh-Bood-Khan un instrument plus disposé à le servir. Ce seigneur, comme pour venger une injure particulière, frappa le prince au moment où il montait à cheval dans la cour même du palais, et se sauva dans l'écurie du roi. Le monarque, sous prétexte du respect qu'il devait à un ancien usage qui rend cet asile sacré, empêcha l'exécution du coupable. S'il l'avait permis, disait-il, c'eût été préjuger sa cause et jeter quelques soupçons dans une affaire qui avait besoin d'être éclaircie : il fallait arrêter toute poursuite jusqu'à ce que le fils de Sophi-Mirza, qui était encore enfant, fût en âge de demander vengeance du sang de son père. Mais ce voile même fut bientôt écarté : Beh-Bood-Khan quitta son asile, et fut élevé à des emplois distingués. Cependant on apprend avec quelque satisfaction que ce misérable trouva à la fin une digne récompense de son infamie.

Abbas, aussitôt que le crime eut été commis, fut en proie à des remords déchirants; il chercha des occasions de faire périr tous ceux de ses courtisans qui avaient envenimé son âme contre un fils qu'il pleura, dit-on, sincèrement. Mais il réserva pour Beh-Bood un supplice plus cruel : il ordonna à cet homme si obéissant de lui apporter la tête de son propre fils. Le vil esclave obéit. Au moment où il présenta à Abbas la tête du jeune homme, ce prince, avec le sourire amer du mépris, lui demanda ce qu'il éprouvait : « Je suis bien malheureux, lui répondit Beh-Bood. — Tu seras heureux, Beh-Bood, dit Abbas, car tu es ambitieux et ton cœur est maintenant semblable à celui de ton maître. »

Bientôt après la mort de Sophi-Mirza, son cruel père, toujours soupçonneux, fit arracher les yeux à ses deux autres fils. S'il faut en croire un écrivain contemporain et de notre propre nation, le sort de l'un de ces princes fut accompagné des circonstances les plus tragiques. Ce jeune homme, dont le nom était Khoda-Bendeh, était aussi distingué par son courage et ses talents que son frère aîné; mais il savait éviter avec plus de prudence tout ce qui pouvait éveiller les soupçons et la jalousie de son père. Il éloignait de lui les flatteurs, et repoussait jusqu'aux louanges justement dues à ses nobles actions. Cette conduite ne faisait qu'ajouter à cette gloire qui causait son danger.

La première preuve qu'Abbas donna de ses soupçons fut de faire mettre à mort un homme qui était le tuteur et l'ami intime de son fils. Sachant que le seul crime de cet officier était le respect trop grand qu'il portait à son maître, le jeune prince se présenta à la cour; là, donnant un libre essor à sa juste indignation contre ce qu'avait fait Abbas, il oublia toute prudence et ne songea plus à sa propre sûreté. On dit qu'il était irrité jusqu'à la déraison, et qu'il osa, en présence même de son père et de son roi, tirer son épée. L'ordre fatal de sa mort fut donné sur-le-champ ; mais Abbas consentit à ne lui ôter que la vue.

Privé de la lumière du jour, le prince tomba dans un sombre désespoir : rien ne pouvait plus lui plaire, et toute sa vie se passait à faire de vains projets et d'inutiles plans de vengeance contre l'auteur de sa vie et de ses malheurs. Il avait deux enfants ; le plus âgé était une aimable jeune fille nommée Fatime, qui était l'idole de son grand-père, et qui avait pris sur lui une influence extraordinaire. Abbas paraissait malheureux quand la petite Fatime n'était pas auprès de lui ; sa voix pouvait seule adoucir ces accès violents où le jetaient des passions terribles et auxquels il devenait chaque jour plus sujet. Le prince écoutait avec une joie féroce ce qu'on lui disait de la faveur de sa fille et du besoin que le roi avait d'elle pour être heureux.

Un jour qu'elle venait jouer dans ses bras, il la saisit avec la furie d'un insensé et au moment même l'égorgea. La mère, stupéfaite, poussait des cris et lui disait que c'était sa fille chérie qu'il venait de tuer : au lieu de l'écouter, il s'avance pour saisir son fils encore enfant, et assouvir également sur lui sa fureur. La princesse éplorée parvient à lui arracher l'enfant et envoie prévenir Abbas. La rage et le désespoir du monarque en voyant cette horreur donnèrent à son fils un moment de joie ; le misérable se rassasia avec avidité de cette épouvantable vengeance, et finit cette scène terrible en avalant une dose de poison qui termina dans un instant sa malheureuse vie.

Schah-Abbas expiait, comme tous les despotes de l'Orient,

la grandeur de sa puissance extérieure par les angoisses de sa vie domestique. Le système dynastique de l'Orient faisait, des fils et des frères, des ennemis présumés de leur propre sang. Ce système forçait les rois ou les sultans à outrager la nature, et la nature se vengeait en torturant le cœur des sultans et des rois.

IV

Tel était l'état de la Perse, et tel était l'apogée de grandeur et de misère de Schah-Abbas au moment où un enfant épileptique montait à Constantinople sur le trône d'un oncle idiot. De toutes les revendications que la Perse avait à désirer sur les Turcs, Bagdad était la seule qui n'eût pas encore comblé la gloire et l'ambition d'Abbas.

Mais Bagdad, quoique nominalement soumise aux Turcs, s'agitait dans une indépendance à laquelle il ne manquait en réalité que le nom de révolte. Cette ancienne et splendide capitale de l'Arabie et des califes se déchirait entre les pachas rebelles du sultan et les chefs de factions arabes, qui lui imposaient tour à tour la domination de leurs grandes tribus du désert. Elle était à elle seule un empire perdu aux confins de la Mésopotamie. Les révolutions intestines de cette province et de cette capitale offraient autant de mobilité, de drames et de sang qu'Ispahan ou Constantinople.

Peu de temps avant l'avénement d'Amurat IV, le gouvernement de Bagdad, moitié turc et moitié arabe, était partagé de fait entre le gouverneur civil et le beglerbeg ou gouverneur militaire. Le gouverneur civil était Arabe, le gouverneur militaire était Ottoman ; de là des dissensions incessantes de races et d'attributions entre ces deux pouvoirs rivaux.

Le gouverneur civil, ou soubaschi, était Békir, chef de tribu, d'une grande autorité dans la ville et dans le désert. Il avait sous sa main douze cents cavaliers (azabs) qui contre-balançaient dans l'occasion la force militaire du beglerbeg Yousouf-Pacha. Békir n'obéissait à la Porte qu'à la condition de régner dans sa patrie.

Un jour, pendant que Békir parcourait les tentes de sa tribu dans la campagne, son fils, le jeune Mohammed, se prétendant menacé par le beglerbeg, insurgea la ville au nom de la popularité de son père et braqua les canons des remparts contre la citadelle. Le père fit massacrer à cette nouvelle cinq cents soldats turcs qu'il avait emmenés perfidement avec lui hors de la ville sous prétexte de l'aider à lever les tributs ; puis, il rentra avec ses Arabes dans Bagdad et continua à bloquer Yousouf dans le château. Un de ses rivaux de popularité dans la ville, Mohammed-Aga, qui avait pris le parti du beglerbeg Yousouf, voyant la citadelle près de succomber, en sortit et vint avec ses deux fils implorer la générosité de Békir. L'Arabe impitoyable les fit jeter tous les trois sur une barque comblée de bitume et de soufre allumés, et, les abandonnant au courant du Tigre, s'assit sur le rivage pour voir le supplice et pour entendre les cris de Mohammed et de ses enfants.

Yousouf avait capitulé et s'était retiré de la ville.

V

Békir y régnait sans partage, sous le faux nom des Turcs. Il interdisait à tous les pachas que la Porte y envoyait l'entrée de Bagdad. La Porte indignée nomma enfin Hafiz, pacha de Diarbékir, serdar ou général suprême d'une expédition contre Békir. Les gouverneurs des provinces de Mérasch, de Mossoul, d'Amasie, de Siwas et de toute la Mésopotamie avaient l'ordre de joindre leurs troupes à son armée. Les Kurdes le rejoignirent à Mossoul, sous le commandement du beg du Kurdistan.

Obligé de se retourner pour faire face à Abaza, pacha révolté de Mérasch, qui s'avançait sur son flanc droit, il envoya la moitié de son armée seulement avant lui sous les murs de Bagdad. Békir en sortit, et, sans accepter de bataille, harcela de ses nuées de cavaliers arabes l'armée immobile des Turcs, enfermée entre le désert et la ville. Hafiz, accouru avec toutes ses forces, foudroya de ses boulets les Arabes de Békir, et dressa dans le désert une pyramide de deux mille têtes de rebelles, devant sa tente, après la victoire. Il franchit le Tigre et assiégea la ville du côté du château *de l'Oiseau*, principale redoute de Bagdad sur le fleuve.

Pressé par Hafiz, dont il n'espérait plus de grâce, Békir offrit par ses émissaires la ville aux Persans, s'ils voulaient le secourir contre Hafiz. Schah-Abbas, toujours vigilant sur les événements qui pouvaient rendre à la Perse la plus regrettée de ses provinces et la plus splendide de ses capitales, fit avancer trente mille hommes, sous les ordres de son meilleur général, Sophi-Kouli-Khan.

A l'approche de ces troupes, Békir, changeant de rôle, proposa à Hafiz de défendre avec lui Bagdad contre les Persans, appelés par ses intrigues, à la condition d'être investis par la Porte du gouvernement héréditaire de la ville. Hafiz ne répondit à cette proposition qu'en levant son poignard sur la gorge du négociateur de Békir. Le lendemain, Békir s'était déclaré sujet de Schah-Abbas, et il envoyait insolemment, non plus en son nom, mais au nom du roi de Perse, une sommation à Hafiz d'évacuer avec son armée le territoire persan. Un des trois cents seigneurs persans entrés dans la ville de Bagdad était porteur de la sommation.

« Nous ne sommes pas sur le territoire persan, répondit Hafiz, nous sommes ici pour châtier un rebelle, et notre mission ne peut troubler la paix entre les deux royaumes.

» — L'oiseau qui entre dans le filet appartient au chasseur, répliqua l'envoyé.

» — L'oiseau dont tu parles est dans notre cage, reprit le serdar la main sur son cimeterre ; s'il s'envole dans vos filets, nous ne le poursuivrons pas.

» — Trêve de vaines paroles ! s'écria fièrement le Persan ; éloignez-vous des murs de Bagdad, ou Kartschghaï-khan saura bien vous en chasser.

» — Si la paix est violée, reprit Hafiz-Pacha, que sa violation retombe sur votre tête ! »

VI

Au moment où ces combats, ces négociations et ces trahisons tenaient en suspens le sort de Bagdad, le grand vizir envoyait à Békir le titre de pacha, de gouverneur héréditaire de la ville et de défenseur de *la Maison du salut*, surnom religieux de la capitale des califes. Cette satisfaction de l'ambition de Békir fit de cet Arabe, traître aux Ottomans, un plus traître encore à son nouveau maître. Il fit appeler devant lui, un à un, les trois cents Persans qu'il avait introduits dans le château *de l'Oiseau*, les massacra et fit suspendre les trois cents cadavres aux créneaux de la ville pour épouvanter l'armée persane. Il n'en conserva qu'un seul pour porter au général de Schah-Abbas la nouvelle de sa trahison. « Longue vie au roi Schah-Abbas, disait-il ironiquement dans ce message; il nous a délivrés par votre présence de l'oppression des Turcs; nous sommes libres maintenant et maîtres dans Bagdad; chargez-vous d'aller porter à votre souverain les actions de grâces de Békir. »

VII

Hafiz replia son armée inutile sur Mossoul après cette honteuse transaction de la Porte (1623).

Cependant, Schah-Abbas, indigné de la perfidie et de

l'insolence du nouveau pacha Békir, parut, quatorze jours après, sous les murs de Bagdad, pour venger l'outrage fait à son honneur et à ses soldats. Békir implora le secours d'Hafiz. Ce serdar, occupé à refouler l'armée d'Abaza qui marchait sur lui vers Mossoul, ne put envoyer qu'un détachement à Bagdad. Ce détachement, commandé par Housseïn-Pacha, ne put forcer la ligne du blocus fermée par les Persans, et Housseïn-Pacha, appelé par eux à une conférence, fut massacré en représailles du massacre des trois cents Persans victimes de Békir.

Le siége durait depuis trois mois ; les mines avaient ouvert soixante brèches dans les remparts ; la faim et la terreur avaient fait déserter une foule d'habitants dans le camp des Persans. Le fils même de Békir, élevé dans la perversité paternelle, n'hésitait pas à conspirer contre son père avec les assiégeants. Il se nommait Mohammed et commandait la citadelle de Bagdad. La promesse d'être nommé gouverneur de la ville par Schah-Abbas à la place de son père lui fit ouvrir ses portes, pendant la nuit du 28 novembre 1623, aux assiégeants.

Békir apprit à son réveil, par le son des timbales persanes et par la voix des muezzins persans sur les minarets, qu'il était la victime de son fils et le prisonnier d'Abbas. « La ville est au schah, criaient dans tous les quartiers les crieurs publics. Le roi de Perse accorde une amnistie générale à tous les habitants ; que les marchés se rouvrent, et que personne n'insulte son voisin sous prétexte de différence de culte ou de race dans la capitale commune des descendants des califes. » Cette amnistie et cette tolérance d'Abbas changèrent à l'instant en sécurité et en abondance la terreur et la disette de cette capitale. Abbas ne voulait pas détruire des villes, mais réédifier une monarchie.

Békir, amené à midi devant le schah, trouva son indigne fils assis à côté du vainqueur pour le juger et le punir. Ce fis dénaturé outragea son père de gestes et de paroles, et lui reprocha, au nom de la trahison qu'il venait de commettre, les trahisons que ce père avait commises contre les Turcs et contre les Persans. Les trésors paternels lui furent livrés en récompense de son parricide.

VIII

Cependant l'amnistie et la tolérance d'Abbas ne purent prévaloir longtemps contre l'animosité religieuse des Persans, sectateurs d'Ali, contre les habitants de Bagdad, devenus, sous les Ottomans, sectateurs d'Omar. Les supplices et les martyres ensanglantèrent la ville conquise. Nouri-Effendi et Omar-Effendi, prédicateurs fameux des deux principales mosquées de la ville, ayant généreusement refusé de blasphémer le nom d'Omar et le nom d'Othman, furent pendus à un palmier par une corde de chameau qui leur traversait la mâchoire, et fusillés lentement, comme un but vivant, par les fanatiques qui voulaient une part dans leur sang.

Békir, enfermé sous les yeux de son indigne fils dans une cage de fer, y fut torturé pendant six jours et six nuits. Le septième jour, on suspendit sa cage sur un brasier ardent qui rougissait les barreaux de la grille, pour le contraindre à avouer dans quels souterrains étaient enfouis ses trésors. Son fils, le verre à la main et buvant à la prospérité des bourreaux, assistait au supplice de son père. On jeta enfin Békir sur une barque enduite de bitume et de soufre, pour qu'il pérît du même supplice par lequel il avait martyrisé l'aga Mohammed.

La ville entière contempla sans pitié, des bords du Tigre, les tortures du traître puni par la trahison. Abbas seul, épouvanté de l'atrocité du fils de Békir, à qui il avait promis l'héritage de son père, le relégua dans le Khorasan, où des bourreaux ne tardèrent pas à venger le ciel et la nature.

Ainsi retomba Bagdad sous les lois de la Perse. Schah-Abbas y séjourna quelques jours pour visiter les tombeaux des saints de l'islamisme. Il envoya de là son armée poursuivre Hafiz jusque sous les murs de Mossoul.

La fidélité d'un chien à son maître, suivant l'historien Petschewi, sauva la ville et l'armée. Une femme kurde, amoureuse d'un Persan, et qui avait promis de lui ouvrir une porte secrète des remparts, se leva pendant la nuit pour accomplir sa promesse; elle dressait déjà la hache sur la tête de son mari endormi, quand le chien, témoin du crime, s'élança à la gorge de la femme infidèle, la terrassa, et, réveillant par ses aboiements désespérés les gardes de la citadelle, sauva à la fois son maître, la ville et l'armée. On voit dans les fossés de Mossoul le tombeau du chien dont la tradition a conservé la mémoire.

IX

Amurat IV ne releva l'abattement des Ottomans, à la nouvelle de la chute de Bagdad, que par du sang. Le grand vizir Ali lui donnait le spectacle et le goût des exécutions. Soupçonnant le gouverneur d'Égypte, Béber-Mohammed, d'être venu à Constantinople dans l'espoir de lui succéder dans le pouvoir suprême, il convoqua Béber au divan. Avant l'ouverture de la séance, il rassembla quelques bostandjis de la garde et leur dit : « Le padischah a ordonné la mort d'un grand coupable, qui de vous s'offre pour exécuter la sentence? »

Un des protégés et des favoris les plus reconnaissants du gouverneur d'Égypte, nommé Kara-Mahmoud, ignorant quelle était la victime, se présenta pour obéir le premier au sultan. « C'est bien, dit le grand vizir, frappe donc celui que je frapperai. »

Un instant après, on annonça le gouverneur d'Égypte; le grand vizir se leva, s'avança jusque sur le perron du palais, et, accablant d'imprécations Béber, qui montait les dernières marches, le frappa d'un coup de poing dans la poitrine, et le précipita sur les degrés. A ce signal, Mahmoud reconnut trop tard que celui dont il venait de promettre la mort était son protecteur et son second père. Il laissa, en détournant la tête, ses bostandjis achever le meurtre de son bienfaiteur.

Le sultan s'aguerrissait ainsi au spectacle des supplices. Deux jours après, un mécontentement des troupes lui ayant arraché par force la destitution de l'aga des janissaires Béiram, son beau-frère, il fit comparaître, après la concession accomplie, l'aga des spahis dans le divan, et vit, du fond d'une tribune séparée par un grillage, la tête de l'aga rouler sur le tapis.

Sur les instances de la sultane Validé Kœsem, protectrice de l'ancien chef des eunuques noirs du harem d'Ahmed Ier, le grand vizir rappela de la Mecque cet exilé, pour lui rendre sa place au sérail.

« Garde-toi de ce perfide eunuque, lui disaient ses amis, il te perdra. » L'eunuque Mustafa, rentré en effet dans son poste de confiance et conspirant avec le mufti, ne tarda pas à vérifier ces menaces. Il apprit au sultan ce que le grand vizir lui avait caché jusque-là, la chute de Bagdad, les progrès de la révolte d'Abaza-Pacha, les victoires des Persans, la détresse du trésor, l'insubordination des armées, la dégradation du règne sous un ministre qui faisait trembler le sérail, mais qui laissait les provinces à l'anarchie.

Amurat IV, dit la relation vénitienne, appela secrètement le mufti, et lui demanda s'il était vrai qu'il désirait résigner sa dignité pour la laisser au beau-père du grand vizir. Le mufti, étonné, déclara qu'il n'avait jamais donné cet espoir ou fait cette insinuation à Ali. Amurat, convaincu de l'ambition ou de la fausseté de son premier ministre, le manda au sérail et lui fit trancher la tête sous ses yeux. Les trésors d'Ali, qui se montaient à sept cent mille piastres monnayées dans ses coffres, comblèrent le vide du trésor impérial. Mére-Housseïn, l'ancien grand vizir, enlacé dans ses propres intrigues et coupable d'une partie des calamités de l'empire, fut étranglé le même jour, et ses dépouilles, évaluées à cinquante mille ducats, grossirent les confiscations qui refluaient à leur source.

Un vieux Circassien, nommé Mohammed-Tscherkesse, du nom de sa patrie, ancien écuyer des sultans, nourri dans le sérail et dans les camps, incapable d'affaires, fut élevé malgré lui au rang de grand vizir (1624). Après avoir violenté avec la rudesse d'un barbare les envoyés et les protégés des puissances chrétiennes pour leur faire payer leurs priviléges religieux à Jérusalem et ailleurs, Mohammed-Tscherkesse rassembla l'armée pour anéantir enfin la rébellion d'Abaza.

X

Abaza continuait, sous Amurat IV, son rôle, désormais sans motif, de vengeur du sultan Othman II. Amurat lui-même sur le trône était le vengeur vivant de son frère; mais la rébellion avait jeté de telles racines dans les habitudes de la Caramanie, que tout prétexte était bon aux Turcomans insoumis pour suivre Abaza. Sa véritable insurrection était contre les janissaires ; il les massacrait sans pitié et sans exception partout où il en rencontrait dans les villes qui lui ouvraient leurs portes.

A Siwas, trois officiers de janissaires ayant été faits prisonniers par son lieutenant Djafar, rebelle plus féroce encore que lui, ils furent garrottés sur des chameaux et promenés dans les rues avec des mèches enflammées qui leur traversaient la chair des épaules et qui brûlaient à petit feu aux applaudissements du peuple : « Telle est la récompense, vociféraient devant eux les crieurs publics, des soldats qui trahissent et tuent leur padischah. » Les routes étaient jonchées des cadavres sans sépulture des janissaires, des spahis, des topdjis ou canonniers réputés coupables du meurtre d'Othman II.

L'armée d'Abaza, forte de soixante mille Turcomans et de son fanatisme de fidélité au sang de son maître, s'avançait de nouveau de triomphe en triomphe vers Siwas. Campée dans la vallée *des Neiges*, elle attendait, en s'exerçant, l'armée du grand vizir. Le commandant de Siwas, Taïar-Pacha, quoique dévoué en apparence à sa cause, s'entendait avec un autre de ses lieutenants, Koulaoun-Pacha, pour la ruiner. Leur paix était faite avec le grand vizir. Taïar-Pacha cependant méditait de perdre à la fois Abaza par Koulaoun et Koulaoun par Abaza. Il s'étudiait à semer la défiance mutuelle entre ces deux chefs, faisant insinuer à Abaza qu'il était trahi par Koulaoun, et persuadant à Koulaoun qu'il était menacé par Abaza. Abaza, simple comme un barbare, était entièrement gouverné par un cheik fanatique de Césarée, qui lui garantissait la faveur du ciel pour sa cause sainte, et qui lui montrait en perspective le poste ambitionné de grand vizir, restaurateur de la monarchie ottomane.

La ruine d'Abaza commença par sa crédulité aux insinuations de Taïar, le gouverneur de Siwas. Convaincu qu'il était vendu à la Porte par son perfide lieutenant, il invita Koulaoun-Pacha à une fête dans son camp sous les murs de Siwas, et il le fit assassiner après le festin. Il adressa, après cette exécution, une lettre menaçante à l'aga des janissaires à Constantinople pour annoncer impolitiquement à cette milice la haine irréconciliable dont il était consumé contre elle. Cette lettre ironique d'Abaza, soufflée par ses perfides conseillers, était le brandon le plus sûr pour rallumer contre lui la colère de l'armée du grand vizir.

La voici :

« *A notre honoré seigneur et frère le kiaya
des janissaires.*

» Tu excites tes soldats à marcher contre le rebelle Abaza sous les ordres du grand vizir. C'est une affaire d'honneur pour les janissaires, sans aucun doute; mais pourquoi oublier les begs et les spahis? Courage! continue à mériter le pain du padischah par tes services! Si ce noble zèle vous avait saisis plus tôt, vous n'auriez pas regardé tranquillement assassiner votre maître en pleine mosquée. Par malheur, vos frères les spahis, non contents des meilleures places sous la coupole du divan, se sont emparés des fonctions de receveurs et d'administrateurs, et il ne vous est rien resté; en vérité, sans votre aide fraternelle, en seraient-ils venus à bout, je vous le demande? Voilà donc tout le fruit que vous avez retiré du pillage des plus riches palais de Constantinople! Vous êtes la cause de la ruine de l'islamisme. Si le sultan Othman s'était réfugié à la porte des spahis, son destin eût été bien différent. Avez-vous agi pour de l'or? Mais l'infortuné padischah vous eût promis facilement cinquante ducats par tête. Bien que la mère du sultan Mustafa soit de la famille d'Abaza et ma parente, et que j'eusse pu me réjouir de son avénement, le ciel m'est témoin que si j'ai pris les armes, c'est uniquement pour venger le sang injustement répandu. Rassemble donc tous tes guerriers autour de toi. Comme Nabuchodonosor, qui vengea le sang innocent du prophète Jean par le massacre de soixante-dix mille Israélites, je veux tuer soixante-dix mille janissaires pour venger le meurtre du padischah. Je te verrai au jour de la bataille, et nous saurons alors si les spahis vous sont d'un grand secours. Ces hommes qui, avec votre assistance, n'avaient pas de quoi nourrir un cheval, les voilà maîtres du sol et possesseurs de grands territoires. Insensés! qu'avez-vous donc gagné à votre trahison? le nom funeste de meurtriers d'un sultan! Par mon âme! lorsque Khalil-Pacha était aga des janissaires, j'étais son écuyer; je sais par conséquent comment les choses se passent dans l'état-major; c'est le kiaya qui a donné le mot; ou si tu prétends n'avoir eu aucune part au crime, et que tu affirmes qu'il n'a été commis que par Daoud-Pacha, livre les meurtriers!

» Que le salut soit sur toi. »

« Voici un petit homme bien orgueilleux, dit le kiaya des janissaires en leur lisant à haute voix la lettre d'Abaza; si nous le laissons faire, il massacrera plus de janissaires qu'il n'y en a dans tout l'empire.

» — Nous n'étions que vingt-cinq mille à Choczim contre les Polonais, s'écria un simple soldat; le sultan, qui nous a portés au nombre de quarante mille pendant les mauvais jours, peut bien aujourd'hui nous porter à quatre-vingt mille. »

L'indignation saisit l'armée. Le vieux Tscherkesse, inhabile au commandement, céda la place de grand vizir et la conduite de la guerre à Hafiz-Pacha, le vainqueur des Persans. Hafiz était parent et ancien ami d'Abaza; mais il se lava de toute trahison par la loyauté connue de son caractère. Il partit à la tête de quatre-vingt mille combattants, ennemis acharnés d'Abaza, et campa pendant vingt et un jours dans la plaine fertile de Konïah. Le temps, la séduction, la perfidie, usaient les forces de la révolte et accroissaient les siennes. L'homme d'État était en lui à la hauteur du général : il savait qu'en face de l'anarchie, attendre c'est vaincre.

XI

Ses soldats accusaient sa lenteur, dont ils ne comprenaient pas la sagesse. Impatients de combattre dans Abaza leur ennemi personnel, ils tentèrent plusieurs fois de marcher avant l'ordre du combat. L'intrépide Hafiz se jeta, le sabre à la main, aux avant-postes du camp pour s'opposer à leur intempestive ardeur. Il ne livra la bataille qu'après s'être assuré de la défection des Turcomans, qui composaient les principales forces d'Abaza. Ils passèrent avec Taïar-Pacha aux Turcs au premier coup de feu.

Les Kurdes et les Arabes, vieux compagnons d'Abaza, ne furent pas ébranlés par cette défection ; mais une panique déconcerta ceux que la vue d'une armée n'avait pu vaincre. Le cheval de bataille d'Abaza, tenu en laisse par un écuyer, pendant que son maître faisait sa prière avant de combattre, ayant échappé aux mains qui le tenaient, galopa à vide sur la ligne de la cavalerie kurde ; les cavaliers d'Abaza, à l'aspect du cheval emporté de leur général, crurent qu'Abaza était tombé sous les coups des Turcs, et se débandèrent au premier choc, comme s'ils avaient perdu leur cause en perdant leur chef. Abaza lui-même, se voyant sans armée avant le combat, se jeta sur le plus rapide de ses chevaux, qu'un de ses esclaves tenait par prudence sellé et bridé près de sa tente, et s'enfuit de toute la vitesse du coursier avec ses cavaliers kurdes les mieux montés. Tous ses fantassins tombèrent dans les mains d'Hafiz, qui éteignit leur vieille rébellion dans leur sang. Des monceaux de têtes furent les monuments de cette déroute. Les femmes et les enfants d'Abaza, atteints dans leur fuite, furent envoyés captifs à Hafiz, qui les épargna du massacre des prisonniers. Abaza lui-même, parvenu à Erzeroum, s'y enferma avec ses derniers défenseurs.

Hafiz, satisfait d'avoir purgé et pacifié l'Anatolie, ajourna à d'autres temps l'extermination de l'auteur de la révolte, maître encore d'une ville forte et d'une province montueuse. Il lui renvoya sa famille, reçut sa soumission au sultan, et lui garantit le titre de pacha d'Erzeroum. Des troubles et des désastres en Crimée le rappelaient à Constantinople, pour y rétablir autour de la mer Noire l'ascendant évanoui des Turcs.

XII

Les deux frères Mohammed-Ghéraï et Schahin-Ghéraï avaient été longtemps proscrits du trône par la Porte, qui avait conféré le titre de khan de Crimée à un autre prince de leur maison. Mohammed-Ghéraï, évadé du château des Sept-Tours, où les Turcs le retenaient captif, et Schahin-Ghéraï, réfugié en Perse à la cour d'Abbas le Grand, étaient revenus en Crimée pour soulever et enrôler leurs partisans parmi les Tartares Noghais. Schahin-Ghéraï (*le Faucon*) se croyait, sur la foi d'un derviche réputé prophète, appelé à l'empire de l'Orient, parce que cet empire était promis, selon la prédiction, à un prince de la maison des Ghéraï qui porterait le nom d'un oiseau. Les deux frères, coalisés contre le khan nommé par la Porte, l'avaient expulsé du trône et du pays. Mohammed avait usurpé le titre de khan ; et Schahin, selon la bizarre constitution de Crimée, gouvernait sous lui à titre de khalga ou de successeur désigné au trône.

Leur tyrannie n'avait pas tardé à soulever les murmures et les factions en Crimée. Ils avaient fait massacrer à leur passage des ambassadeurs russes envoyés à Constantinople, et ils avaient pillé les présents adressés au sultan. Ils avaient recruté une nombreuse armée de Tartares sous de faux prétextes d'invasion en Pologne, mais en réalité pour marcher sur Andrinople, pendant le règne de l'imbécile Mustafa Ier. Ils affichaient ouvertement la prétention de profiter de l'anarchie de cette ombre de règne, et de substituer à main armée leur dynastie, par droit de parenté, à la dynastie légitime d'Othman, près de s'éteindre. Tous deux sans enfants, ils venaient de proclamer un jeune prince, bâtard de l'ancien khan Feth-Ghéraï, *Noureddin*, c'est-à-dire héritier présomptif de la couronne des Tartares de Crimée.

Cette adoption avait pour but de rallier à leur cause les partisans de l'ancienne branche de leur famille, dépossédée par eux du trône, tout en écartant les légitimes héritiers de cette branche. La naissance de ce Noureddin, nommé Ahmed-Ghéraï, était entourée de ce prestige du mystère et du merveilleux qui fascine aisément les peuples pasteurs. L'ancien khan de Crimée, selon les traditions du pays, ayant reçu en présent une jeune esclave moldave d'une haute naissance et d'une ravissante beauté, l'avait respectée malgré son admiration pour elle, et l'avait confiée à un vieillard, son ancien précepteur, nommé Hadji-Ahmed, jusqu'au moment où il pourrait la renvoyer avec sûreté au boyard son père.

Un soir cependant, à l'heure où le khan congédiait sa cour pour se livrer au sommeil, un de ses favoris lui annonça comme une heureuse nouvelle que la jeune esclave moldave, réputée vierge, venait d'accoucher d'un fils, et il ajouta, en souriant et en félicitant le khan, que cet enfant ne pouvait être un jour qu'un grand prince. Le khan, offensé de ce qu'on le soupçonnait d'avoir ainsi manqué à l'hospitalité promise à la fille d'un boyard, et rejetant le soupçon de paternité dont on le complimentait, jeta ses pantoufles au visage de l'imprudent favori, et donna ordre de tuer le vieillard, l'esclave et l'enfant. Mais, soit que cet ordre fût une ruse du khan pour dérober la tendresse sous une feinte colère, soit qu'Hadji-Ahmed, averti à temps, en eût prévenu l'exécution par la fuite, le vieillard, la mère et son fils disparurent; et le fils, élevé dans les steppes de la Crimée par des bergers qui ignoraient sa naissance, reçut jusqu'à l'adolescence parmi eux le nom de Mustafa.

Les deux frères Ghéraï, usurpateurs du trône du khan père réel ou supposé de Mustafa, le découvrirent sous ces tentes de pasteurs, le firent élever dans leur cour et le proclamèrent Noureddin, au détriment de ses cousins, les héritiers directs et légitimes. Cette prédilection suscita de violentes querelles entre le jeune Hassan-Ghéraï, petit-neveu du khan déposé, et le Noureddin. Hassan-Ghéraï, dans une de ces querelles d'enfants, osa appeler le Noureddin berger moldave et bâtard de l'esclave. Ce surnom était resté au jeune prétendant à la souveraineté des Tartares.

XIII

La Porte s'offensait de ce que des princes tributaires et parents de sa dynastie déshonoraient leur sang par l'adoption d'un bâtard, et affichaient des prétentions au trône même de Constantinople. Le divan déposa Mohammed et rétablit l'ancien khan.

Mohammed et son frère résistèrent à cet ordre. « Eh quoi ! répondirent-ils au capitan-pacha chargé de les soumettre, est-ce justice et politique de nous condamner à l'expatriation au moment où nous venons de rassembler cent mille Tartares pour vous défendre contre vos ennemis de Pologne et d'Asie ? Tous les habitants de nos steppes ont déjà attelé leurs chariots et n'attendent que le signal du départ. Est-ce le moment de nous renvoyer honteusement à nos *yourds*, au fond de nos déserts ? Lorsque nous aurons abandonné la Crimée, lorsqu'elle sera tombée aux mains des Russes infidèles, croyez-vous demeurer maîtres de Caffa et de vos citadelles ? »

XIV

Le capitan-pacha, sourd à ces reproches, livra la bataille aux cent mille Tartares et aux milliers de Cosaques leurs alliés. Les Turcs, vaincus et écrasés sous le nombre, restèrent ou morts ou prisonniers sur le champ du combat. Le prix d'un Turc sous les tentes des Tartares était tellement avili par la multitude des captifs, qu'on achetait un esclave ottoman pour un verre de *bouza* (bière de Crimée extraite immémorialement de l'orge fermentée chez les Tartares).

Caffa, dépourvue de défenseurs, fut occupée par Mohammed-Ghéraï. Le capitan-pacha, pour recouvrer cette citadelle de la Crimée maritime, fut obligé de reconnaître honteusement la souveraineté des deux frères et du Noureddin. Il se rembarqua avec les débris de son armée, de son artillerie et de sa flotte. Ce triomphe exalta l'orgueil des deux tyrans de la Crimée. Ils immolèrent à leur sûreté tous les mirzas, princes ou chefs de tribu, soupçonnés de fidélité ou seulement de souvenir pour la branche légitime. La femme enceinte du prince Cantimir, leur ennemi, chef de la faction tartare opposée à celle des deux frères, fut brûlée à petit feu sous leurs yeux. Ils le poursuivirent lui-même jusqu'en Valachie. Mais Cantimir, à la tête de trente mille Tartares, Moldaves et Valaques de ses partisans, jeta leur armée dans le Danube, rouge, dit l'historien, des flots de sang versés sur ses rives.

Ce fut pendant cette campagne des princes tartares de

Crimée contre Cantimir et les Turcs que les Cosaques tartares, nomades, cavaliers et pirates, ravageant également la terre et la mer, parurent, pour la première fois depuis l'occupation du Bosphore par les Turcs, en vue de Constantinople. Ils montaient cent cinquante barques à deux proues et à deux gouvernails, propres à manœuvrer en toute direction sans virer de bord. Chacune de ces barques portait vingt rameurs et vingt combattants. Les Russes, pirates de ces fleuves et de ces mers avant eux, leur avaient enseigné ces constructions de navires propres à s'abriter dans les anses et dans les embouchures des rivières. Sept fois depuis les temps historiques, ces incursions des Scythes, des Russes et des Cosaques leurs imitateurs avaient épouvanté les ports de l'Euxin et du Bosphore.

Après avoir pillé les bords de la mer Noire, les Cosaques, alliés cette fois des Tartares de Crimée, brûlèrent le délicieux village de Bouyoukdéré, séjour de plaisir et de luxe des Ottomans comme des Grecs pendant l'été. Les flammes de Bouyoukdéré firent sortir six cents voiles du port de Constantinople pour refouler ces barbares hors du Bosphore. Dix mille janissaires répandus sur les deux rives du détroit marchèrent de niveau avec la flotte pour fermer la la terre et la mer à ces incendiaires. Les Cosaques formèrent leur escadre en croissant, au milieu du large bassin que forme le Bosphore entre Bouyoukdéré et la côte d'Asie, et attendirent fièrement le coucher du soleil et le vent de terre qui se lève avec la nuit pour rentrer dans la mer Noire. Ils incendièrent en se retirant le phare du détroit où leurs ancêtres, sept siècles auparavant, avaient débarqué pour semer la terreur chez les Grecs.

Les Turcs, pour prévenir leur retour, tendirent d'un

bord du détroit à l'autre, à l'embouchure de la mer Noire, la fameuse chaîne de fer qui fermait, avant Mahomet II, l'entrée de la Corne d'Or à Constantinople.

XV

Hafiz, après avoir rendu quelque confiance à Constantinople, repartit avec vingt mille janissaires pour le Diarbékir. L'armée qui avait vaincu sous lui Abaza, renforcée de ces troupes neuves, et servie par une révolte des Géorgiens qui venaient de massacrer trente mille Persans dans les Vêpres siciliennes de la Géorgie, s'avança pour reconquérir Bagdad : « J'ai les clefs de Bagdad dans ma ceinture, » chantait en route le présomptueux Hafiz.

Le siége, prolongé pendant six mois faute d'artillerie suffisante, donna à Schah-Abbas le temps d'accourir en vue de sa capitale assiégée (1625). La garnison de Bagdad le salua pendant trois jours et trois nuits de salves répétées du haut des remparts. La bataille, acceptée le lendemain par Hafiz, fut plus sanglante que décisive. L'escadron sacré de Schah-Abas, composé de dix mille cavaliers d'élite, voués par serment à la victoire ou à la mort, refoula partout les Ottomans. L'aga des spahis, fuyant lui-même devant cette irrésistible nuée de cavaliers persans, chercha asile dans les bataillons des janissaires. Ces soldats féroces lui coupèrent les pieds en le raillant de sa peur pour le punir par les membres qui lui avaient servi à sauver sa tête du sabre des Persans. Hafiz, saisissant lui-même une lance de fantassin et s'élançant en chantant un chant guerrier au premier rang des janissaires, sauva l'honneur de l'armée : il anéantit jusqu'au dernier homme l'escadron sacré des Persans.

XVI

Cette victoire, suivie de vaines négociations entre Abbas et Hafiz, lassa d'impatience les janissaires. « Il ne nous reste ni ânes ni chevaux, disaient-ils, que ferons-nous un jour de plus sous ces murs? » Les soldats mutinés abattirent la tente du grand visir sur sa tête. Hafiz, déposé tumultuairement par son armée, fut enfermé dans un château des bords du Tigre appelé le château de l'Iman. Un de ses lieutenants, favorable aux vœux des soldats, Mourad-Pacha, fut proclamé grand visir. Othman, porte-étendard du drapeau d'Hafiz, refusa de livrer ce signe du vizirat aux séditieux.

« Qui êtes-vous, leur dit-il, pour vous arroger le droit de déposer et de nommer un grand vizir? Cette tente est celle du sultan notre maître; tant qu'il me restera un bras pour la défendre, l'étendard sacré n'en sortira pas. » L'intrépide soldat se laissa couper les deux bras et hacher en pièces en défendant le drapeau. Son courage inspira le remords aux factieux; ils relevèrent la tente, replantèrent l'étendard devant le seuil, et ramenèrent Hafiz en lui promettant obéissance.

« Où sont donc maintenant, leur dit-il, ces braves soldats qui juraient avec moi de vaincre ou de mourir sous les murs de Bagdad?» Il demanda deux jours de patience;

on ne lui répondit qu'en lui imposant à grands cris l'ordre d'une prompte retraite.

« Si tu as un sabre assez long, lui répétèrent les soldats, prends Bagdad aujourd'hui, sinon réfugie-toi le premier chez les Têtes-Rouges, » surnom des Persans.

Cependant Hafiz obtint le délai imploré pour voir l'effet d'une mine qui devait emporter par son explosion un pan des remparts. La mine éclata par imprudence ou par trahison avant d'avoir été conduite jusque sous les fondations. A la vue des murs intacts, l'armée entière s'insurgea avec plus de fureur contre son général. Les tentes du vizir, le trésor, les bagages, les vivres furent pillés; l'artillerie démontée et conduite au château de l'Iman sur le chemin de Mossoul. Le grand vizir et les janissaires y cherchèrent eux-mêmes un asile contre l'anarchie du camp.

Schah-Abbas, informé de ces découragements et de ces révoltes, rompit toute négociation en disant « qu'on ne traitait pas avec une armée en fuite. » Le canon de Soliman, amené de Constantinople et caché par les canonniers dans le sable, tomba dans ses mains et alla décorer le sérail d'Ispahan. Hafiz se retourna néanmoins pour refouler les Persans lancés sur ses traces, et les vainquit à deux marches de Bagdad. Le soir de cette victoire, il put faire impunément trancher la tête au tribun séditieux de l'armée, Mourad-Pacha, instigateur des désordres et de la retraite. Cette victoire et cette exécution lui permirent d'abriter l'armée dans Mossoul.

Le sultan lui écrivit de cantonner l'armée et de passer l'hiver à Alep en attendant les renforts qu'on levait dans l'empire. Ce jeune prince, qui cultivait la poésie, comme Hafiz lui-même, échangea pendant l'hiver plusieurs lettres en vers avec son grand vizir. La sultane Kœsem, sa mère, soutenait le vainqueur d'Abaza dans l'esprit de son fils contre les intrigues du sérail. Elle n'avait trouvé jusque-là qu'en lui l'héroïsme qui relevait son règne au dehors, et les goûts littéraires qui pouvaient le décorer au dedans.

Les lettres en vers du jeune sultan sur les sujets politiques et sacrés étaient signées par Amurat IV, mais inspirées et dictées par elle. Le sérieux des affaires, si l'on en croit les historiographes du temps, s'y mêlait à l'enjouement des loisirs. Le jeu des échecs, familier aux Turcs comme aux Persans, y fournissait des allusions à double sens au sultan et à son ministre. « N'y a-t-il donc plus de reine sur le damier pour m'amener des cavaliers? » écrivait Hafiz. — « N'avez-vous donc plus de cavaliers pour prendre le roi? » répondait Amurat à son général. Le titre de gendre de la sultane Validé et de beau-frère du sultan autorisait ces familiarités littéraires entre la famille impériale et le grand vizir.

XVII

Mais l'habitude des séditions dans l'armée et des révolutions dans la capitale prévalait encore sur l'habileté de la sultane mère et sur le dévouement d'Hafiz. L'armée d'Alep refusait de marcher de nouveau sur Bagdad, et les troupes de Constantinople prétextaient à chaque instant des griefs contre le divan pour arracher des concessions ou des têtes au jeune prince qu'elles avaient couronné pour gouverner et non pour obéir.

Le kaïmakam, Gourdji-Mohammed, qui tenait la place du grand vizir pendant la campagne de Perse, et dont l'expérience et la fidélité étaient la force et la lumière du sultan, devint l'objet de la haine des janissaires. Après avoir vainement demandé sa tête à la sultane, qui préféra courageusement exposer la sienne et celle de son fils à cette lâche ingratitude, les soldats l'assiégèrent et l'égorgèrent sur les marches de son palais. Il avait occupé sous huit princes les plus hautes fonctions du divan et de l'armée; il mourut à quatre-vingts ans, en protégeant l'enfance de son maître.

A peine son sang était-il refroidi qu'une nouvelle inconstance des janissaires demanda les têtes de ceux qui avaient égorgé le kaïmakan; ils tuèrent et jetèrent dans la mer les assassins de Gourdji-Mohammed. Les uns demandaient impérieusement au mufti une décision qui autorisât le meurtre du sultan Mustafa Ier; les autres voulaient le conserver encore vivant comme le gage d'une troisième révolution. Tantôt ils entouraient de leur popularité ceux qui avaient concouru au renversement de ce prince, tantôt ils en faisaient justice sans jugement, comme ils avaient fait justice de Daoud. Le tschaousch, plus lettré que ses camarades, qui avait prêté sa plume à Mustafa Ier pour rendre ses kattis-chérifs au vieux sérail le jour de la mort d'Othman II, fut immolé et laissé sans sépulture sur l'hippodrome.

Les émeutes n'avaient pour répression qu'une autre émeute; celles de l'armée répondaient à celles de la capitale. Abaza, à qui on avait laissé le gouvernement d'Erzeroum et le noyau de sa rébellion, profita de cet anéantissement de toute discipline pour recruter au fond de l'Anatolie de nouvelles forces à son parti. Hafiz, déposé par le divan pour complaire aux factieux, revint sans honneurs à Constantinople. Khalil-Pacha, vieilli dans le poste de capitan-pacha, fut nommé à sa place à cause de l'ascendant qu'on lui supposait sur le chef des rebelles, Abaza, qui avait été son esclave et qui conservait la reconnaissance de ses bienfaits.

XVIII

Khalil, après avoir réglé les différends entre les Polonais et les khans de Crimée, alla planter ses tentes à Scutari, première halte des vizirs qui partent pour les campagnes d'Asie. Avant d'entrer en campagne, il alla visiter le vieux cheik Mahmoud de Scutari, vénéré comme un oracle de Dieu par tous les partis, et dont la cellule avait souvent servi d'asile aux proscrits de toutes les révolutions. Khalil, à l'époque de son premier vizirat, avait dû la vie à l'hospitalité du cheik Mahmoud. Il avait conservé pour lui la reconnaissance et la piété d'un disciple.

« Vous voilà donc encore une fois au sommet des honneurs? » lui dit avec l'accent du mépris pour les grandeurs humaines l'homme de Dieu.

Khalil l'interrogea en vain sur l'issue de la guerre; le prophète se renferma dans un silence qui parut d'un funeste augure aux janissaires superstitieux.

Les contingents de toute l'Anatolie rejoignirent Khalil à Alep. Il y appela par une lettre impérieuse Abaza. L'attitude suspecte de cet ancien chef de rebelles à Erzeroum laissait douter l'armée si elle devait voir en lui un auxiliaire ou un ennemi. « Les soldats ne veulent pas de toi comme *séraskier,* lui disait Khalil dans sa correspondance ; hâte-toi donc de venir à mon camp comme volontaire, et de mériter par tes services la miséricorde du padischah. »

L armée des pachas fidèles qui rejoignait Khalil campait sous les murs d'Erzeroum. Abaza, indécis, n'osait ni leur fermer ni leur ouvrir la ville. « Quel est donc cet esclave, chef de factieux, disaient les pachas, qui marchande sa fidélité et le concours de ses *lewends* (milice personnelle des pachas) au sultan? Nous saurons bien le réduire à son devoir, avec ce même sabre qui a terrassé des khans et des fils de rois. »

Abaza, instruit de ces murmures et de ces menaces, feignit le zèle pour le service du sultan, inspira confiance aux pachas, et, fondant sur leur camp par une nuit obscure, massacra six mille janissaires surpris dans leur sommeil. Un des séraskiers, le brave Dischleng-Pacha, fut surpris demi-nu dans sa tente, où il faisait sécher ses habits trempés par la pluie du jour. Il sauta en chemise sur son cheval, n'ayant que son sabre pour se défendre. Le kiaya d'Abaza lui traversa le cou du fer de sa lance.

Abaza, descendant de son cheval et soulevant la tête de Dischleng mourant, lui adressa des paroles de regret et d'amitié : « Noble pacha, mon ancien frère d'armes, lui dit-il, ouvre tes yeux ; ton fils est encore vivant. » Dischleng ne répondit que par un dernier soupir. Abaza plaça lui-même son corps en travers sur un cheval, et rapporta le cadavre à Erzeroum pour lui donner la sépulture. Ces pitiés, ces trahisons, ces générosités, ces massacres habituels dans le même homme, dans ces races barbares et héroïques du Caucase, rappelaient les larmes et les fureurs des héros d'Homère.

Pendant qu'Abaza ensevelissait avec attendrissement le général de ses ennemis, il faisait massacrer dans la ville, sans exception, tous les pachas et tous les janissaires prisonniers des *lewends*. Le caleçon des janissaires, échancré au genou, afin de leur laisser l'articulation libre quand ils s'agenouillaient pour faire feu, servit à les reconnaître sous les déguisements qu'ils cherchaient à revêtir pour échapper au massacre. Un seul sur dix mille parvint à attendrir ses bourreaux et à s'évader, pour porter à Constantinople la nouvelle de cet égorgement de toute une armée.

Khalil accourut avec les troupes d'Alep pour venger le sang de ses séraskiers et de ses janissaires. Abaza, son ancien esclave, fut sourd à sa voix et lui ferma ses portes. Les neiges forcèrent le grand vizir à lever le siége et à chercher un abri pour l'armée dans Tokat. Un tiers de l'armée périt de froid et de faim dans les sentiers neigeux de ces montagnes. Des bataillons entiers furent engloutis sous les avalanches. Ces revers soulevèrent contre le grand vizir le cri de l'empire. Khalil, déposé et suivi de l'ombre de l'armée détruite sans avoir combattu, expira de douleur à Scutari sans avoir osé rentrer à Constantinople. Ses vertus, invoquées toujours trop tard, n'avaient jamais été que des malheurs éclatants pour son pays,

XIX

Le sultan appela à sa place Khosrew, pacha de Diarbékir, qui commandait alors à Tokat les débris de l'armée anéantie à Erzeroum. C'était un Bosniaque féroce dont l'inflexibilité sanguinaire était la seule politique. Il commença par imprimer la terreur à tous les chefs de service de l'armée par des exécutions auxquelles il présidait luimême, assis sur une estrade élevée au seuil de sa tente. Tokat, où il recomposait l'armée, vit tomber ainsi les têtes du defterdar, du trésorier, du beg de Magnésie, du juge du camp et d'Hadji-Pacha, fils d'une sultane, que le sang impérial ne préserva pas du supplice.

La sultane Kœsem envoya un million de piastres à Khosrew pour solder les troupes. La solde payée et les négligences punies de mort firent, en peu de semaines, affluer à Tokat tous les begs et tous les contingents de province depuis l'Égypte jusqu'à la Géorgie. Une marche de cinquante lieues en trois jours porta l'armée et l'artillerie devant Erzeroum. Abaza, surpris de cette impétuosité, se réfugia dans la citadelle. Le conseiller d'Abaza, le cheik de Césarée, convaincu qu'une capitulation était le seul salut d'Erzeroum, se présenta, un linceul sur le corps et une corde au cou, devant son maître pour le conjurer de céder au sort. Abaza capitula à la condition de garder avec lui ses troupes, sortit de la ville et alla camper dans la vallée d'Erzeroum, à peu de distance de Khosrew.

Khosrew, fidèle à la capitulation accordée, ramena avec

lui Abaza à Constantinople, le présenta au sultan, obtint sa grâce, et le nomma, pour le dépayser, gouverneur de Bosnie. L'ignorance du barbare était telle, qu'il s'informait si la Bosnie était en Asie ou en Europe, et qu'il prenait l'Autriche et la Bohême pour deux forteresses de la Hongrie. Mais son adresse à manier un cheval et sa vigueur à lancer le djérid charmaient le jeune sultan, qui se plaisait à assister à ses exercices équestres du haut d'une galerie de l'hippodrome.

XX

La répression des Persans sur les frontières, la reconstitution de l'armée, le rétablissement énergique de la subordination dans les troupes et dans le divan, enfin l'extinction de la rébellion et la captivité d'Abaza avaient fait de Khosrew le dictateur absolu de la nation; il ne gouvernait pas, il régnait au divan. Le secrétaire des janissaires, Malkodj, favori du sultan et de la Validé, osait seul résister quelquefois aux ordres absolus du Bosniaque. Ayant hésité un jour à écrire un ordre que lui dictait le grand vizir en opposition aux volontés du sultan :

« Écris, esclave! lui dit Khosrew; ne suis-je pas le tout-puissant interprète des volontés du padischah, le premier dans l'empire? Écris, te dis-je, ce que je t'ordonne!

» — Miséricordieux vizir, répondit le secrétaire en baisant le pan du manteau de Khosrew, la tête est responsable de ce que la main écrit, reprenez ma place et donnez-la à un esclave, j'accepterai comme un bienfait ma disgrâce. »

Une créature de Khosrew fut élevée aux fonctions répudiées à ce prix par le fier Malkodj. Le sultan pardonnait tout à celui qui avait su dompter les troupes.

Schahin-Ghéraï, l'un des deux usurpateurs de Crimée renversés par le khan légitime et par le prince Cantimir, son général, s'était réfugié en Pologne. La Porte demanda en vain son extradition. Les Polonais se justifièrent de l'avoir secouru.

Les querelles religieuses entre les catholiques et les Grecs, ravivées par les protégés de la France, agitèrent de nouveau la diplomatie chrétienne à Constantinople. L'imprimerie grecque établie dans cette capitale fut assaillie et saccagée. Les jésuites, expulsés comme instigateurs de ces troubles de la capitale, cherchèrent à s'établir à Naxos et à s'emparer de l'administration religieuse de l'Archipel et de Jérusalem. L'agitation semée dans ces îles par leur présence les fit emprisonner à Chio, et enfin proscrire de l'empire ottoman, malgré l'insistance de la France et de l'Espagne en faveur de cet ordre monastique.

Le prince tributaire de Transylvanie, Bethlen-Gabor, ambitieux du trône de Hongrie, de Moldavie, de Valachie, sous le nom de royaume des Daces, qui avait agité si longtemps Vienne et Constantinople de ses intrigues et de sa politique à deux faces, délivra par sa mort le divan et la cour de Vienne d'un ferment perpétuel de discorde. Cette mort permit à l'Autriche et à la Porte de signer un nouveau traité de paix à Szoen, dans le palatinat de Comorn, sur les bases solidifiées du traité de Sitvatorok.

XXI

Amurat IV, parvenu à cette époque (1626) à sa dix-septième année, et mûri par les leçons d'Hafiz, souffrait impatiemment le joug trop prolongé de sa mère et du chef des eunuques noirs, Mustafa, conseiller secret de la politique du harem. Offensé de ce que sa mère avait accordé, malgré sa répugnance, une de ses filles au capitan-pacha Hassan, son favori actuel, le sultan fit enlever de force sa sœur du harem d'Hassan, à qui elle avait été livrée. Quelques jours après il fit étrangler dans son harem, entre les bras d'une autre de ses sœurs, un autre de ses beaux-frères, Kara-Mustafa.

Ces exécutions soudaines firent trembler sa mère. Elle tâcha d'amortir sa férocité par des fêtes, par des caresses et par des présents de jeunes esclaves, de chevaux persans et de bourses contenant dix mille ducats d'or. L'habile sultane ressaisit par ces complaisances l'ascendant sur son fils.

XXII

La nouvelle de la mort de Schah-Abbas (janvier 1628) rendit au divan l'audace et l'espoir de reconquérir Bagdad. Khosrew marcha avec cent cinquante mille hommes sur Alep. Sa route fut marquée par ses sévérités et ses exécutions. Tourmisch-Beg, gouverneur de Konïah, né comme lui en Albanie, et vieilli au service des sultans sans avoir trempé un seul jour dans les factions de la capitale ou des camps, fut sommé par Khosrew de lui livrer ses trésors supposés.

« Donne tes richesses, s'écria le grand vizir, ou ta tête va tomber!

» — Si mon heure n'est pas venue, lui répondit froidement le vieux beg, c'est en vain que tu menaces mes jours; si tu souilles tes mains de mon sang innocent, les miennes te feront un collier au jugement dernier. J'ai plus de quatre-vingt ans, et tout autant de blessures reçues pour la foi et l'empire; mais sous un tyran altéré de sang comme toi, il vaut mieux mourir que de vivre. »

Sans justice pour ses vertus et sans pitié pour ses cheveux blancs, Khosrew interrompit ses reproches par le geste de la mort.

A deux marches plus loin, le defterdar de l'armée, Aboubekre, fut massacré en route et ses biens confisqués pour l'armée. A Serabad, le chef des Kurdes, Mir-Mohammed, appelé au divan du vizir et prévoyant le piége, se revêtit d'une cotte de mailles sous ses vêtements. Khosrew, après l'avoir injurié, appela le bourreau. Le Kurde, résolu à vendre et non à donner sa vie, tira son sabre pour le plonger dans la poitrine du grand vizir. Le kiaya se précipita entre Khosrew et l'assassin. Le sabre du Kurde coupa du même coup la main du kiaya et la moitié du pilier de bois de la tente derrière lequel Khosrew s'était abrité. Aux cris et au tumulte, les officiers du vizir entrèrent et percèrent de vingt coups de poignard le Kurde enfin terrassé. Sa suite, qui s'armait pour le défendre, tomba sous les sabres des *chiaoux*. Sept cadavres décapités et amoncelés devant le seuil de la tente attestèrent la férocité de Khosrew et la fidélité des Kurdes à leur émir.

XXIII

Les Persans, déchus de leur héroïsme à la mort de leur héros, le grand Abbas, laissèrent les cent cinquante mille Turcs s'avancer lentement à travers leurs plus riches provinces. Le magnifique palais d'Hassan-Abad fut converti en un monceau de cendres; Hamadan, l'antique Ecbatane, capitale des premières dynasties, rivale de Babylone et de Suze, célèbre sous l'islamisme par sa mosquée nommée la mosquée des *Mille et une Colonnes*, et par le tombeau du poëte Hafiz, le Salomon par la sagesse, l'Anacréon des Persans par la volupté de ses vers, fut incendiée par le grand vizir. Les dômes sacrés des mosquées, les palais, les murailles d'Ecbatane, s'écroulèrent sous la flamme, sous la hache ou sous le marteau des Ottomans. Ils n'épargnèrent pas même les arbres qui couvraient de l'ombre et des fruits d'un printemps perpétuel les bords des ruisseaux de cette délicieuse plaine. Un nuage de fumée et de cendres, flottant dans l'air pendant plusieurs jours au-dessus de cette *Tempé* de la Perse, annonça aux provinces voisines que la férocité de Khosrew n'épargnait pas même la nature. On appelle encore ce passage du vizir, dans les traditions persanes, la *Visite de l'homme sans pitié.* Alexandre, Gengis et Timour n'avaient pas laissé une trace plus sinistre sur le sol et dans la mémoire de la Perse.

De là rétrogradant, par l'ordre de la sultane Kœsem, vers Bagdad, Khosrew et son armée traversèrent (1630) la fabuleuse montagne de Baghistan, scène des amours immortelles de Ferhad et de la belle Schirin, l'Héloïse des Persans et des Turcs. Le respect pour les monuments de la poésie fabuleuse l'emporte chez les Ottomans sur le respect des monuments de l'histoire. Ils contemplèrent avec respect l'immense rocher taillé à pic par l'amoureux Ferhad pour y creuser le canal qui devait amener un fleuve de lait (écume des cascades) aux pieds de son amante. Ils respectèrent les antiques grenadiers nés, selon la fable poétique, du sang de Ferhad.

L'armée persane fut anéantie en tentant de défendre ce jardin de la Perse et ces tombeaux des rois de ses dynasties. Les restes se réfugièrent dans les murs de Bagdad. Les meilleurs généraux de Khosrew et plus de la moitié de son armée périrent sous les assauts. Bagdad sauva encore une fois la Perse.

Khosrew, humilié, repassa le Tigre en coupant les ponts derrière lui, et regagna, comme Hafiz, Mossoul, après un mois de marche, harcelé dans le désert. Sa fureur, en arrivant à Mossoul, s'assouvit sur les séraskiers et les begs perturbateurs de son armée, qu'il accusait de ses désastres : il les invita à un festin, et les fit massacrer en masse par des bourreaux apostés dans la salle. Il appela à lui, pour réparer les pertes de l'armée, quarante mille Tartares de Crimée, et passa l'hiver à Mardin à les attendre.

XXIV

Cette série de revers et d'atrocités n'interrompait à Con-. stantinople ni les fêtes ni les intrigues du sérail. Le divan s'occupait diplomatiquement des affaires de Transylvanie, de Valachie et de Moldavie, remises en question par l'élection du magnat hongrois Rakoczy au trône tributaire de Transylvanie. Rakoczy, à l'exemple de son prédécesseur Bethlen-Gabor, aspirait à la royauté des trois provinces réunies sous le nom de royaume des Daces. Ses négociations alternatives avec la Turquie et l'Autriche faisaient de lui tantôt un client, tantôt un allié suspect, tantôt un ennemi de ces deux cours.

Les Tartares de Crimée, en guerre un moment avec les Polonais et les Russes, reçurent ordre du divan de rentrer dans leurs steppes et de porter leurs troupes en Perse, au secours de Khosrew. Cette armée, lentement formée et vainement attendue par le grand vizir à Mardin, fit ajourner la seconde campagne de Perse à l'année 1631. Khosrew revint, discrédité par son inaction, à Alep.

Hassan, favori du sultan et de la Validé, obtint la déposition de Khosrew et la nomination d'Hafiz-Pacha, l'ancien grand vizir. Khosrew, que sa férocité soldatesque et ses caresses aux soldats avaient popularisé dans les camps, feignit d'obéir avec résignation aux ordres du sultan, mais fomenta sous main l'insurrection des troupes en sa faveur. La révolte éclata à Diarbékir et à Alep; elle se propagea à travers l'Anatolie jusqu'aux casernes de Constantinople.

Les rebelles levèrent d'eux-mêmes leur camp, et forcèrent leurs généraux de les ramener dans la capitale. Khosrew les y avait devancés, suivi seulement de son neveu et d'une poignée de ses partisans.

A leur instigation, les spahis et les janissaires, attroupés sans chefs sur la place de l'Hippodrome, demandèrent pendant trois jours et trois nuits les têtes des traîtres. Ils désignaient nominativement sous ce nom le grand vizir Hafiz, le mufti Yahya, le defterdar Mustafa, le favori Hassan, nommé récemment aga des janissaires, Moùsa-Tchélébi, autre favori du sultan, tous réputés complices des intrigues du harem contre Khosrew, et coupables des revers de la campagne de Perse.

Le harem tremblait à leurs cris. Le quatrième jour, les portes de la cour du sérail, forcées par l'émeute, livrèrent le sérail lui-même à leur tumulte et à leurs vociférations. Ils attendaient Hafiz, que ses fonctions devaient amener à midi au divan, pour l'immoler sur les marches du palais. Des amis avertirent Hafiz de ne pas s'abandonner à ses ennemis. Il était déjà à cheval pour se rendre à son poste.

« Non, dit-il, j'ai vu cette nuit ma destinée en songe ; je ne crains pas de mourir pour mon devoir. »

La foule s'ouvrit et se referma bientôt derrière lui. Les soldats le précipitèrent de son cheval à coups de pierres, déchirèrent ses habits, lui enlevèrent son turban, le foulèrent aux pieds et allaient l'égorger, quand ses serviteurs l'arrachèrent demi-nu et sanglant de leurs mains pour le porter à l'infirmerie du sérail. Il essuya le sang et la poussière de son visage, emprunta un turban aux bostandjis, et parut devant le sultan pour lui conseiller de céder à l'orage et de lui retirer le sceau de l'empire :

« Va, mon aga, lui dit le sultan, et que Dieu te pro-
» tège ! Je ne puis plus protéger personne. »

Hafiz sortit du sérail par une porte dérobée sur les jardins, gagna le bord de la mer et monta sur une barque pour se réfugier à Scutari.

XXV

Le sultan lui-même, interpellé par les factieux, parut à leurs cris sur le seuil de la salle du divan. Ses vizirs et ses serviteurs se pressaient autour de lui. Un dialogue entrecoupé de clameurs confuses s'établit entre les soldats les plus rapprochés et le sultan.

« Que voulez-vous de votre padischah? leur dit-il.

» — Dix-sept têtes de tes vizirs et de tes favoris, répondirent les séditieux; livre-les à l'instant, ou pense à toi-même.

» — Vous êtes incapables d'entendre mes paroles, reprit Amurat IV assourdi de clameurs, menacé de gestes; à quoi bon m'avoir appelé, si ce n'était pour m'entendre et pour discuter avec moi? »

Il se retourna avec un geste de désespoir et d'indignation pour détourner ses yeux d'un tel spectacle. Ses pages se jetèrent entre les soldats et lui et parvinrent à fermer la porte extérieure du sérail.

« Les dix-sept têtes ! les têtes ! les têtes ! crièrent avec un redoublement de fureur les soldats, ou descends du trône comme Othman II ! »

Les conseils dans l'intérieur du sérail participaient du

trouble et de la terreur du dehors. Les ennemis d'Hafiz s'étaient glissés parmi les vizirs. Redjeb-Pacha, le plus accrédité d'entre eux, déclara au sultan, avec une feinte douleur, que, de temps immémorial, le droit, la politique et la nécessité, cette politique suprême des sultans, avait été de sacrifier les têtes de leurs serviteurs pour sauver le monde, et qu'il fallait imiter ses ancêtres ou exposer le padischah lui-même au sort d'Othman.

Amurat IV, espérant encore obtenir la grâce de ses plus chers favoris par sa condescendance apparente à la colère du jour, envoya le chef des bostandjis à Scutari pour ramener Hafiz au palais. Hafiz, à peine sauvé, n'hésita pas à se perdre de nouveau pour son maître. Il remonta sur sa barque, traversa le canal en pressant lui-même les rameurs. Rentré au sérail par une issue secrète, il se tint prêt à vivre ou à mourir au gré de la rage ou de la pitié mobile de ses ennemis.

Le sultan crut, au silence d'attente de la multitude, que la colère baissait ou se lassait dans les cours. Il monta sur son trône, dans la salle du péristyle, fit ouvrir les portes, et ordonna à quelques-uns de ceux qui paraissaient les tribuns de la sédition de s'approcher de lui pour l'entendre et pour reporter ses paroles à leurs camarades.

L'émotion de l'heure, la crainte pour sa mère et pour lui-même, la compassion pour Hafiz, qui l'écoutait caché derrière une draperie du dais, la pâleur, le geste, l'accent, les larmes, auraient donné de la persuasion à son discours, si la haine se laissait jamais persuader. Il adjura les troupes, il leur représenta le souvenir et les remords du meurtre d'Othman, le déshonneur pour l'empire rejaillissant sur le trône et sur les armes elles-mêmes par ces violences faites à la volonté libre du représentant des califes, l'inutilité des vengeances qu'ils demandaient, puisqu'il avait accédé de lui-même aux vœux de l'armée et du peuple en destituant son grand vizir et en disgraciant ses favoris; la lâcheté de frapper à terre des vaincus désarmés qui n'avaient que leurs ennemis pour juges et leur compassion pour salut. Il les supplia, au nom de sa jeunesse et de sa renommée future, de ne pas le contraindre à leur donner du sang innocent pour prix d'un règne taché d'ingratitude et d'injustice aux yeux de l'avenir.

Un murmure tantôt favorable, tantôt sinistre, parcourait à ces paroles la salle et les cours; les plus rapprochés s'attendrissaient, les plus éloignés redoublaient d'impatience et d'imprécations contre les lenteurs du sacrifice; Amurat allait continuer ses vains efforts; Hafiz, qui jugeait au bruit et aux visages de l'inutilité et du danger de la résistance, venait d'achever en silence les ablutions et les prières des mourants; il écarta de la main le rideau qui le dérobait aux regards de la foule. Sa barbe blanche le fit reconnaître à l'instant des soldats, malgré son turban de bostandji. Il se prosterna aux pieds du sultan, puis se relevant avec l'élan d'un homme qui prend une grande résolution :

« Grand padischah, lui dit-il d'une voix ferme, que mille esclaves comme Hafiz périssent plutôt qu'un cheveu de ta tête ou un clou d'or de ton trône! Seulement, je t'en prie pour ton innocence et pour ta gloire, ne me frappe pas toi-même ou par la main d'un de tes serviteurs, afin que je meure martyr et non supplicié, et que mon sang répandu retombe sur leurs têtes! Je demande pour toute grâce que mon corps soit enseveli à Scutari. »

Puis baisant la terre qui allait couvrir son cadavre contre les outrages de ses assassins : « Au nom de Dieu tout puissant et tout miséricordieux, ajouta-t-il, il n'y a d'autre puissance et d'autre miséricorde que celle de Dieu. Nous sommes venus de Dieu et nous retournons à lui... »

Après cette profession de foi suprême, il se releva, et se présenta de lui-même, avec un visage fier et une contenance dédaigneuse, aux coups des spahis. Les sanglots du sultan, les larmes des pages, la tête baissée et la physionomie consternée des vizirs, attestaient la contrainte et la honte de ce sacrifice accepté. Quoique désarmé, Hafiz abattit à ses pieds, d'un coup de poing asséné sur la tête, le premier des soldats qui osa porter la main sur son vieux général ; les autres, levant à la fois leurs glaives sur son corps, le percèrent de dix-sept coups de poignard. Un janissaire s'agenouilla sur son cadavre et lui coupa la tête, qu'il éleva comme le trophée de la journée aux regards de la multitude. Les pages étendirent un linceul de soie verte sur le cadavre pour l'envelopper sur la barque qui le rapporta au tombeau qu'on lui avait promis à Scutari.

« Infâmes et lâches assassins ! qui ne craignez ni Dieu, ni Prophète, ni padischah ! s'écria Amurat IV en rentrant désespéré dans l'intérieur du sérail, vous éprouverez tôt ou tard la juste vengeance qui vous attend ! »

Hassan, l'aga des janissaires, la seconde victime réclamée par les séditieux, dut la vie à la fidélité d'une poignée de janissaires qui défendirent leur général contre les égorgeurs ; le defterdar s'évada à la faveur du tumulte ; la déposition du mufti suffit à la rancune des ambitieux qui l'avaient compris dans la proscription pour s'élever sur sa ruine.

XXVI

Tout parut s'apaiser par le sang du grand vizir et par la nomination aux premières dignités des favoris ou des instigateurs de la sédition. Redjeb-Pacha, le conseiller de cette concession sanguinaire, était arrivé au sommet de son ambition; il abandonnait ou poursuivait ses complices.

Khosrew, l'auteur principal ou le prétexte de ces troubles, et qui en attendait le résultat à Konïah, fut le premier livré par Redjeb au ressentiment du harem. Mourteza-Pacha reçut ordre d'aller prendre, avec un corps d'armée, le gouvernement de Diarbékir, et d'exécuter, en passant à Konïah, la juste vengeance du sultan : « Je ne veux que sa tête, lui dit le sultan; ses immenses richesses sont à toi. »

Cependant Redjeb fit avertir en secret Khosrew du péril qui menaçait sa tête. Khosrew, renfermé dans sa maison de Konïah, s'enveloppa de la poignée de troupes qu'il amenait à sa suite. Mourteza, après avoir fait vérifier aux juges de la ville l'ordre de mort du factieux, commença à démolir la maison à coups de canon. Khosrew, malade ou feignant la maladie, envoya son kiaya, Ali le Hongrois, se soumettre en son nom aux ordres du sultan, et prier Mourteza de venir avec confiance les lui communiquer à lui-même. Ses chiaoux, cachés derrière le mur de la cour, devaient fondre sur Mourteza, arracher le firman de ses mains, le massacrer.

L'exécuteur de la vengeance d'Amurat IV pressentit le piége. Il resta à la tête de ses troupes, et fit porter le firman du Grand Seigneur par Soulfikar, son lieutenant. Khosrew, abandonné par le peuple de Konïah, à qui Mourteza avait promis au nom du sultan une part de ses dépouilles, se résolut à mourir avec la résignation du crime trompé et du fanatisme.

« Nos vies sont au padischah, dit-il à Soulfikar après avoir lu le firman; mais puisque le pacha de Diarbékir avait un firman de mort contre moi, pourquoi ne pas me l'avoir présenté tout de suite? Qu'était-il besoin de canonner ma maison et de me faire passer pour un rebelle? Dieu me préserve de l'être! Dieu est tout-puissant; je ne m'insurge pas contre ses décrets; mais, s'il plaît à Dieu, la vengeance n'est pas loin, et il tombera encore bien des têtes. »

Après ces paroles, il fit sa prière, demanda avec larmes la miséricorde de Dieu et non celle des hommes, et tendit le cou au cordon. Ses immenses richesses et ses somptueux équipages, montant à plus de cent mille ducats d'or, furent confisqués. Mourteza-Pacha refusa, malgré le don du sultan, de s'en approprier une obole. Tout fut envoyé par lui au sultan. Amurat IV, pour récompense, lui donna pour épouse la veuve d'Hafiz.

XXVII

L'exécution de Khosrew et l'arrivée de ses trésors et de ses chevaux à Constantinople devinrent le signal d'une nouvelle explosion des troupes. Le grand vizir Redjeb, craignant pour lui-même, fit insinuer aux soldats que la vengeance du harem serait constamment suspendue sur la tête des meurtriers d'Hafiz, tant que Mousa le favori, Hassan, l'aga des janissaires, et l'ancien trésorier Mustafa conserveraient la secrète faveur du sultan. A ces insinuations les boutiques se fermèrent, le peuple et les soldats se répandirent dans les rues en demandant ce supplément de têtes. Les flots de neige qui tombèrent sur Constantinople le soir du premier jour suffirent à disperser ces rassemblements. Le lendemain les séditieux, réunis en plus grand nombre, inondèrent les cours du sérail, demandant à grands cris les trois têtes et prétextant leur inquiétude sur l'existence des princes frères d'Amurat IV, dont la vie, disaient-ils, était menacée par les favoris du sultan.

Amurat, arraché comme la première fois par ces clameurs à l'ombre du sérail, fut forcé de comparaître et de supplier la multitude. Il jura qu'il ignorait la retraite où Hassan et le defterdar avaient caché leurs jours depuis l'exécution sanglante d'Hafiz. Il fit venir les quatre princes Bayézid, Suleïman, Kazim, Ibrahim, et les montra au peuple pour confondre, par leur présence, la calomnie qui l'accusait de les avoir immolés.

« Que voulez-vous de nous? dit aux chefs de la sédition le plus âgé des captifs enlevés par des protecteurs importuns à la paix de leurs kiosques et aux tendresses inquiètes de leur mère. Laissez-nous en paix dans notre ombre; gardez-vous de prononcer nos noms, car vous attireriez ainsi le soupçon sur nos têtes innocentes. N'avez-vous donc aucune crainte de Dieu, aucun respect pour le padischah votre maître? Le ciel nous protégera bien sans vous. »

Ces reproches émurent le peuple; on ramena les quatre enfants dans leurs kiosques. La sédition paraissait assoupie; mais le grand vizir Redjeb jouait le double rôle de conseiller au dedans, d'incitateur au dehors. Il engagea Amurat IV à renvoyer publiquement du sérail dans sa propre maison, et sous sa garde, son jeune favori Mousa, afin, disait-il, que cette marque de condescendance et de confiance donnée aux troupes les convainquît de sa sincérité et les fît renoncer à demander les têtes d'Hassan et du defterdar. Il jura avec serment à son maître qu'il répondait sur sa tête de la tête de Mousa et de la générosité du peuple.

Amurat refusa longtemps d'exposer par cette mesure la vie d'un ami qu'il aimait avec passion. L'avis du capitan-pacha, fils du héros Djanboulad, le décida. Il avait plus de confiance dans le capitan-pacha que dans le grand vizir.

« J'y consens enfin, dit-il avec larmes ; mais souvenez-vous que vous êtes les otages de mon ami, et que s'il tombe un cheveu de la tête de Mousa, vos têtes m'en répondront. »

Mousa fut livré, sur la foi de ces promesses, au grand vizir, qui l'emmena dans son palais.

A peine y était-il enfermé, qu'une bande de janissaires, de spahis et de populace s'attroupa devant le palais du grand vizir, exigeant par leurs vociférations qu'on leur livrât à eux-mêmes le favori. Le perfide Redjeb appelant alors Mousa près de lui : « Mon enfant, lui dit-il avec une compassion apparente pour son innocence et pour son âge, mille vies comme la tienne et la mienne ne sont rien pour sauver celle du sultan. Cependant ne désespérons pas, je vais voir ce que nous pourrons obtenir des rebelles. »

Se faisant suivre alors du pauvre adolescent, comme pour parlementer avec la multitude, il ordonna tout bas à ses serviteurs de le pousser violemment par les épaules et de le précipiter du haut de l'escalier. Le jeune homme fut reçu en bas par mille poignards, qui le dépecèrent en lanières, pendant que l'astucieux vizir, affectant une horreur convenue, criait aux assassins : « Arrêtez! ne savez-vous pas que j'ai garanti sa vie à son ami? »

Hassan, découvert le même jour dans la chapelle de sa magnifique villa de Bebek, fut conduit sur un cheval dételé d'un chariot de Bulgares, au milieu des dérisions, sur la place de l'Hippodrome, égorgé et pendu par les pieds aux branches d'un platane qui servait de potence aux supplices du peuple, et laissé pendant plusieurs jours en jouet aux enfants de la populace. Le defterdar, découvert quelques jours après par les proscripteurs, fut décapité, sur l'ordre de Redjeb, par le bourreau, et pendu au même platane où flottait le cadavre d'Hassan (1632).

De tels crimes, tolérés ou favorisés par le grand vizir, étaient les préludes de la déposition d'Amurat IV, et peut-être de son supplice. Redjeb l'avait trop offensé pour ne pas le haïr; il laissait ouvertement parler de lui substituer un de ses frères, qui lui devrait le trône, et dont la reconnaissance assurerait son pouvoir.

Il achetait sa popularité au prix de la tolérance de tous les excès de la multitude et des troupes; le massacre des généraux par les soldats était devenu le jeu et le défi des casernes. Les spahis se moquaient des djébedjis, milice inférieure qui parlait d'égorger et de pendre aussi son aga au platane.

« Quoique votre aga soit un officier important dans l'empire, disaient les janissaires et les spahis à leurs dignes émules en assassinats, il n'est pas encore de taille à être pendu à la même branche que Mousa, Hassan et Mustafa.

» — Croyez-vous donc, répondaient les djébedjis humiliés, que nous ne soyons pas aussi des hommes, et sommes-nous assez méprisés pour qu'on ne nous permette pas de massacrer notre aga et de devenir, à notre tour, d'imposants rebelles? »

Les janissaires ayant défié les djébedjis à ce crime, trop relevé pour eux, disaient-ils, les djébedjis répondirent au défi en courant à leur caserne et en massacrant, par pure rivalité de forfait, leur aga, le brave et vertueux Sahib. La populace, imitant les soldats, remplissait la ville de saturnales et de tumulte. L'émulation de l'anarchie élevait et précipitait tous les jours, pendant deux mois, de nouveaux tribuns de la multitude. L'excès des crimes rendit le remords au peuple, et la vengeance du meurtre de son favori rendit l'énergie du désespoir au sultan.

Sa mère, la sultane Kœsem, Grecque de naissance et de caractère, entretenait avec soin, du fond de son harem, des relations sourdes avec deux vizirs de sa nation, qui avaient et qui trompaient la confiance de Redjeb. Ces deux Grecs, élevés par les rebelles aux plus hautes dignités de la Porte, étaient le vizir Roum-Mohammed et le nouvel aga des janissaires, Kœsé-Mohammed. L'un et l'autre, avec la prudence des ambitions qui savent se borner pour consolider leur fortune, trouvaient plus de sécurité dans la reconnaissance de la sultane et de son fils sauvés par leurs mains que dans la mobile faveur de la multitude. Élevés par la sédition, ils voulaient s'affermir par la loyauté; tactique instinctive des ambitieux qui, après être montés, craignent de redescendre. Ils entretenaient une correspondance secrète avec la sultane Kœsem, épiant avec attention l'heure où le dégoût du peuple et la lassitude des troupes permettraient au sultan de frapper l'anarchie à la tête dans son grand vizir.

Cette heure enfin venue, la sultane donna le signal à son fils. Amurat IV, animé par la vengeance, dissimula pour mieux assurer le coup. Redjeb, inopinément rappelé au sérail dans la soirée du 18 mai 1632, après le divan, se hâta d'accourir aux ordres de son maître. Parvenu dans la seconde salle d'attente du palais, les eunuques lui ouvrirent une porte basse qui donnait accès à un cabinet où le sultan l'attendait, lui dit-on, pour conférer seul avec lui.

En y entrant, il n'y vit que des eunuques et des muets dont la physionomie et le silence le firent chanceler sur ses pieds malades de la goutte. Le rideau qui séparait cette chambre de celle où le sultan l'attendait se leva; Amurat était debout à l'autre extrémité de l'appartement; son visage résolu et son attitude révélaient l'homme qui avait dit à quinze ans ce mot resté le proverbe de la haine chez les Ottomans: « *La vengeance s'ajourne, mais ne vieillit pas.* »

Il rappelait en un seul grief, dans sa mémoire implacable, tout ce que la perfide popularité de son ministre lui avait imposé de terreur et d'outrages depuis son enfance. Un jour, entre autres, que, sommé par les vociférations des troupes insurgées de paraître à la *porte de la Félicité* devant elles, Amurat hésitait et différait d'obéir: « *Allons, mon padischah, demandez l'eau des ablutions,* » lui avait dit insolemment le vizir. Ce mot, qui signifie, pour les Turcs: *préparez-vous à mourir*, retentissait comme la voix d'un bourreau dans le souvenir d'Amurat. Il le retourna avec une joie amère contre l'insolent *Redjeb*.

« Approche-toi donc, *perfide boiteux!* » s'écria-t-il d'une voix tonnante au grand vizir, que la goutte et la stupeur clouaient immobile sur le seuil de la chambre.

Redjeb balbutia des excuses et des protestations d'innocence. « Tais-toi, et demande à ton tour l'eau des ablutions, giaour! » reprit le sultan. Et se tournant vers les eunuques blancs : « Que l'on coupe à l'instant la tête du traître! » leur dit-il.

On n'avait point averti les bourreaux, de peur de révéler par quelque indiscrétion la pensée du meurtre. Les eunuques blancs les remplacèrent, tranchèrent la tête du grand vizir, et jetèrent le cadavre, à la porte du sérail, à la suite nombreuse de serviteurs, de clients et de complices qui attendaient sa sortie du palais.

L'audace de la vengeance déconcerta ses partisans : la tête frappée, ils craignirent pour les membres. Ils se dispersèrent consternés, croyant déjà sentir sur leurs propres têtes le froid du sabre qui avait frappé Redjeb. Le sultan, décidé cette fois à régner ou à mourir, ne laissa pas respirer les rebelles. Sûr de lui-même, de l'opinion publique, de l'appui de Roum-Mohammed au divan, et de l'aga des janissaires dans les casernes, il donna les sceaux de l'empire à un Albanais intrépide, dévoué à la sultane Kœsem, nommé Tabaniassi, homme de main dont la sultane était la tête. Il rassembla hardiment les troupes dans une revue générale sur la place de l'Hippodrome, monté sur un trône qu'il avait fait dresser sous le péristyle de la mosquée, s'entoura des vizirs, des pachas, des agas, des juges, des imans, des oulémas influents sur les soldats et sur le peuple, et, s'étudiant dès le premier jour à séparer la cause des janissaires de celle des spahis, les plus discrédités des rebelles, il caressa de paroles les uns et gourmanda sévèrement les autres; puis après avoir fait lire par le grand vizir un décret de réforme qui restituait aux oulémas les places et les émoluments dont les spahis s'étaient emparés contre les lois :

« Si mes spahis sont dociles et repentants, dit-il, ils enverront vers moi quelques-uns de leurs vétérans irréprochables pour m'apporter leurs excuses et implorer ma miséricorde. »

S'adressant ensuite aux janissaires, et feignant de voir en eux les colonnes inébranlables du trône, il leur commenta le passage du Coran qui ordonne aux musulmans d'obéir à Dieu, au Prophète et au souverain :

« Le padischah, leur dit-il, fût-il un esclave éthiopien, est l'ombre de Dieu et le centre de la Divinité sur la terre; cessez donc de pactiser avec les rebelles et de ménager les séditieux, afin que votre padischah puisse remédier librement aux calamités de l'empire, et que vous puissiez, comme vos pères, vous vanter d'avoir bien mérité du trône et du peuple. »

Amurat IV était aussi éloquent qu'il était poëte; il avait quelquefois manqué de force, jamais de résolution ni de dignité. Ses paroles retournèrent le cœur des janissaires, pressés de se laver devant le peuple de toute solidarité avec les rebelles et des calamités que le murmure public commençait à leur imputer.

« Les ennemis du padischah seront désormais nos ennemis, s'écrièrent-ils d'une seule voix; nous jurons de ne plus protéger les rebelles. »

Ils scellèrent individuellement ce serment militaire par un serment plus saint entre les mains du mufti sur le Coran.

Les vétérans des spahis, appelés autour du sultan pour

présenter les excuses de leur corps, tremblaient qu'il ne commandât leur supplice. Amurat se contenta de leur terreur.

« Vous autres spahis, leur dit-il avec un sourire de dédain, vous êtes une étrange milice à laquelle il est difficile de faire entendre la raison et pratiquer la justice; vous êtes quarante mille dans tout l'empire, et vous prétendez tous à des grades, tandis que le nombre des places à vous donner n'est que de cinq cents. Vos exigences et vos exactions ont bouleversé et épuisé le royaume. L'appât des places a augmenté parmi vous le nombre des méchants, qui, refusant d'entendre la parole des anciens et des sages de la troupe, comme vous voilà, passent leur temps à opprimer le peuple, à dévorer les fondations pieuses, à se faire une funeste renommée de tyrannie et de rébellion. »

Les spahis répondirent : «Nous ne prenons pas le nom de rebelles, nous sommes les amis de tes amis et les ennemis de tes ennemis. Nous n'approuvons pas la licence qui méprise les ordres du padischah, mais nous sommes hors d'état d'y mettre un frein.

» — Vous avez raison, continua le sultan; vous n'êtes pas assez puissants contre le nombre des méchants. Si vous êtes sincères dans vos paroles, chassez-les de vos rangs, cessez de demander des offices, et jurez-le par le saint livre du Coran, comme vos frères les janissaires. »

Les spahis, écrasés par le nombre des bons musulmans qui se séparaient d'eux, et atterrés par les paroles d'Amurat IV, jurèrent comme leurs camarades avaient juré.

Les juges de l'armée et des provinces se levèrent alors avec une indignation concertée pour faire le tableau des désordres, des violences et des déprédations des rebelles dans la capitale et dans leurs provinces, où l'oppression des soldats enlevait toute autorité à la justice.

Un Arabe, juge d'une des provinces d'Asie, soulevé de son siége par le tableau et le ressentiment de ces tyrannies militaires, s'écria qu'il avait eu lui-même sa maison forcée et ses meubles pillés, pour avoir voulu rendre un jugement selon sa conscience et non selon le despotisme de la soldatesque.

« Mon padischah, dit-il en tirant son sabre du fourreau, malgré la présence du souverain, croyez-moi, le seul remède à tout cela, c'est le glaive. »

Le sultan, sans le démentir ni le blâmer, lui fit signe de se calmer et de se rasseoir.

Ce *divan à pied* confirma le coup d'État d'Amurat et rendit le nerf à l'empire.

XXVIII

Le lendemain, Amurat IV, encouragé par ce succès, appela au divan Amhed-Aga, chef des spahis, et lui ordonna de lui désigner et de lui livrer les plus coupables de ses soldats pour un supplice exemplaire. Ahmed, ayant marchandé en balbutiant l'obéissance, fut décapité sur un geste d'Amurat en plein divan.

Un des tribuns les plus populaires de la révolte, Saka-Mohammed, appelé au palais du grand vizir, s'y présenta avec une suite de séditieux dont il était l'âme, et, plein de confiance dans sa popularité, voulut discuter devant la foule avec le vizir.

« Coupez-lui la parole par le sabre! » s'écria pour toute réplique le vizir.

Sa tête roula avec celle d'un autre des meneurs de casernes nommé Djanin. Leurs cadavres furent à l'instant traînés sans honneurs à la mer. Les autres chefs d'émeute ou de parti se cachèrent, s'enfuirent ou furent pendus sans émotion du peuple. Rien n'est plus ingrat que la sédition quand elle est frappée de terreur; après avoir adoré des idoles dans ses chefs, elle ne tarde pas à y détester des corrupteurs. *La mort de l'âne est la fête du chien*, dit le proverbe turc. Les rebelles des provinces se hâtèrent de se faire les délateurs et les bourreaux de leurs complices. Ils envoyèrent au divan des têtes et des membres de factieux pour sauver leurs propres têtes. Le despotisme les trouva aussi vils que l'anarchie les avait trouvés insolents.

Un des plus puissants des chefs des rebelles, Élias-Pacha, vaincu à Magnésie et assiégé dans Pergame, capitula, à condition de la vie, des titres et des honneurs conservés, avec les généraux d'Amurat. Il osa se rendre à Constantinople sur la foi de cette amnistie. Amurat l'attendait au palais de plaisance d'Istawros, sur la rive du Bosphore.

« Giaour, lui dit-il en l'apercevant, pourquoi ne m'as-tu pas obéi quand je t'ai envoyé l'ordre d'évacuer Pergame et d'aller me servir à Damas?

» — J'étais malade, balbutia en s'excusant Élias.

» — Détestable menteur, lui cria le sultan, tu n'étais pas malade pour saccager Magnésie, la résidence impériale de mes ancêtres. Qu'on coupe la tête à ce traître! »

Un bostandji se précipitant sur le pacha sans défense lui scia le cou avec son couteau.

Chaque jour de cette année fut nommé du nom d'un supplice illustre. Mahmoud-Oghli, meurtrier d'Hafiz, fut étranglé et jeté à la mer; Mustafa, le defterdar du choix des rebelles, pendu devant la porte de la boulangerie du sérail; le polonais Bernawski, qui s'était proclamé roi des Moldaves, et qui disputait ce titre au Grec Élias, protégé des Turcs, enfermé aux Sept-Tours, puis décapité et jeté aux flots. Le courant rapide de la mer de Marmara à la mer Noire, en lavant les plages de Constantinople, y rejetait toutes les nuits des cadavres de janissaires et de spahis où l'on reconnaissait en frémissant les fauteurs célèbres ou obscurs des révoltes récentes ou anciennes. Pendant le sommeil des lois, la vengeance future avait noté les noms, les hommes et les crimes; rien n'était oublié, rien pardonné. Le sultan jouissait de confondre sa justice, sa politique et sa colère.

Kœsé-Ali et Féridoun, signalés par leurs intrigues au temps de Redjeb, payèrent les menées ténébreuses de leur vie. Féridoun, en croyant porter un châle précieux au pacha de Damas, portait, plié à son insu dans ce châle, l'ordre de son supplice. En dépliant le présent, l'ordre tomba à terre, et la tête de Féridoun tomba un instant après sur le tapis du divan.

Le grand vice que les Ottomans reprochent à Amurat IV, vice puni par eux dans son favori Mousa, cet Antinoüs des Ottomans, était une amitié suspecte pour les jeunes pages grecs de sa cour. Sa mère redoutait moins, pour son influence au sérail, ces favoris qu'une rivale.

Une tradition, accréditée par des témoignages historiques irrécusables, attribue au fatal exemple et à la spirituelle repartie d'un des compagnons de sa jeunesse le changement qui pervertit tout à coup à cette époque la sobriété religieuse d'Amurat, et la transformation de son abstinence de vin en goût et en habitude d'ivresse.

Voici la tradition telle que la rapporte, d'après les sources ottomanes, l'historien français M. de Salabéry.

Mustafa Bekri, petit-fils du divin poëte de ce nom, était un jeune courtisan célèbre par ses débauches et par ses reparties. Un jour, Amurat, déguisé, aperçut un homme couché dans la boue; il le prit pour un insensé; on lui dit que c'était un homme ivre. Au même instant Mustafa-Bekri, Mustafa l'ivrogne, se lève et commande au sultan de se ranger de côté. Le bras d'Amurat, qui était levé, retombe de surprise à cet excès d'insolence.

« Comment oses-tu, dit-il, m'ordonner de me retirer, à moi, qui suis le sultan Amurat?

— »Et moi, reprit l'ivrogne, je suis Bekri-Mustafa; si tu veux vendre ta ville, je serai sultan à mon tour, et tu seras Bekri-Mustafa. »

Amurat lui demanda où il trouverait assez d'argent pour payer Constantinople.

« Que cela ne t'inquiète pas, repris Mustafa; je ferai plus : j'achèterai aussi le fils de l'esclave (le padischah), je t'achèterai, toi. »

Et là-dessus il se retourna et se rendormit. Amurat le fit enlever tout couvert de boue et transporter au sérail.

Les fumées du vin dissipées au bout de quelques heures, Mustafa fut fort étonné de se trouver dans des appartements dorés.

« Est-ce que je rêve? dit-il à ceux qui l'entouraient; où suis-je? dans le paradis du Prophète?

» — Rien de tout cela, lui répondit-on; mais vous avez fait tel marché avec le sultan. »

Mustafa, saisi de frayeur, feignit de se trouver mal, et dit qu'il allait mourir si on ne lui apportait pas du vin pour ranimer ses esprits. Mustafa cacha le pot de vin sous sa robe, quand Amurat le fit appeler, et le somma de payer plusieurs millions pour prix de la ville.

« Sublime empereur, dit l'ivrogne gaiement, en montrant le pot de vin, voilà ce qui pouvait hier acheter Constantinople; croyez-moi, si vous possédiez un pareil trésor, vous le trouveriez préférable à l'empire de l'univers.

» — Comment cela? dit Amurat.

» — En buvant, dit Mustafa, cette liqueur. »

Le sultan se laissa persuader et fit l'essai de cette boisson, qu'il avala à longs traits. Il ne tarda pas à se croire trop à l'étroit dans le monde entier; il ne parla plus que de grands projets, et se sentit une gaieté qui lui sembla avoir plus de charmes que le diadème. Enfin il s'endormit; mais, en se réveillant quelques heures après avec un grand mal de tête, dans sa colère il fit appeler Mustafa.

« Voilà le remède à votre mal, » reprit celui-ci en souriant et présentant au sultan une coupe pleine de vin. Amurat la vide; le mal cesse, la gaieté revient. Bekri-Mustafa devient son favori; ce qui est plus étonnant, c'est qu'il ne fut pas, autant qu'on devait s'y attendre, au-dessous des dignités dont il fut revêtu.

XXIX

Les sévérités du sultan excitaient les représailles anonymes et les pamphlets satiriques des partisans voluptueux du tabac, du café et du vin. « Chassez les eunuques, disait une de ces épigrammes, qui nous font les nuits sans sommeil, en parcourant nos rues le glaive à la main, et en fermant nos maisons aux plaisirs licites; avant de proscrire le *nègre* (c'est ainsi qu'ils désignaient le grain du café) et avant de proscrire l'innocente fumée qui monte au ciel, dissipe, tyran, la vapeur du sang que tu fais monter tous les jours des cœurs opprimés par tes bourreaux. »

Les imans et les cheiks des mosquées, plus hardis dans leurs reproches, les déguisaient à peine en présence du sultan lui-même sous des allégories transparentes. Pour scandaliser le peuple par le contraste entre la tolérance partiale des grands vices et la répression sanglante des petits, ils récitaient en chaire une fable de Nasireddin, le Bilpay, l'Ésope, le La Fontaine des Turcs.

« Un homme, dit la fable indienne, cette satire masquée du despotisme, labourait un jour son champ à l'aide de deux bœufs, l'un gros et fort, l'autre petit et faible, attelés au même joug; le petit, ne pouvant creuser le sillon, le laboureur fouetta le gros. « Pourquoi frappes-tu celui qui tire,
» lui dit un passant, et épargnes-tu les coups à celui qui re-
» fuse de tirer? — C'est, répondit le laboureur, parce que
» le petit n'aurait jamais voulu tirer, s'il n'avait à côté de lui
» l'exemple de l'obéissance et des efforts du grand. » Frappez donc sur les grands que vous épargnez, et le peuple suivra vos préceptes : c'était la moralité de cet apologue.

Ce murmure sourd fut exaspéré par l'exécution injuste et soudaine du juge de Nicomédie, que le sultan fit pendre sous ses yeux, à la porte de la ville, avec sa pelisse et son turban de magistrat, parce qu'en allant à Brousse, Amurat IV avait trouvé la route mal réparée. Les oulémas, offensés dans leur collègue, parlèrent de révolte et de déposition dans la capitale.

« Hâtez votre retour, écrivit à son fils la sultane Kœsem, sa mère, qui du fond du sérail épiait les rumeurs publiques, on parle de déposition. »

Ce message rencontra Amurat IV chassant les cerfs dans les forêts du mont Olympe. Sans rentrer à Brousse, il galopa jusqu'aux bords de la mer de Marmara, se jeta dans une barque de pêcheur, malgré la tempête qui faisait chercher le port aux plus grands navires, et traversa la Propontide en une nuit. Arrivé le lendemain sans être attendu à son palais de Scutari, en face du sérail, Amurat avait retrempé le pouvoir despotique dans le sang, et reconquis sa liberté dans la vengeance.

Il sembla respirer une nouvelle vie. Son activité martiale, son adresse à cheval, sa vigueur au djérid, sa présence partout, sa grâce pour les soldats, son inflexibilité pour les chefs, son éloquence au conseil, son courage à réprimer de sa propre main les premiers symptômes de murmure et de sédition, son fatalisme à défier le poignard des assassins dans les attroupements tumultueux des soldats ou du peuple, contrastaient heureusement avec son indolence passive dans le harem. L'enfant avait disparu, l'homme était né ; mais l'homme dépravé par l'oppression qu'il avait subie, et la précocité du despotisme qu'il avait exercé. La défiance et la vengeance gouvernaient tour à tour et suppléaient les lois ; la reconnaissance même ne lui imposait aucun frein.

Roum-Mohammed, qui s'était opposé à sa déposition du trône sous Redjeb, ayant affecté à Aïntab quelques symptômes d'indépendance, Amurat le fit assiéger et massacrer par Yousouf-Déli, pacha de Damas, ancien rebelle empressé de prouver son zèle contre les rebelles nouveaux; Yousouf, appelé peu après à servir à Constantinople, y reçut pour récompense la mort qu'il venait de donner à Roum-Mohammed.

L'Arabie insurgée rentrait dans la soumission par les armes de Kœr-Mahmoud, un des hommes qui avaient prêté le plus de concours au renversement de l'anarchie. Vingt mille maisons de Constantinople brûlées en trois jours et trois nuits par un incendie ayant agité la capitale d'un premier frisson de mécontentement, Amurat ordonna la fermeture des cafés, ces sources et ces échos de murmures. Il parcourait lui-même à cheval la nuit les rues de la ville, suivi d'une cohorte de bourreaux pour supplicier à l'instant les infracteurs à cet ordre.

Aucun souverain jusque-là n'avait réprimé avec plus d'autorité l'usage du vin; il fit appeler le chef des bostandjis, et lui donna l'ordre impie selon les Ottomans de porter au mufti, aux juges de Constantinople et à quelques-uns des chefs des mécontents, l'ordre de sortir sous peine de mort de Constantinople et de se rendre en exil à Chypre. Il y ajouta l'ordre secret de leur trancher la tête, si le lendemain à l'aurore ces exilés n'avaient pas quitté la ville. Il se souvenait que le mufti avait été avec le perfide Redjeb une des cautions de la vie de son favori Mousa, et, bien que le mufti fût innocent de la déloyauté du vizir, Amurat jouissait de sacrifier deux victimes pour le crime d'un seul coupable.

La nuit écoulée, il voulut s'assurer par lui-même de l'exécution de son ordre; il traversa le canal de Scutari, monta à cheval, suivit la plage de la mer jusqu'au château des Sept-Tours, et rencontra sur le rivage le mufti, que le vent contraire empêchait de s'embarquer sur le vaisseau qui l'attendait pour le porter à Chypre. Il affecta de voir dans cet obstacle des éléments une désobéissance à sa volonté, fit saisir le mufti par les bostandjis, le fit jeter sur un chariot de paille jusqu'au premier village et exécuter sous ses yeux dans la maison d'un janissaire d'Aya-Stéfano.

On ensevelit le premier interprète de la loi religieuse et de la loi civile, le chef des oulémas et des cheiks dans le sable du rivage. Le tombeau magnifique qu'il s'était construit lui-même à Constantinople attendit vainement sa dépouille : la tombe trompe comme la vie. Ainsi périt le sage Akhizadé, coupable d'avoir arraché un jour à son souverain l'objet d'une licencieuse faveur, et surtout d'avoir été chef de la loi dans un temps où il n'y avait plus de loi. Cette promptitude dans l'action et cette obstination dans la vengeance scandalisa les consciences, mais abattit les murmures.

XXX

Amurat se préparait à conduire lui-même, à l'exemple de Soliman le Grand, trois cent mille hommes en Perse pour reconquérir Bagdad. Le grand visir était déjà à Alep, base des opérations contre les Persans.

Des séditions dont il triompha agitèrent ce premier rassemblement de troupes dans Alep, ville aussi turbulente que Damas. L'aga des janissaires fut déposé par l'émeute, et le grand visir lui-même assailli de pierres dans son palais. Ses gardes sauvèrent avec peine sa vie de la fureur des révoltés. La révolte s'éteignit dans le sang des coupables; mais le chef des *chiaoux*, qui s'était signalé par son courage contre eux, périt lui-même pour sa fidélité. Accusé par le grand vizir d'un dévouement excessif qui mécontentait l'armée, il fut renvoyé à Constantinople. Un chambellan d'Amurat l'attendait sur la route avec un firman de mort. L'aga, à la vue du firman, parvint à attendrir son exécuteur en lui démontrant l'erreur du padischah; il obtint l'ajournement de son supplice jusqu'à ce qu'il eût manifesté son innocence au sultan lui-même.

Amurat fut aussi ingrat et aussi impitoyable que son vizir : « Infâme menteur, dit-il en écoutant la justification et en contemplant les larmes de ce serviteur méconnu, c'est toi qui soufflais la sédition contre laquelle tu combattais ensuite; aujourd'hui tu voudrais surnager, comme l'huile, au-dessus des flots tumultueux? Qu'on lui tranche la tête ! »

Avant de partir pour l'armée, Amurat IV résolut de purger la capitale, les provinces et les différentes milices de tous ceux qui avaient donné, dans le temps des agitations de sa minorité et de sa faiblesse, le moindre indice de turbulence, de popularité ou de connivence dans les factions mal éteintes. Il voulait laisser la terreur et le silence régner en son absence autour de sa mère.

Le sultan, servi dans ses recherches par le zèle des proscripteurs, ne dédaignait pas de poursuivre lui-même les victimes échappées à ses espions. Le chef des émirs (descendants privilégiés du Prophète), Allamé, qui avait été l'hôte du mufti décapité le jour où le mufti et les oulémas, ses convives, avaient murmuré trop haut dans la liberté d'un festin, tremblait d'être compris, quoique innocent, dans la proscription de ses amis. Allamé s'entendit appeler une nuit de la rue par son nom ; et reconnaissant la voix du sultan, il descendit, à demi vêtu et résigné à la mort, à l'ordre du tyran. Le sultan, à cheval, lui ordonna, tout en marchant, de lui raconter les circonstances et les paroles les plus secrètes de ce fatal repas. Allamé lui raconta que ce n'était qu'une réunion accidentelle et privée, dont l'objet était de réconcilier le mufti avec le chef des émirs.

Pendant ce long interrogatoire, Allamé, essoufflé, suivait avec peine, en parlant, le pas rapide du cheval. Amurat IV semblait jouir de l'anxiété du vieil émir courant à côté de son cheval, et brandissait son sabre suspendu sur sa tête. A la fin, il congédia Allamé en lui faisant grâce de la vie et en lui recommandant plus de sévérité à l'avenir sur les entretiens de ses convives.

« Je suis le convive invisible de tous mes esclaves, lui dit-il, rentre en paix dans ta maison. » L'émir raconte qu'il lui fallut plus de deux heures pour refaire au pas le chemin qu'Amurat lui avait fait parcourir en quelques instants, en suivant hors d'haleine le trot de son cheval.

Pendant ces exécutions à Constantinople, le grand vizir achevait d'anéantir en Syrie la domination de Fakhreddin, l'héroïque chef des Druzes et des Maronites, dont l'empire indépendant, créé par son génie, s'étendait de Tripoli aux frontières d'Égypte et sur les deux flancs du mont Liban. Les agitateurs de l'empire avaient permis à Fakhreddin d'étendre et d'affermir sa souveraineté.

Cinq races guerrières et industrieuses, les Druzes, les Maronites, les Métualis, les Hébreux, les Arabes de Judée, reliés en un seul faisceau sous sa main, égalaient au moins la force de l'Albanie. La bravoure de Fakhreddin, son génie organisateur, ses voyages à Florence (en 1636) pour solliciter l'alliance et les secours des Médicis, sa marine, son commerce, les sites inaccessibles de ses châteaux dans la vallée de Balbek et dans les gorges du Liban, sa politique tour à tour obséquieuse et menaçante pour les Ottomans entre l'Égypte, Bagdad, Damas et le mont Taurus, faisaient de lui, quoique souvent cerné par les armées turques, l'arbitre de la Syrie et le rival des sultans. Tripoli, Latakieh, Beïrout, l'antique Sidon, la moderne Ptolémaïs sur la mer, Balbek, Jésusalem, Nazareth, Safad, Tibériade, Daïr-el-Kamar ou *le couvent de la lune* dans l'intérieur des terres, lui fournissaient des ports, des capitales, des forteresses, des villages belliqueux, des marins pour ses vaisseaux, des recrutements pour ses armées, des subsides pour son trésor, des ouvriers habiles pour ses fabriques de soie et d'armes.

D'une religion indécise comme tous les souverains du Liban obligés de gouverner plusieurs races sous le même sasabre, chrétien avec les chrétiens, catholique avec les Toscans, Druze avec les Druzes, mahométan avec les Turcs, politique surtout, sa tolérance multiple faisait vivre en paix ces populations antipathiques de foi. Il avait créé en Syrie ce patriotisme des montagnes du Liban, qui se déchire quelquefois, mais qui se renoue toujours sous les grands émirs de cette contrée pour l'indépendance commune.

L'émir Fakhreddin avait élevé, pendant vingt-cinq ans de règne (de 1610 à 1635), la Syrie au niveau des civilisations les plus florissantes de l'Europe. La Toscane, son modèle, et les Médicis, ses alliés, n'offraient pas dans les campagnes de Florence, de Pise, de Lucques, l'image d'une agriculture plus riche et d'une élégance de mœurs plus raffinée. La plaine de Beïrout et la vallée de Bkàa, au-dessus de laquelle plane l'Acropolis de Balbek convertie en citadelle par Fakhreddin, étaient les jardins de l'Asie Mineure. On y admire encore les ruines à la fois moresques et italiennes des palais, des villas, des fontaines, des aqueducs, des routes, des monuments de ce grand héritier des califes et des croisés représentés par un même homme.

A l'apparition de l'avant-garde des trois cent mille Turcs que le grand vizir rassemblait sous le prétexte de la guerre de Perse à Alep, Fakhreddin, prévoyant qu'il serait balayé le premier par ce torrent d'hommes, avait insurgé la Syrie et massacré vingt mille spahis cantonnés entre Alep et Tripoli. Attaqué comme représailles de cette extermination par l'armée du grand vizir, il avait vaincu à Mizereb; mais, défait à son tour dans la vallée de Bkàa, son fils était resté sur le champ de bataille, et lui-même, licenciant ses levées en masse des deux Syries, s'était réfugié avec une élite de soldats dans les gorges inaccessibles du haut Liban. Poursuivi jusque dans ces cavernes par trente mille Ottomans prêts à enfermer son asile, il s'était rendu avec deux de ses fils à Ahmed-Pacha, général de l'armée de Syrie.

On les envoya à Constantinople, où il mourut sans que son malheur eût éclipsé sa renommée (1635). Ses deux fils furent élevés parmi les pages du sultan pour perpétuer dans les hautes dignités de l'empire un nom qui était la gloire de quatre peuples. Sa défaite laissait la Syrie sans âme, et la route de la Mésopotamie libre à Amurat IV.

Au moment où la fortune lui livrait cet illustre rebelle, le ressentiment des janissaires contre un autre ancien rebelle, le célèbre Abaza, le vengeait des terreurs qu'il lui avait inspirées dans son berceau. Abaza, comme on l'a vu, avait été consolé de la perte d'Erzeroum par le gouvernement de Bosnie. Les janissaires de sa province, contre lesquels il ne dissimulait pas sa haine obstinée, conspirèrent sa perte avec une famille puissante de Bosnie, les Loboghlis. Ils fondirent un jour sur lui à la chasse et le blessèrent de plusieurs coups de sabre. L'intrépide et vigoureux Abaza se défendit en lion contre cette meute d'assaillants, rappela son escorte, tua de sa main le chef des janissaires Othman, et fit fuir le reste.

Le meurtre en masse de la famille des Loboghlis et une attaque impolitique en ce moment de la ville vénitienne de Zara mécontentèrent le sultan. On le nomma commandant de Widdin, où il emmena avec lui ses troupes de Bosnie. C'était le moment où le czar de Russie suppliait les Turcs de faire attaquer les Polonais par Abaza, pendant que l'empereur d'Allemagne, occupé des révoltes de l'empire, ne pouvait porter secours à la Pologne contre les Russes et les Turcs réunis. Le khan des Tartares inonda en effet avec Abaza les plaines de Kaminiec.

Abaza, après cette expédition douteuse, fut rappelé à Constantinople. Il était à cheval à la suite d'Amurat, le jour où ce prince fit exécuter le mufti sur le bord de la mer.

Amurat IV, malgré les protestations des Polonais, fauteurs des incursions perpétuelles des Cosaques du Don, partit lui-même avec le chef circassien et quarante mille hommes pour Andrinople. La guerre, confiée de nouveau à Abaza, fut courte et suivie d'une paix précaire. On ne peut discerner aucune politique fixe et régulière dans cette république de Pologne, gouvernée par les oscillations continuelles de son aristocratie équestre et de sa démagogie militaire. L'ambition des grands et la turbulence des camps la jetaient, dix fois dans le même siècle, dans l'alliance des Turcs, des Hongrois, de l'Allemagne, des Tartares, des Suédois, des Cosaques ou des Russes, aussi mobile dans la guerre qu'incapable de la paix.

Amurat, resté à Andrinople pour y surveiller de l'œil ses généraux, y poursuivait le cours de ses exécutions tragiques (1636). Un jeune et beau Bosniaque, fils d'un marchand grec de cette province, nommé Mustafa, avait succédé à Mousa dans le cœur du prince. Ce favori avait été au service d'Hassan, pacha de Bosnie, avant d'avoir fasciné les yeux d'Amurat. Il voulait effacer dans le sang de son ancien maître le souvenir humiliant de sa première servitude. Hassan-Pacha, calomnié par lui, fut condamné à mort par un ordre secret. Suleïman-Pacha, investi du gouvernement de cette province à la place d'Hassan, fut chargé en même temps de l'exécution de son prédécesseur.

Suleïman partit d'Andrinople avec quarante cavaliers pour exécuter cet ordre. Un ami que Hassan entretenait à la cour, nommé Schaban, apprit, vingt-quatre heures après le départ de Suleïman, le but de son voyage. Il monta à cheval et gagna quelques heures sur le nouveau pacha. A son arrivée à Séraï, résidence du gouverneur de Bosnie, il trouva Hassan assistant à la prière de nuit dans la mosquée; il se pencha à son oreille, et lui dit que son successeur et son meurtrier était aux portes de la ville, et qu'il n'avait pas une minute à perdre pour se soustraire à la mort. Hassan, sortant précipitamment de la mosquée et disparaissant à la faveur de la nuit, se glissa dans la maison de sa sœur et se cacha sous des habits de femme dans le harem.

Échappé ainsi aux recherches de Suleïman, il se réfugia dans une caverne du mont Arighan en Valachie. Trahi par le berger valaque qui lui apportait du pain et du lait, et apercevant de loin les soldats auxquels le berger avait indiqué la caverne, Hassan le tua d'un coup de flèche et disparut dans les forêts, d'où il parvint à atteindre Constantinople; il y échappa d'autant mieux qu'il y fut moins soupçonné, et il y attendit de meilleurs temps.

Trente derviches d'Andrinople s'étaient apostés dans un défilé où le sultan devait passer au retour d'une chasse, dans l'intention de lui demander des aumônes pour leur couvent; leur aspect soudain et sauvage effraya son cheval; l'animal en se cabrant secoua son cavalier. Il punit l'accident comme un crime, et les têtes des trente derviches roulèrent à l'instant sur la route.

La mort n'attendait pas la conviction, le soupçon était frappé avant d'être éclairci. Un de ses serviteurs fut empalé parce qu'un diamant, retrouvé depuis, s'était égaré dans le sérail; un de ses pages fut étranglé parce qu'en jouant avec le sultan au jeu équestre du *djérid*, le jeune homme avait penché son corps pour éluder le coup et trompé ainsi l'adresse de son maître; le poëte Néfii, le Juvénal des Turcs, autrefois commensal et protégé d'Amurat, crut pouvoir écrire quelques vers épigrammatiques contre le caïmakam Beïram-Pacha, le Séjan de ce Tibère; Beïram demanda vengeance à Amurat :

« Je te donne sa tête, si les oulémas te la donnent, » répondit Amurat. Les oulémas, consultés et blessés souvent eux-mêmes par les traits du poëte, ratifièrent la condamnation qui les vengeait. Néfii fut envoyé au supplice. Il avait une habitude si invétérée de raillerie, que sa dernière parole fut encore une épigramme. L'aga des *chiaoux*, chargé de le conduire au bord de la mer, lieu de l'exécution, eut la barbarie de lui dire en route : « Suis-moi, Néfii, nous allons dans un endroit où tu pourras ramasser du bois pour tailler tes flèches.

» — Rustre maudit, lui répliqua en souriant le poëte, prétends-tu donc aussi te mêler de satire ? »

Abaza, à son retour de la guerre de Pologne, n'échappa pas à l'envie que la longue faveur de cet ancien rebelle, devenu le plus élégant des courtisans, inspirait au caïmakam Beïram et au favori Mustafa. Abaza, dont la rébellion n'avait été qu'une fidélité éclatante au trône d'Othman, trouvait auprès d'Amurat l'excuse de son crime dans le motif de son crime même. Le sultan ne pouvait haïr un homme qui avait bouleversé dix ans l'empire, et égorgé quarante mille janissaires pour punir le meurtre d'un sultan.

La renommée, les richesses, la bravoure chevaleresque, la grâce, l'éloquence naturelle, l'adulation habile, la culture d'esprit de ce Circassien, faisaient de lui l'Alcibiade des Ottomans. Le sultan ne sortait jamais à cheval du sérail sans être suivi d'Abaza. Ses chevaux, ses armes, son équipement, son costume, servaient de modèles à la jeunesse des armées. Le bruit courait qu'Abaza recevrait bientôt le commandement de l'armée de Perse, et qu'il promettait de conquérir l'Iran en une seule campagne.

Tant de présomption et tant de faveur hâtèrent sa fin : le favori ne lui pardonnait pas ses sévérités en Bosnie contre sa famille, dont Abaza avait convoité les richesses. On l'accusait de plus d'avoir reçu des présents considérables des Arméniens, pour faire prévaloir la prétention de ces chrétiens contre les Grecs à la possession exclusive du saint sépulcre de Jérusalem. Abaza, familièrement interrogé sur la quotité de ce présent par Amurat, mentit sur le chiffre. Amurat ne lui pardonna pas ce mensonge. On lui persuadait qu'Abaza ne déguisait ainsi l'énorme trésor qu'il accumulait dans son palais du Bosphore que pour solder une seconde rébellion contre lui-même. Les ombrages agitèrent jusqu'à la fureur l'esprit du sultan. Il monta à cheval avant l'aurore, suivi du chef des bostandjis, pour évaporer sa colère. En suivant la plage étroite de la mer qui servait de route devant le village de Beschiktasch, aujourd'hui palais des sultans, il trouva le chemin obstrué par un chariot à bœufs conduit par un paysan bulgare. Amurat le perça d'une flèche; le paysan blessé tomba sous le coup.

« Va, et coupe-lui la tête, » dit Amurat au bostandji. L'aga, plus humain que son maître, courut vers le paysan prosterné, et, feignant de le croire mort pour lui sauver la vie, il revint sans avoir tiré son sabre vers le sultan.

« Longue vie à Votre Majesté, lui dit-il, l'âme de l'insolent s'est envolée de son corps aussitôt que votre flèche l'a touché. »

Amurat revint plus soucieux au portique de Sainte-Sophie. Là, sans descendre de cheval, il envoya l'aga des bostandjis, Djoudjé, ordonner secrètement au caïmakam Beïram, qui tenait le divan dans ce portique, de faire massacrer tous les Arméniens corrupteurs d'Abaza, qui devaient ce jour-là se présenter à son audience.

Djoudjé, pour ne pas être reconnu des Arméniens qui assiégeaient déjà les portes, dépouilla son costume d'aga des bostandjis dans un corps de garde voisin, et entra dans le portique sous l'habit d'un simple soldat de l'armée de Roumélie. Le caïmakam le reconnut sous ce déguisement, et lui faisant signe d'approcher : « Qu'y a-t-il de nouveau? lui demanda-t-il par geste dans le langage des muets, connu du sérail. — Grande colère du maître, » répondit, dans le même langage de signes, le bostandji. Puis il lui communiqua l'ordre de mort contre les Arméniens. Le caïmakam et les juges de son divan frémirent, mais obéirent. Les têtes des principaux Arméniens furent envoyées au sérail.

Abaza y arrivait en ce moment à l'ordre du sultan pour l'accompagner, selon son usage, dans ses promenades à cheval. Amurat ordonna de l'enfermer dans la volière du sérail. Il écrivit ensuite un firman de mort et l'envoya par Djoudjé à son ancien favori. Abaza, en contemplant le firman, inclina la tête. « C'est la volonté de mon padischah, » dit-il ; et il s'agenouilla pour faire sa prière. Sa tête tomba sans murmure au dernier verset de la *soura* des morts. La main d'un sultan le punissait de tout le sang qu'il avait répandu pour la suprématie du trône.

XXXI

Aussitôt après cette exécution, Amurat IV, dont les tentes étaient déjà dressées à Scutari au milieu de deux cent mille hommes, partit pour la Perse (1637).

La terreur de Constantinople avait passé avec lui dans l'armée ; sa discipline, cimentée à toute heure et dans tous les grades par le sang, semait de cadavres la route de l'armée. La moindre faute était mortelle. Les bourreaux entraient avant lui dans toutes les villes pour purger les derniers restes des vieilles révoltes épargnées par Knosrew ou par le grand vizir. Amurat, muet, faisait appeler devant lui les chefs de ville ou de tribu, et ses deux doigts de la main droite levés ou fermés indiquaient sans paroles aux exécuteurs la vie ou la mort des hommes suspects. On étalait en dehors des portes de la ville les cadavres des suppliciés, avenue de terreur à travers laquelle il faisait marcher les troupes.

Tous les délits et tous les crimes étaient égaux devant le sabre. A la prairie des Trompettes, Gourdji-Othman, chef d'une cavalerie nombreuse amenée au sultan, fut massacré pour avoir participé autrefois au meurtre d'Othman II; un tschaousch feudataire, Djewherizadé, pour avoir fumé une poignée de feuilles de tabac; à Césarée, le juge de la ville, pour une légère négligence dans l'approvisionnement des vivres.

La force corporelle et l'énergie sauvage du jeune sultan rappelaient ses ancêtres aux Turcomans de la Caramanie témoins de sa marche à travers leur vallée natale. A Dewli-Kara-Hissar, un bouc sauvage d'une taille colossale s'étant jeté sur les chevaux qui conduisaient son chariot de voyage, Amurat s'élança de la voiture sur son cheval, combattit le bouc et le terrassa d'un coup de massue. « Le bras de Dieu est avec toi! » cria l'armée étonnée de cet exploit de lutteur.

Rencontrant un peu plus loin Mustafa-Pacha, le géant de l'armée, il l'enleva de sa selle à bras tendu, et le tint un moment suspendu comme un jouet de sa main de fer.

Le grand vizir, Mohammed-Pacha, vint au-devant de lui à Sinorowa et le précéda à Erzeroum. Son entrée dans cette capitale des frontières rappelait les marches d'Alexandre ou de Timour. Trois cent mille hommes, cavaliers ou fantassins, bordaient la haie des deux côtés de la route pendant l'espace de six lieues avant la porte de la ville. Le lendemain, il reçut en grand appareil les présents de tous les chefs de l'armée, de tous les pachas et de tous les tributaires, jaloux de se surpasser les uns les autres en dévouement par la prodigalité de leurs tributs en hommes d'armes, en esclaves, en chevaux et en or monnayé.

Quelques marches conduisirent cette multitude devant les murs d'Érivan, première forteresse des Persans. Une nuée de poussière, soulevée par ces milliers d'hommes et de chevaux et soutenue par un vent d'orage, dérobait les remparts d'Érivan. L'artillerie de la ville fendit tout à coup le nuage, et les boulets creusèrent la terre sous les pieds du cheval d'Amurat.

« Que craignez-vous? dit-il à ses vizirs; un homme peut-il mourir avant le jour marqué par le destin? » Mot banal et juste de Napoléon à ses soldats, de César à ses rameurs, et de tous les fatalistes.

Il disposa ses troupes et les harangua chef par chef : « Toi, dit-il à Ahmed-Pacha, gouverneur d'Erzeroum, ce n'est rien d'avoir fait prisonnier le rebelle Élias, et forcé Fakhred-din dans ses cavernes du Liban, voici le jour de montrer qui tu es!

» Toi, dit-il au fils de Djanboulad, toi, fils de celui qu'on appelait avec raison cœur d'airain, fais voir aujourd'hui que ton âme est du métal de celle de ton père, afin que tu achèves de mériter d'être vizir.

» Toi, Mourteza, prends soin que la jeune cavalerie que tu commandes ne recule pas de l'ombre d'un cheval sur le champ de bataille. C'est le jour de déployer tout ce que les ennemis et les amis reconnaissent de talent et de bravoure en toi.

» Toi, aga de mes janissaires, écoute-moi bien : Les condamnations dans la capitale, les châtiments infligés aux ivrognes et aux fumeurs de tabac ne sont pas des exploits de héros; voici le moment! voici le lieu! montre ton cœur! Je veux montrer moi-même le mien, et voir, au milieu de la mêlée, comment mes agas font combattre mes janissaires.

» Et vous, mes loups, disait-il aux soldats, ne vous débandez pas, ne vous lassez ni de frapper, ni de tuer, ni de couper des têtes, et de ramasser des boulets pour les renvoyer aux Persans; déployez vos ailes, aiguisez vos serres, mes faucons et mes aigles! et rapportez-moi votre proie; voici des monceaux de bourses d'or pour payer les têtes que vous jetterez à mes pieds. »

Les pages, disent les témoins de ces harangues et de ces combats, entouraient le sultan, portant des sorbets sucrés pour rafraîchir ceux qui rapportaient des têtes; les chirurgiens se tenaient debout prêts à panser les blessures.

Huit jours de tranchée épuisèrent le courage, les vivres et les munitions d'Érivan. L'âme de Schah-Abbas s'était envolée de la Perse. Elle était gouvernée par son petit-fils, Sam-Schah, fils de celui de ses mirzas qu'Abbas avait autrefois sacrifié à ses soupçons, et à qui, en mourant, ce père, bourrelé de remords, avait voulu, en dépit des grands, restituer le trône.

Sam-Schah, encore adolescent, ne s'était signalé jusque-là que par le meurtre de sa sultane favorite, de sa mère, et de ceux de ses vizirs qui lui reprochaient ses vices. Ses généraux tremblaient de vaincre autant que d'être vaincus, ne sachant si la victoire compromettait moins leur vie que la défaite. Tout ce qui n'était pas servilité était découragement et trahison dans le royaume. Le khan Émirgoune, ancien mirza et favori militaire du grand Abbas, rougissait de servir un si indigne maître. Il méditait de l'abandonner à son sort, et de se ménager une fortune indépendante pour lui-même. Il en fit assez pour l'honneur des armes, pas assez pour le salut de la Perse. Le huitième jour il parut, après avoir donné et reçu des otages, dans le camp d'Amurat, pour traiter de sa défection. Ses généraux, qui l'accompagnaient, portaient leurs sabres pendus autour du cou. Amurat le revêtit de trois cafetans d'honneur.

« Pourquoi, depuis trois lunes que je foule avec mes soldats la terre de ton roi, se tient-il caché comme une femme?

» — Mon padischah, répondit Émirgoune, c'est parce que votre épée a le fil de la mort, et que votre coursier est de noble race. » Émirgoune, récompensé de ses flatteries et de sa défection, reçut le titre de pacha et le gouvernement d'Alep. L'armée persane, qui sortait d'Érivan sous la foi d'une capitulation et d'une amnistie, fut anéantie quelques jours après par les pachas de Damas et de Caramanie.

La joie de cette victoire donna à Amurat l'audace du crime qu'il n'avait osé encore accomplir sur les fils de son père. Deux de ses favoris, porteurs de firmans secrets, partirent pour Constantinople avec l'ordre d'étrangler les deux princes Bayézid et Suléïman. L'horreur de ce crime se mêla dans Constantinople aux fêtes de victoire et les consterna. Ces victimes étaient l'espérance d'un règne plus doux.

XXXII

Le courage d'Amurat IV semblait égaler sa cruauté. Il se lança le premier dans l'Araxe, au passage de ce fleuve, et son cheval, presque submergé par les flots, ne parvint à la rive opposée que par le dévouement de quelques soldats, qui se jetèrent à la nage pour soutenir sa tête au-dessus de l'eau. Il enfonça lui-même à coups de hache les portes de Djewrès, construites d'un bois si épais et si dur, que le bélier s'y était amorti. Tauris, sans défense, s'ouvrit devant lui et devint un monceau de cendres.

L'hiver (1638) rappela à Constantinople Amurat, impatient de triompher aux yeux de ses sujets. Ce triomphe ne fut qu'une série de supplices. Le sang étouffait chaque jour le murmure soulevé par le sang répandu. L'interprète de l'ambassadeur de France fut supplicié, pour avoir fomenté les prétentions de la France contre l'Autriche à la protection exclusive des Lieux saints. Le patriarche grec fut enlevé de son église et martyrisé pendant la nuit dans le château des Sept-Tours, pour avoir correspondu avec les Russes, et pour avoir éventé les intrigues des jésuites, qui étaient favorisés par l'Espagne et par la France. Un partisan des jésuites, nommé Carfila, acheta au prix de cinquante mille piastres la dignité de patriarche.

Le caïmakam Beïram, en récompense du meurtre des deux princes étranglés dans le sérail, fut nommé grand vizir. Amurat ne voulait plus seulement des serviteurs, mais des complices. Avant de repartir pour la Perse, il fit immoler à sa sûreté le septième de ses frères, le jeune sultan Kazim, coupable d'avoir donné en grandissant des espérances d'un meilleur avenir au peuple, et ne laissa vivre qu'un seul des enfants de son père, dernier et fragile germe de la dynastie.

Tranquille sur ce qu'il laissait derrière lui, il rejoignit, le 23 février 1638, l'armée innombrable campée d'avance à Scutari. Il sortit du sérail et entra à Scutari sous le costume d'un guerrier arabe des temps fabuleux, antérieurs à Mahomet. Son cheval était bardé de fer ; il portait un casque d'acier poli, entouré d'un châle rouge roulé en turban et dont les deux bouts flottaient sur ses épaules.

Un mois après, l'armée s'avança, en cent dix marches, sur Bagdad. Tout l'empire armé semblait suivre le sultan. Ses exécuteurs ensanglantèrent toutes les stations de l'armée, comme dans sa première campagne. L'innocence ne sauvait pas du caprice de la cruauté du sultan. A Nicomédie, un courrier fut envoyé de Constantinople sur ses pas, pour lui annoncer la naissance d'un enfant, dont son esclave favorite venait d'accoucher. Le courrier, qui ignorait le sexe de l'enfant, ayant dit témérairement que c'était un fils, et ayant été démenti par une autre lettre, fut empalé pour s'être trompé de sexe.

A Synada, dont le marbre taché de rouge passait pour avoir été coloré par les gouttes du sang d'Atys, il fit égorger le juge de la ville. A Akschyr, patrie du fabuliste Nasireddin, il écrivit des vers sur la muraille d'un cloître, au bord de la fontaine dont le murmure inspirait l'Ésope des Turcomans. A Ilgoun, il fit écorcher vif un derviche réputé invulnérable par ses sectateurs, et qui avait autrefois levé une faction dans ces montagnes. « Ne te presse pas, » dit le derviche martyr au bourreau qui s'efforçait d'abréger ses souffrances.

A Konïah, étant sorti la nuit, suivant son usage, sous un déguisement, pour surveiller l'ordre ou le désordre du camp, il reconnut, dans le chef de police Khosrew, un ancien porteur d'outres du vizir factieux Redjeb. Le sultan n'avait pas vu ce visage depuis les séditions qui avaient opprimé son enfance. Le souvenir réveilla la vengeance; il lança involontairement un regard mortel sur Khosrew. Celui-ci s'en aperçut et confia sa terreur à un page, fils de l'émir Fakhreddin, qui causait en ce moment avec lui. Il reçut, en effet, quelques heures après cette rencontre, l'ordre de se rendre dans la tente du chef des *chiaoux*. Il s'y rendit avec des armes sous ses habits. En entrant dans la tente, les *chiaoux* de garde ne lui rendirent pas son salut; ce symptôme sinistre lui confirma le présage de mort qu'il avait conçu. Au moment où l'aga des *chiaoux* ordonnait son supplice, il l'abattit d'un coup de poignard, fendit d'un coup de sabre la toile de la tente et se perdit dans les ténèbres de la nuit.

L'émir des Druzes, qui avait succédé à Fakhreddin, fut décapité au moment où il s'inclinait pour baiser les pieds du padischah. A Alep, le gouverneur de Kara-Hissar, qui avait enlevé au silihdar un jeune Grec d'une beauté célèbre, expia de sa vie sa rivalité avec un favori du sultan. A Nizibe, ce même silihdar ayant accusé malignement le fameux médecin d'Amurat, Émir-Tchélébi, de préparer de l'opium pour ses malades et d'user lui-même de cette préparation enivrante pour exalter son imagination, le sultan demanda tout à coup au médecin de lui montrer le sachet de pilules qu'il portait entre sa robe et sa peau.

« Qu'est-ce que cela? lui dit-il en montrant du doigt le sachet.

» — Une préparation innocente d'opium, répondit Émir-Tchélébi.

» — Eh bien! si elle est innocente, prends-en toi-même devant moi, » reprit Amurat.

Émir-Tchélébi en avala quelques pilules et referma le sachet, en disant que ce qui était innocent et même utile à petite dose devenait poison mortel à grandes proportions.

Le tyran, aussi facétieux que cruel, ordonna à son médecin d'avaler toutes les pilules, et, pour l'empêcher d'en neutraliser le venin par un contre-poison, il lui proposa une partie d'échecs, et observa avec une attention féroce les progrès de l'empoisonnement sur le visage et sur l'intelligence de sa victime. A la troisième partie d'échecs, Émir-Tchélébi, succombant à la léthargie, fut emporté mourant dans sa demeure. Ses serviteurs lui proposèrent en vain des médicaments propres à le rappeler à la vie : « Non, leur dit-il; sous un maître comme le nôtre, et avec des ennemis tels que le silihdar, il vaut mieux mourir une seule fois que de vivre menacé de la mort tous les jours. »

Il se fit apporter un sorbet glacé, dont le froid rend l'opium mortel, et il expira.

A Biredjik, le sultan traversa l'Euphrate sur des ponts de bateaux, et fit suivre l'armée par une flottille de huit cents barques qui portaient les canons de siége et les vivres. Il y fit rompre à coups de marteau les pieds et les mains des Arabes qui fumaient le tabac.

A Djoulab, le grand vizir Beïram mourut de douleur d'avoir été forcé d'obéir à un tel maître, et en déplorant les crimes dont il avait été à regret l'instrument. Taïar, pacha de Mossoul, fut appelé au camp pour lui succéder ; les favoris redoutaient un grand vizir d'une autorité plus prépondérante auprès du sultan : ils voulaient régner sous le nom d'un homme nouveau et timide.

A Mossoul, un ambassadeur indien apporta à Amurat les félicitations et les présents de son prince. Parmi les présents, on admirait une ceinture de pierreries de la valeur de cinquante mille ducats d'or, et un bouclier réputé impénétrable aux flèches et aux sabres. Il était formé d'oreilles d'éléphants et de cuir de rhinocéros. Amurat, pour éprouver sa force et l'armure, la frappa du tranchant de sa hache d'armes et fendit du coup le bouclier. Il le renvoya avec mépris au souverain des Indes.

Le cent quatre-vingt-dix-septième jour après le départ de Constantinople, l'armée aperçut les quatre-vingt-dix-sept tours d'un des côtés de Bagdad et les murailles de dix mille pas ou de cinq lieues de circonférence qui entourent la ville des califes. On planta la tente d'Amurat en face du grand Iman, tombeau sacré situé sur une colline au bord du Tigre. La poussière qui s'éleva le lendemain des tranchées creusées par trois cent mille hommes obscurcit le ciel. Chacun des vizirs et des pachas reçut l'ordre d'attaquer une des portes ou des forteresses de la ville assiégée. L'émulation de la gloire ou de la récompense doublait l'ardeur des troupes. Le schah de Perse, Sam-Schah, s'approchait pour secourir la ville. Le premier choc sur les bords du Tigre fut terrible pour les Turcs. Amurat gourmanda le grand vizir sur sa lenteur à combler les fossés et à donner l'assaut général.

« Plût à Dieu, lui répondit Taïar-Pacha, qu'il fût aussi

possible à toi de prendre Bagdad qu'à moi de mourir pour te servir !... »

Il ordonna l'assaut pour le jour suivant. Trois cent mille hommes se préparant à la victoire ou à la mort remplirent la nuit du sourd murmure des prières qui s'élevaient du camp. A l'aube du jour, le cri d'*Allah kerim!* « Dieu est grand! » donna le signal de l'escalade par toutes les brèches. L'armée monta comme une marée des tranchées sur les murailles.

Le grand vizir, la mort devant lui sur les remparts, la mort derrière lui dans la tente d'Amurat, combattait, le sabre à la main, sur la plus large brèche, quand une balle lui traversa la tête du front à la nuque et le fit tomber sans vie dans les bras de ses soldats. On coucha son cadavre sur le bord du fossé pour qu'il présidât encore, quoique mort, à la bataille qu'il avait engagée.

« L'oiseau de son âme, dit l'historien turc Naïma, traduit par Hammer, s'envola de sa cage terrestre dans les bosquets de roses du paradis ; il avait été heureux dans la vie, martyr dans la mort, ce bonheur suprême quand elle conquiert le paradis ! »

« Ah ! Taïar ! s'écria le sultan en apprenant la mort du grand vizir, ta vie m'était plus précieuse que cent tours comme celles de Bagdad ! »

Puis, se tournant vers le capitan-pacha Mustafa, et lui remettant le sceau de l'empire et le commandement de l'assaut : « Allons, lui dit-il, montre-toi digne de ma confiance, et dévoue-moi ton âme ; c'est toi qui me donneras Bagdad. »

L'armée, un moment suspendue dans son élan par la mort de Taïar-Pacha, s'élança sur les pas du nouveau vizir au cri unanime de la fatalité : « Qui sait le jour de sa mort? »

Avant que la fumée des remparts eût été dissipée par le vent qui suit, à midi, le courant du Tigre, les deux cents tours de Bagdad, éventrées par le canon des Turcs, étaient évacuées par les Persans, redescendus dans la ville.

Une capitulation honorable fut signée entre le khan qui commandait dans Bagdad et le sultan. « Que chacun se retire à sa volonté de la ville, » lui dit Amurat en recevant les clefs dans un bassin d'or. Mais les soldats, animés par la vengeance de tant de morts, leurs parents ou leurs amis, sous les murs, ne ratifièrent pas cette magnanimité de leur padischah. Sous prétexte que les Persans avaient recommencé eux-mêmes le combat dans la ville, ils massacrèrent, pillèrent et brûlèrent, jusqu'à la fin du jour, les habitants et les prisonniers. Sourds à la voix des vizirs et des pachas, ils n'écoutaient pas même les ordres réitérés du sultan.

La mêlée était si confuse et le massacre si acharné, qu'Amurat, pour avoir des nouvelles de ce qui se passait dans la ville, fut obligé de faire monter à cheval un enfant tartare du nombre de ses pages, et de l'envoyer, au risque de sa vie, au milieu du tumulte. L'enfant lui rapporta que les Persans, accumulés en troupeau confus dans la tour et vers la porte *des Ténèbres*, s'y défendaient en désespérés, et que le silihdar et plusieurs pachas étaient tombés morts ou blessés sous leurs coups. Le sultan y envoya la grosse artillerie qu'il avait fait fondre à Biredjik; la tour et la porte *des Ténèbres* s'écroulèrent sous ces énormes boulets.

Trente mille Persans, restes de quatre-vingt mille qui composaient la garnison de Bagdad, s'échappèrent par cette porte, passèrent le fleuve, se répandirent les uns dans les roseaux de la Diala, les autres dans les cavernes des rochers de Scherban, où ils périrent sous le sabre des Égyptiens lancés sur leurs traces. Le château, qui contenait l'arsenal de Bagdad, s'abîma sous une explosion des poudres. Huit cents buffles de l'armée, qui paissaient sur les glacis, semèrent de leurs membres mutilés les toits et les rues de la ville.

Amurat voulut voir une trahison dans cet accident. Il ordonna, sous peine de mort, à tous les habitants de Bagdad qui logeaient un Persan chez eux de massacrer leur hôte. Lui-même, monté sur son trône au bord du Tigre, fit comparaître devant lui mille Persans découverts dans la ville, accompagnés chacun d'un tschaousch désigné pour son bourreau. A un geste du sultan, les mille têtes roulèrent à la fois sous mille sabres sur la grève. Quarante mille autres têtes de Persans immolés par le fanatisme de la religion, de la race et de la vengeance, jonchèrent la route d'Amurat à son départ de Bagdad. Il y laissa une garnison turque de dix mille hommes, sous le commandement d'Hassan le Petit, aga des janissaires. Aucune bataille ne coûta jamais aux Persans autant de sang que cette capitulation honteuse de Bagdad. Le courage épargne plus de sang aux nations que la lâcheté.

Amurat, en quittant Bagdad, adressa un défi injurieux au schah de Perse pour adieu : « Si tu es un homme, montre-toi, lui disait-il ; il ne convient pas que ceux qui s'arrogent le trône demeurent cachés derrière leurs murailles ; celui qui craint le cheval ne doit pas le monter ; celui que l'éclat de l'acier éblouit ne doit pas ceindre le sabre ; ce qui a été écrit de toute éternité finit toujours par s'accomplir. »

XXXIII

Le retour d'Amurat IV à Constantinople (1639) rappela l'entrée de Mahomet II dans cette capitale. Il rapportait aux Ottomans l'orgueil, la vengeance et les clefs de la seconde ville sainte, boulevard de la foi et de l'empire. Sa mère, la sultane Kœsem, qui l'avait accompagné comme son génie familier dans toute la campagne, le précédait dans une voiture grillée dont les roues étaient d'argent, suivie de onze autres voitures pleines de son harem. Les vizirs et les oulémas, montés sur des chevaux de parade, précédaient et suivaient la sultane. Amurat, entouré de cinquante khans de Perse enchaînés à côté de son étrier, venait ensuite revêtu d'une armure persane et les épaules couvertes d'une peau de léopard, tel qu'on représente Alexandre après la conquête de Babylone, cette Bagdad de l'antiquité.

Il rapportait non-seulement la conquête, mais la paix signée en route par le grand vizir Mustafa. La Porte, dans ce sage traité, avait rétrocédé Érivan en échange de la renonciation de la Perse à ses droits sur Bagdad. Le caïmakam Mohammed, qui avait gouverné avec tant de probité et de bonheur la capitale pendant l'absence du sultan, fut étranglé pour récompense. Le prétexte de sa mort fut la destitution de Mathias Bessaraba, vayvode de Valachie.

XXXIV

La gloire et la paix rendirent Amurat IV aux vices qui avaient souillé sa jeunesse avant l'époque héroïque mais féroce de sa courte vie. Le Persan Émirgoune avait succédé dans sa faveur à Abaza. Les raffinements de luxe et de sensualité du palais d'Émirgoune y attiraient souvent Amurat. Les voluptés dépravées, les fréquentes ivresses, énervèrent en peu de mois des forces que les fatigues de deux campagnes n'avaient pu vaincre. Une langueur mortelle l'atteignit à trente et un ans. Dans les accès de sa dernière fièvre, il envoya l'ordre d'étrangler Ibrahim, le dernier de ses frères, préservé jusque-là de sa jalousie par la sultane Kœsem, aïeule de cet enfant. La sultane fit répondre à son fils que l'ordre était exécuté, mais Amurat demanda à voir le cadavre.

Comme on éludait sous divers prétextes l'obéissance à cet ordre du mourant qui voulait entraîner avec lui son successeur dans le tombeau, Amurat se leva sur son séant pour aller lui-même s'assurer au harem de l'exécution de l'enfant de son père. Ses forces le trahirent plus que sa cruauté, et il retomba évanoui dans les bras de son silihdar. Sa dernière parole fut le vœu impuissant d'un crime : il mourut en le croyant accompli (1640).

XXXV

S'il n'avait été un tyran, il aurait été un grand homme. Le héros et le bourreau se mêlèrent en lui. Ses cruautés furent provoquées par l'anarchie des janissaires et des spahis, qui avaient opprimé son enfance, déshonoré et ensanglanté la nation. C'est le malheur des dominations soldatesques qui appellent un tyran pour exterminer mille tyrans.

Sa physionomie, sur la fin de sa vie, avait contracté la férocité de son règne. Les poëtes persans ses contemporains le peignent sous les traits d'un lutteur antique aux jambes courtes, au buste épais, aux membres noués par des articulations colossales. « Sa chevelure, disent-ils, et sa barbe étaient noires et touffues, ses sourcils portaient de l'ombre sinistre sur ses yeux, foyers mobiles d'une flamme errante; deux rides creuses entre ses deux yeux semblaient couver des pensées toujours tendues, comme la corde de l'arc d'où va partir la flèche de mort; des milliers de têtes roulaient à sa voix sur la poussière; son bras robuste lançait des flèches aussi loin que le fusil lance la balle; le djérid (bâton de bois flexible) jeté par sa main perçait des planches de deux doigts d'épaisseur. Ses plaisirs étaient sauvages et cruels comme son caractère; il aimait à chasser avec trente mille batteurs qui faisaient lever les cerfs, les chevreuils, les sangliers devant son cheval.

» De même qu'à l'approche de l'orage tous les oiseaux se taisent et se cachent sous les feuilles, de même tout faisait silence à son terrible aspect. La nécessité de ne s'exprimer que par signes en sa présence, ajoutent les historiens ottomans en décrivant un symptôme de tyrannie que Tacite aurait envié, porta sous son règne le langage des muets à sa perfection. Le clignement des yeux, le mouvement imperceptible des lèvres, le claquement des dents et des doigts avaient remplacé la parole ; tout était réticence dans les impressions et dans les sentiments, de peur que le secret de la terreur ou de l'horreur n'échappât de l'âme. »

Le *Vieux de la Montagne* n'était pas servi avec plus de promptitude et de dévouement. Un jour qu'il avait laissé tomber du haut d'un balcon du sérail un papier échappé de sa main et que ses pages se précipitaient à l'envi sur les escaliers pour disputer la feuille au vent, l'un d'entre eux, pour arriver le premier, sauta dans la cour et se cassa la jambe, mais rapporta le papier ; ce zèle jusqu'à la mort lui valut l'attention d'Amurat et l'élévation aux grandes dignités de l'empire.

Sa sévérité, d'abord juste et politique, avait fini par dégénérer en frénésie. Des femmes qu'il rencontra dansant et chantant entre elles dans la prairie *des Eaux Douces* un jour de mélancolie furent noyées pour les punir de leur joie quand le sultan était triste. Le fils d'un de ses pachas, qu'il aperçut par hasard des fenêtres d'un de ses kiosques passant à cheval trop près des murs du sérail, fut tué d'un coup de flèche par sa main. Une barque chargée de femmes, qui longeait les jardins, fut coulée au fond de la mer à coups de canon, pour la faute des rameurs qui la conduisaient ; son musicien de prédilection fut étranglé pour avoir chanté de la musique persane.

Un autre musicien, quoique Persan, le fameux Schahkouli, également condamné à mort à Bagdad, obtint de comparaître avant le supplice devant Amurat. « Ce n'est pas pour ma vie, lui dit Schahkouli, que je t'implore, c'est pour l'art, qui va mourir avec moi. » Parcourant alors d'une main désespérée les fibres d'un instrument à six cordes, il en tira d'abord un chant de mort qui arrachait la pitié du cœur, puis un chant élégiaque sur la conquête et les cendres de Bagdad, sa patrie, puis un chant de délivrance et de joie qui élevait l'âme du tyran lui-même jusqu'à la jouissance de la vertu. Amurat n'eut pas le courage d'étouffer une telle voix et un tel génie dans le cordon, il fit grâce au chanteur et l'emmena avec lui à Constantinople pour charmer ses insomnies.

Un de ses contemporains italiens, qui résidait à Constantinople, assure qu'Amurat lisait assidûment Machiavel, pour se perfectionner dans la théorie de la tyrannie. Son axiome favori : « La vengeance peut blanchir, mais elle ne vieillit pas, » était une inspiration spontanée, antérieure aux théories de l'homme d'État florentin. On naît tyran, on n'apprend pas sa nature, on la suit. Amurat IV n'avait pas besoin de maître pour haïr et pour se venger. Tout son règne ne fut qu'une vengeance ; il trouva sa politique dans ses ressentiments.

XXXVI

Le luxe de l'empire sous son règne égala l'ostentation persique des empereurs grecs du Bas-Empire. Ses écuries, dont les mangeoires étaient d'argent massif et les licous des chaînes du même métal, ne contenaient pas moins de neuf cents chevaux de main à son usage. Chacun de ces chevaux de chasse, de course ou de guerre, avait son histoire et sa généalogie : la race est la noblesse des animaux. Huit cents chevaux de charge portaient à sa suite les bagages de l'empereur dans ses campagnes ou dans ses voyages à Andrinople. Cinq mille chameaux toujours complets étaient destinés au transport des équipages de sa cour. Six cents étaient chargés du trésor monnayé qui suivait l'armée. Huit cents mules portaient les esclaves et les tentes. Chacun des pages du sérail avait trente chevaux de race ou de guerre pour son usage. Les rois de Perse des temps héroïques n'éblouirent pas l'Asie d'une armée plus nombreuse de serviteurs, de courtisans, de musiciens.

Les sages de l'empire pressentaient dans ces somptuosités la décadence; Amurat IV lui-même permettait qu'on reprochât ce luxe à tout autre qu'au souverain. Un homme d'État philosophe de son divan, Gourdjali, le Montesquieu de l'Orient, écrivait sous ses yeux et lui dédiait à lui-même un livre resté monumental sur la décadence des Ottomans. Les conseils qu'il donne dans ce livre au sultan se bornent en général à rappeler l'État aux mœurs des ancêtres, et à présenter comme la souveraine sagesse les vieux vices des institutions turcomanes. Peu d'hommes sont assez libres des préjugés de leur patrie pour échapper à l'horizon borné de leur temps et de leur race.

Les deux seuls avis utiles que Gourdjali donna à Amurat dans son traité *de la Décadence*, et qui furent adoptés par le sultan, furent la nécessité de réformer l'indépendance trop abusive des pachas dans l'administration de leurs provinces, l'augmentation des troupes permanentes soldées et disciplinées, portées sous ce règne jusqu'à deux cent mille hommes, et la création de troupes d'élite choisies parmi les janissaires pour servir de type et d'exemple à l'armée. Ces deux institutions d'Amurat IV ralentirent les effets de la décadence; mais cette restauration violente de l'autorité du sultan par la terreur et non par la vertu ne fut cimentée que par le sang.

Le sabre et le cordon devinrent les seuls nerfs de l'État. Malheur aux peuples qui ont besoin de la tyrannie!

LIVRE VINGT-SIXIÈME

I

Deux femmes et un prince adolescent stupéfié d'effroi dans le fond d'un harem héritaient de cet empire, dont les ressorts, tendus jusqu'à la tyrannie par la terreur, allaient se détendre jusqu'à la licence par la mort du tyran.

La première de ces femmes était la sultane Kœsem ou la Validé, veuve d'Achmet Ier, mère d'Amurat IV, Grecque de race, nature impériale dont la beauté, la fécondité, le génie, l'ambition justifiée par le talent, avaient fait la véritable impératrice de deux règnes, et qui était seule.

capable d'en gouverner un troisième sous le nom du faible Ibrahim. La seconde était la sultane Tarkhan, Grecque aussi de naissance, élevée avec prédilection par la sultane Kœsem pour être la favorite de son fils, donnée pour épouse unique à Amurat par sa mère; maîtresse quelque temps du cœur de ce prince, négligée ensuite, honorée toujours, n'ayant reçu de la nature ni la grandeur d'esprit ni la supériorité de caractère de sa belle-mère, asservie par politique et par habitude filiale à ses volontés, et disposée à lui laisser continuer, sous le nouveau règne, l'omnipotence qu'elle avait exercée sur les précédents. Elle était mère d'un enfant à peine sorti du berceau, nommé Mohammed.

II

Ibrahim, dernier fils de la Validé, à qui revenait le trône par la mort d'Amurat IV, et qui devait, comme on vient de le voir, son salut à la protection et à la ruse hardie de la sultane Kœsem, n'était qu'un jouet docile entre les mains de cette mère. Élevé dans la solitude du harem, n'aspirant qu'à être oublié, témoin des meurtres successifs de son oncle l'idiot Mustafa Ier, et de quatre de ses frères immolés à mesure que les années les rapprochaient trop de l'âge de l'ambition, certain d'être sacrifié tôt ou tard à son tour aux ombrages du tyran, averti peu de jours auparavant, par la terreur du harem, de l'ordre de mort envoyé contre lui par Amurat, préservé par un subterfuge précaire, et réfugié avec quelques eunuques dans l'appartement le plus reculé de la sultane mère, ce jeune prince croyait entendre dans chaque rumeur du sérail les pas des muets ou d'Amurat lui-même venant découvrir son asile et accomplir l'ordre différé de son supplice. La main sur les verrous du kiosque où la sultane Validé l'avait caché, il croyait n'avoir entre la mort et lui que cette porte.

Le bruit et les cris de « Longue vie au sultan Ibrahim ! » des vizirs, des pages, des bostandjis, qui accouraient saluer le nouvel empereur, lui parurent une ruse des assassins pour l'engager à sortir de son refuge et pour l'étrangler sur le seuil. Il refusa de croire à la mort d'Amurat IV et d'ouvrir la porte à ceux qui lui apportaient l'empire tant que la sultane sa mère ne la lui aurait pas attestée. Elle accourut ; mais la voix même de sa mère ne lui parut pas encore un témoignage assez convaincant de sa sûreté ; il fallut aller chercher au sérail le cadavre d'Amurat et le lui faire contempler par une fenêtre du kiosque pour le décider à ouvrir. Il ne se crut vivant qu'en voyant son frère mort. A cette vue il tira les verrous, et ses vizirs tombèrent à ses pieds. Après avoir reçu leurs félicitations et les embrassements de sa mère, il aida à rapporter lui-même le corps, recouvert d'un linceul, au sérail.

Il remit à celle à qui il devait deux fois la vie le soin de régner pour lui. Elle laissa le grand vizir Kara-Mustafa, sa créature, au poste où son crédit l'avait élevé sous les dernières années d'Amurat IV. C'était un Hongrois de naissance que son courage, son intégrité et ses services avaient élevé, de grade en grade, du rang de simple janissaire aux plus hautes fonctions de l'État. Il en était digne par ses vertus ; mais accoutumé à recevoir d'une main despotique l'impulsion d'une volonté supérieure à la sienne, il était plus propre à être la main que la tête d'un règne.

Ibrahim, entièrement annihilé par l'habitude de subordonner son âme à celle de sa mère, se contentait de vivre sans désirer de gouverner; il était énervé par les plaisirs précoces du harem, que les mœurs du sérail laissaient pour unique distraction de leur captivité aux princes prisonniers. Sa mère et ses vizirs lui offraient tous les vendredis, jour consacré par les musulmans à l'union conjugale, de nouvelles esclaves, tribut de l'Archipel, de la Grèce, de la Perse et de la Circassie. Des parfums excitants finirent par vaincre l'infirmité d'Ibrahim, et deux enfants mâles naquirent la première année de son règne (1640).

III

Une expédition de représailles contre Azof, ville principale des Cosaques du Don, emporta et incendia (1641) la capitale de cette peuplade, tantôt tartare, tantôt russe, tantôt polonaise, selon le capricieux génie de ces pirates de terre. Mohammed Ghéraï, khan de Crimée, prêta cent mille Tartares auxiliaires aux Turcs pour cette expédition. Sultanzadé-Pacha, commandant de l'armée ottomane, releva Azof et la fortifia pour en faire une barrière contre les Cosaques et contre les Russes, leurs alliés ordinaires. Le grand vizir profita de l'autorité que lui donna cette expédition heureuse pour faire expier à l'ancien silihdar, favori tout-puissant d'Amurat IV, ses tyrannies et ses déprédations. Quarante *chiaoux*, envoyés sur sa trace à Andrinople, l'atteignirent et l'exécutèrent sur le chemin. La sultane Validé, qui méditait de donner pour épouse à l'opulent silihdar une de ses filles, s'indigna de ce meurtre et prépara le châtiment.

L'occasion s'offrit d'elle-même.

Nassouh-Pacha, nommé gouverneur d'Alep par le grand vizir, apprit en route que cette nomination était un piége, et qu'un ordre de mort, remis à son prédécesseur, l'attendait en Syrie. Il revint sur ses pas avec ses troupes, annonçant hautement l'intention de tirer vengeance du gouvernement et de révolutionner la capitale. Son approche et ses rumeurs remuèrent dans Constantinople les anciens ferments de sédition, mal étouffés par la tyrannie du dernier règne. Le grand vizir fit marcher à la rencontre de Nassouh ce qu'il avait de janissaires et de spahis dans la ville. Ils furent repoussés dans la plaine de Nicomédie. Nassouh, vainqueur, planta ses tentes rebelles à Scutari, en vue des jardins du sérail; il y attendit le titre de grand vizir, que ses complices le flattaient de recevoir chaque jour de la faiblesse et de la terreur d'Ibrahim.

Trompé par ses amis et trahi par son kiaya, qui l'attirait au piége, il osa enfin traverser le Bosphore avec une poignée de ses amis pour recevoir du grand vizir son pardon et le commandement général de l'armée de Roumélie. Entouré, à son débarquement sur la plage du sérail, des gardes du grand vizir, il n'échappa à leurs sabres qu'en s'enfuyant, avec dix cavaliers de son escorte, dans les montagnes de Bulgarie. Son fils, âgé de seize ans, ne pouvant le suivre dans sa course, fut laissé derrière lui, dans une de ses métairies voisines du Bosphore. Atteint lui-même quelques jours après, au moment où il se rendait à Rutschuk pour passer de là au camp des Tartares, il fut ramené chargé de chaînes à Constantinople, et supplicié comme un vil criminel sur l'hippodrome. Sa tête ensanglanta le lendemain la porte du sérail qu'il avait menacé. Son frère Ali fut étranglé sur la barque qui le portait en exil; son fils, incorporé dans les pages d'Ibrahim, releva plus tard sa maison, et devint un des historiens les plus authentiques et les plus impartiaux de l'empire. Il raconte sans étonnement et sans murmure l'exécution de son propre père, tant le respect de la fatalité exclut chez les Ottomans l'idée de la vengeance.

Soulfikar-Pacha, complice et lieutenant de Nassouh, fut victime de la même dissimulation du divan. Nommé gouverneur de Chypre, l'amiral qui commandait dans ces parages eut ordre de l'attirer sous prétexte d'une fête sur son vaisseau amiral, et lui présenta à la fin du festin l'ordre de mourir. Ces exécutions, souvenirs d'Amurat IV, étaient la politique du harem, et non celle du grand vizir Kara-Mustafa. Il subissait plus qu'il n'ordonnait ces atrocités.

IV

Un triumvirat de favoris, conseil secret de la sultane Validé, gouvernait sous elle, et s'indignait de ne pas gouverner sans partage. Ce triumvirat se composait d'un homme agréable, mais léger, Sultanzadé-Pacha, d'Yousouf, écuyer d'Ibrahim, et de Djindji, son khodja ou précepteur. Ces khodjas des sultans avaient au sérail à peu près les fonctions que les directeurs spirituels de la conscience des souverains catholiques remplissaient à l'Escurial, en Espagne : influences sans attributions, mais dominant toutes les autres. Sa réputation d'homme versé dans la magie et dans la médecine, le secret qu'il prétendait posséder de composer des philtres qui rendaient la jeunesse et la vigueur à son élève, l'avaient soutenu au premier rang de la faveur.

La sultane Kœsem, depuis le meurtre du silihdar, commis sans son consentement, servait la haine de ces trois hommes contre le grand vizir. Cette haine était envenimée tous les jours par l'animosité d'une femme importante dans le harem, la kiaya Khatoun, gouvernante des odalisques, ministre des plaisirs du sultan. Elle ne cessait d'accuser la parcimonie du vizir dans l'administration du harem. Ses accusations parurent le pire des crimes à un prince dominé par les femmes. La kiaya Khatoun, d'intelligence avec la sultane Validé et le triumvirat ennemi de Kara-Mustafa, se plaignit amèrement à Ibrahim de la négligence du grand vizir, qui laissait, disait-elle, manquer de bois à brûler les appartements du harem. Ibrahim, indigné, envoya interrompre le divan que le grand vizir présidait en ce moment dans son palais pour lui reprocher ce tort envers ses femmes.

« Pourquoi, lui dit-il d'un ton sévère en l'apercevant, les cinq cents chariots de bois réclamés par la kiaya Khatoun pour le harem ne sont-ils pas encore livrés ? »

Le grand vizir s'excusa, rejeta ce retard sur l'importance des affaires d'État qui l'avaient distrait de ce détail ; puis, se permettant une leçon imprudente à son jeune maître dans un moment où ses ennemis ne cherchaient qu'une occasion de le perdre :

« Mon padischah, dit-il, fallait-il donc me faire suspendre le divan, et interrompre la discussion des plus hautes affaires d'État, à moi qui suis ton représentant et ton ombre, pour cinq cents malheureux chariots de bois qui ne valent pas ensemble cinq cents aspres? Pourquoi m'interroges-tu sur cinq cents chariots de bois, au lieu de m'interroger sur la situation de ton empire, sur la félicité de ton peuple et sur la sûreté de tes frontières? »

Cette liberté de paroles, interprétée en leçon et en outrage par les ennemis de Karafa-Mustafa, fit trembler pour lui ses amis. Ils lui représentèrent son imprudence :

« N'est-ce donc pas par amour pour lui, leur répondit-il, que je lui dis la vérité? Faut-il le flatter au lieu de le servir? Mieux vaut mourir honnête et libre que de vivre adulateur et esclave! »

Cependant, pour prévenir le complot de ses ennemis, il conspira lui-même la perte du plus dangereux de tous : c'était Yousouf, l'aga des janissaires. Des émissaires du grand vizir, envoyés avec de l'or dans les casernes, insinuèrent aux soldats de refuser de toucher aux plats de riz qu'on leur servait dans la cour du sérail, signe de mécontentement qui présageait la révolte, et dont la responsabilité rejaillissait sur leur aga. Ces manœuvres, dévoilées à Yousouf par ses espions dans les casernes, armèrent le triumvirat d'un grief réel contre leur ennemi. Ibrahim, informé et convaincu par eux de cette intrigue coupable de son vizir, manda un des casuistes les plus accrédités parmi les oulémas.

« Si je faisais tuer mon lala (mon père, titre familier du grand vizir), lui demanda-t-il, mes sujets seraient-ils mécontents de moi?

» — A Dieu ne plaise! répondit l'ouléma; les cous de tes sujets, mon padischah, ne sont pas assez forts pour supporter le poids de ta colère; ils sont tous plus minces devant toi que le tranchant de ton sabre suspendu sur eux. La mort de ton grand vizir les comblera de joie. »

Ibrahim, rassuré, assista selon l'usage au conseil des vizirs dans le sérail, et frappa deux ou trois coups d'impatience contre le treillis de bois doré qui le dérobait aux regards du divan. A ce signe, le conseil se tut et se dispersa; le grand vizir, resté seul au sérail, se présenta, selon l'étiquette, à la porte de l'appartement du sultan pour l'entretenir confidentiellement des affaires d'État. Les muets lui interdirent l'entrée; il se retira inquiet dans son palais, prit sous ses habits un *Coran* pour y faire au besoin ses prières de mort, et rentra par la porte de fer dans le sérail. Le sultan se promenait sombre et irrésolu dans ses salles; l'aspect du grand vizir, non autorisé par l'usage à cette familiarité, l'irrita.

« Mon lala! lui cria-t-il avec colère dans le regard et dans la voix, en vérité je t'admire de venir ainsi chez moi comme chez ton père, sans y être invité! » Puis, sans laisser achever la justification du grand vizir sur la fermentation des janissaires, qu'il attribuait à ce que le padischah ne soutenait plus assez franchement son ministre : « Tu mens, traître, lui dit Ibrahim; c'est toi qui as fomenté cette rébellion; je trouverai quelqu'un plus digne que toi de tenir le sceau de l'empire. Prends-le, » poursuivit-il en se tournant vers le chef des bostandjis et en indiquant du geste le grand vizir.

Le bostandji, incertain si le padischah désignait par ce mot le sceau de l'État que portait le grand vizir ou le vizir lui-même, interpréta le mot dans le sens le moins terrible, et reçut le sceau des mains de Kara-Mustafa. A la faveur de ce malentendu, le grand vizir déposé rentra dans sa maison, tremblant d'entendre le bourreau sur ses pas, se déguisa et s'évada par le toit de son harem. Il descendit sur une place déserte, devant la petite mosquée de Nâali, attenante à son harem, où l'on vendait du foin et de la paille, et se blottit, sans avoir été aperçu, sous une meule de foin, pour attendre la nuit.

Cependant, quand le bostandji-baschi rapporta au sultan le sceau du grand vizir : « Sourd d'oreilles et d'esprit, lui dit avec colère le padischah, ce n'est pas le sceau, c'est l'homme que je t'ai demandé. Va, et rapporte-moi à l'instant la tête du traître. »

Cinq cents bostandjis cernèrent à cet ordre la maison du vizir, enfoncèrent les portes, pénétrèrent jusque dans l'appartement des femmes sans découvrir leur victime. Mais l'un d'eux, étant monté sur le toit du harem et observant de là les alentours, croit apercevoir sous le foin le mouvement d'une poitrine qui respire, accourt aussitôt avec ses compagnons, fouille la meule de la pointe de son sabre, et découvre le fugitif.

Kara-Mustafa se défendit inutilement de son sabre nu, et succomba sous le nombre ; garrotté et conduit sur la place de Khodja-Pacha, il y fut étranglé au bord de la fontaine de Kara-Ali. On porta son cadavre au sultan avant de le rendre à la sépulture qu'il s'était préparée à lui-même pendant sa fortune.

V

Le favori Sultanzadé hérita de la dignité de celui dont il avait tramé la ruine; une nouvelle favorite, Schekerbouli, Persane de naissance, commença à rivaliser dans le cœur d'Ibrahim l'ascendant de la sultane Validé. Cette favorite, pour éloigner le sultan de sa mère, s'entendit avec le khodja Djindji pour l'entraîner à Andrinople. Le grand vizir et la sultane Validé, inquiets de cet éloignement, qui enlevait le padischah à leur influence, le rappelèrent à Constantinople par des symptômes simulés de sédition dans la ville. Deux fils, Sélim et Othman, naquirent au sultan pendant son voyage de plaisir à Andrinople.

Le khan de Crimée, Mohammed Ghéraï, fut déposé (1643), et son frère Islam Ghéraï investi à sa place de la souveraineté des Tartares. Quand il se présenta au sérail pour rendre grâces à Ibrahim de son investiture, il trouva la sultan, sans pelisse et sans turban, respirant la fraîcheur du matin au bord d'un bassin du jardin.

« Écoute, Islam, lui dit Ibrahim, je t'ai fait khan ! Sois désormais, comme tes pères, l'ami de mes amis et l'ennemi de mes ennemis. Quel est ton âge? poursuivit le sultan.

» — J'ai quarante ans, répondit Islam, et, par le malheur de ma captivité, c'est aujourd'hui que je monte pour la première fois à cheval; mais j'espère cependant conduire assez bien mon cheval de bataille pour te rendre en services l'honneur que tu me confères. Entre les infidèles

Russes et Polonais et moi il n'y aura que le tranchant du sabre. »

Le czar des Russes, Alexis Michaïlowitz, envoya des ambassadeurs à Ibrahim pour le féliciter de son avénement, et renouveler ses assurances d'amitié. « Vous devez, répondit le sultan au czar, refréner les Cosaques sur le littoral de la mer Noire, et continuer à payer au khan de Crimée le tribut que les czars de Moscou ont toujours payé à mes Tartares. »

La Porte, pour rester fidèle aux stipulations de la paix de Szœn avec l'Autriche, refusa à l'ambitieux Rakoczi, prince vassal de Transylvanie, de soutenir ses prétentions sur la Hongrie supérieure, la Valachie et la Moldavie. Le baron de Czernin, ambassadeur d'Autriche, apporta à Constantinople les présents de l'empereur. Il réclama en vain pour l'empire romain les clefs du Saint-Sépulcre de Jérusalem. Le sultan lui répondit que la possession des lieux saints avait été conférée immémorialement, par un traité de Mahomet lui-même, aux chrétiens grecs, et qu'il ne dérogerait à aucun prix aux clauses de ce traité.

VI

Le harem continuait à l'occuper plus que l'empire. Les femmes, les parfums et les fourrures étaient les trois délices combinées de son paradis terrestre. Sa mère, ses vizirs, ses pachas, ses favoris, ne suffisaient plus à lui trouver et à lui offrir les plus belles esclaves de Géorgie, de Perse, de Pologne, d'Italie, ces terres natales de la beauté féminine. Les cassolettes du sérail, où brûlaient sans cesse les parfums excitants de l'Arabie, avaient fait enchérir l'ambre dans toute l'Asie. Le prix de la zibeline, pour les habits et les tapis du harem, s'éleva dix fois au-dessus de sa valeur ordinaire. Son goût pour les fleurs odorantes était si frénétique, qu'au lieu des panaches de héron montés sur des nœuds de pierres précieuses, décoration impériale du turban de ses ancêtres, il entrelaçait dans les plis de son turban, dans ses cheveux et autour de ses oreilles, des guirlandes de fleurs. Cette parure efféminée scandalisait le peuple et les soldats. Il avait inventé un vêtement lâche, tout formé de zibeline, dont le contact caressait partout la la peau, et dont aucun pli et aucune ceinture ne froissait sa mollesse. Chacun des boutons de ce linceul voluptueux était formé d'une seule pierre précieuse du prix de dix mille ducats d'or.

Sa prodigalité pour la parure des femmes sans nombre de son harem envoyait en mer, au-devant des vaisseaux de Gênes et de Venise, des fournisseurs chargés d'accaparer les châles, les mousselines, les velours que l'activité du commerce ne suffisait pas à importer à Constantinople. Il ne se délassait d'un plaisir que par un autre. Il ne quittait les femmes de son harem que pour les joueurs de flûte et de tambour de basque, les musiciens, les chanteurs, les danseurs et les bouffons, diversion nécessaire à la mélancolie, suite de ses débauches. Semblable à Néron, à Caligula ou à Sardanapale, dans ses débordements de mœurs, il avilissait les premières charges de l'empire ou de l'armée jusqu'à en faire le salaire de ses plus grossières orgies. C'est ainsi qu'il nomma aga des janissaires un Bohémien nommé Ahmed qui le déridait par ses trivialités bouffonnes, et qu'il récompensa par la place de capitan-pacha l'artificier grec Kœr Mussellioghli, qui avait représenté en traits de feu, dans une illumination du sérail, les vaisseaux, les mâts et les voiles de la flotte. Ces deux favoris d'un caprice eurent la pudeur de refuser ce que le prince n'avait pas eu honte de leur offrir.

Il faisait sa société habituelle de tous ces hommes dévoués au plaisir, comme si le plaisir avait été la seule affaire sérieuse de l'État. Il courait la nuit avec eux à cheval, aux flambeaux, du nouveau sérail au vieux sérail, ordinairement inaccessible aux sultans régnants, cherchant parmi les femmes reléguées dans ce dépôt de princesses, de favorites et d'esclaves, des vestiges des célébrités de beauté. Déjà père de sept fils, il avait élevé au rang de sultane Khasséki (sultane épouse) sept femmes de son harem. Chacune d'elles avait son palais dans le sérail, sa cour, ses grands officiers, ses dotations sur le trésor appelées *argent de pantoufles*, ses barques, ses voitures, ses eunuques, ses esclaves. Sept autres favorites en titre, mais non encore mères, avaient pour *argent de pantoufles* les revenus d'autant de provinces. Il attribuait de plus à chacune la nomination vénale de certaines grandes charges de l'État, en sorte que l'enchère ou le hasard désignait, du fond d'un harem, par la main d'une odalisque, enfant étrangère et illettrée, les candidats aux fonctions les plus augustes du gouvernement.

L'imagination dépravée d'Ibrahim voulait vaincre jusqu'à la nature. Il convoita une épouse gigantesque, objet de ses rêves; des émissaires, envoyés par la kiaya Khatoun, cherchèrent, par ordre d'Ibrahim, dans tous les gynécées de l'Asie, une jeune fille d'une stature démesurée.

Ils découvrirent un colosse dans une jeune Arménienne, race célèbre par l'ampleur de ses formes et par l'élévation de la stature dans ces montagnes, Helvétie de l'Orient. Enlevée à sa famille et présentée au sultan, Ibrahim crut avoir trouvé dans cette nouvelle épouse un phénomène incomparable de la nature. Il s'attacha à l'Arménienne avec tant de frénésie, que la faveur insensée de cette odalisque alarma non-seulement les sultanes Khasséki, mais que la sultane Kœsem elle-même trembla pour son crédit sur son fils. Ibrahim avait donné pour apanage à cette géante du harem le gouvernement de Damas. La sultane Kœsem, feignant de vouloir aussi honorer en elle l'idole de son fils, invita l'Arménienne à une fête, et la fit étrangler par ses eunuques pendant le festin. On persuada à l'inconsolable Ibrahim que sa favorite était morte étouffée par l'excès d'obésité qu'il admirait en elle. Il la pleura comme un prodige de beauté que la nature ne renouvellerait jamais pour lui.

Le chef des eunuques noirs ou le kislar-aga, gouverneur du harem, était alors l'eunuque Sunbullu (ce nom signifie *le possesseur d'hyacinthes*). L'usage de l'Orient affecte aux eunuques des noms de fleurs ou de parfums par allusion aux femmes, fleurs animées avec lesquelles ils sont seuls en familiarité dans les palais des princes ou des grands. Sunbullu, comme les eunuques des pharaons d'Égypte, des schahs de Perse, des empereurs grecs de Constantinople et des sultans de Stamboul, avait pour lui-même le luxe d'un harem. Il avait acheté une esclave qui allait devenir mère. La beauté de cette esclave, rencontrée fréquemment par le sultan dans l'appartement intérieur de Sunbullu, attenant au harem, éblouit tellement Ibrahim, qu'il la demanda au kislar-aga pour nourrice d'un fils qu'une de ses femmes, la sultane Tarkhan, venait de lui donner. La prédilection que le sultan ressentait pour la nourrice de son fils Mohammed s'étendit jusqu'à son enfant; il préférait cet enfant d'une étrangère à son propre fils.

Un jour d'été qu'il jouait au bord d'un bassin avec les femmes privilégiées, les enfants et les nourrices, s'amusant à les pousser dans l'eau pour jouir de leur effroi et pour avoir le plaisir de les voir nager en regagnant le bord, la sultane Khasséki, mère de Mohammed, jalouse de la préférence que le sultan montrait à l'enfant d'une étrangère sur le sien, éclata en reproches injurieux contre la nourrice. Ibrahim, dans un excès de colère contre la sultane qui outrageait sa favorite, arracha du sein de la mère son propre fils Mohammed, et le précipita par les pieds dans une citerne du jardin. Les eunuques en retirèrent l'enfant à demi noyé, et son front garda toute sa vie la cicatrice de la démence de son père. Sunbullu, tremblant que la vengeance des sultanes et de la Validé Kœsem ne le rendît responsable des désordres dont sa belle esclave et son nourrisson étaient l'occasion dans le harem, résigna de lui-même la place périlleuse de kislar-aga, et s'embarqua avec ses trésors, son harem, la nourrice et son enfant, pour aller finir ses jours à la Mecque. Assailli à la hauteur de Carpathos par l'escadre de Malte, il périt en combattant avec intrépidité; ses deux cents esclaves, les trente femmes de son harem, la nourrice et son enfant devinrent la proie des chevaliers. L'enfant, élevé par eux dans la foi chrétienne, et réputé fils d'un sultan, entra dans l'ordre monastique de Saint-Dominique, et fut célèbre en Espagne et en Italie sous le nom de *père Othman*.

VII

Cependant les vices et les démences du sérail ne prévalaient pas sur le génie viril et entreprenant de la sultane Kœsem, qui gouvernait sous le nom de son fils. L'orgueil d'ajouter un territoire à l'empire lui inspira l'expédition de Candie.

Un Dalmate, ennemi né de Venise, qui possédait encore cette île, était devenu capitan-pacha, et ne cessait de préconiser cette conquête à l'imagination de la sultane Validé. Ce Dalmate, nommé dans son enfance Joseph Maskowich, et depuis Yousouf-Pacha, était né à Vrana en Dalmatie, voisine de la ville vénitienne de Zara. Sa mère était une pauvre esclave; il avait commencé sa vie aventureuse comme palefrenier dans les écuries du beg de Nadin Sinan; son indigence était telle, qu'il suivait nu-pieds le cheval du beg, et qu'il dut ses premières babouches à la charité d'une vieille femme de Vrana, touchée de sa beauté et de sa misère. Un chambellan du sultan, qui passait par la Dalmatie en revenant de Venise, fut frappé de sa figure et de son intelligence. Il le prit à son service, l'amena à Constantinople et lui fit obtenir une place de portier du sérail, aux gages de sept aspres par jour. Il passa de cette humble fonction au rang de fendeur de bois, puis de bostandji du sérail. Ibrahim le remarqua, l'approcha de lui, lui découvrit autant d'aptitude que de grâce, et en fit, par le conseil de sa mère, son silihdar favori après la mort du silihdar Mustafa.

Vindicatif comme un Dalmate, zélé comme un renégat, ambitieux comme un parvenu, Yousouf n'aspirait au poste de capitan-pacha que pour se venger de Venise, dont le joug avait pesé sur sa patrie et sur sa famille. Il y parvint : la sultane Kœsem le fit nommer commandant des forces de terre et de mer de l'expédition qu'elle préparait en silence. Le sultan le fiança avant son départ avec une de ses filles, âgée de deux ans, nommée Fatima. Une flotte de cinq cents voiles, portant cent trente mille hommes de débarquement, sortit le 30 avril 1645 de la mer de Marmara et du golfe de Salonique pour aborder à l'île de Candie.

VIII

L'ancienne Crète, tombeau de Jupiter, royaume de la petite-fille de ce dieu (la nymphe Ida, qui donna son nom à la plus élevée de ses montagnes), l'île fortunée, surnommée dans l'antiquité la nourrice de Jupiter, fut la première des terres connues où l'homme forgea les métaux ; les *Dactyles* du mont Ida sont les forgerons fabuleux ou réels du vieux monde ; ses villes, ses villages, ses montagnes, ses fontaines, sont le musée de la théogonie antique. Sa fertilité et sa population égalaient cette île à l'Égypte. Les Crétois semaient le blé avant le Triptolème des Grecs ; ils avaient inventé les premiers codes de lois qui régirent les villes et les royaumes de l'Asie.

L'aristocratie privilégiée y avait succédé à une démocratie unique qui ne fondait l'égalité des citoyens que sur l'avilissement d'une caste d'esclaves. Toujours en guerre avec les Grecs, tantôt vainqueurs, tantôt vaincus, ils étaient entrés par patriotisme asiatique dans la ligue de Mithridate contre les Romains. La première expédition romaine contre la Crète, sous le commandement d'Antoine, père du triumvir, périt tout entière sous leurs armes. Les soldats romains, pendus à leurs propres vergues, furent engloutis avec leurs galères dans les eaux de l'île. Metellus, lieutenant de Pompée, les conquit sans les soumettre. Les nobles s'empoisonnèrent eux-mêmes en masse pour ne pas survivre à l'indépendance de leur patrie; le peuple se déroba à la servitude en fuyant dans les forêts et dans les cavernes inaccessibles de l'Ida, où il entretint une éternelle révolte contre l'oppression romaine. Brutus et Cassius s'y réfugièrent après le triomphe de la tyrannie d'Octave sur la liberté énervée de Rome. Constantin, en partageant l'empire avec son compétiteur, donna la Crète en partage à Constance. Les Arabes l'enlevèrent aux Byzantins; Baudouin le croisé, roi de Jérusalem, aux Arabes; les Génois, à Baudouin; les Vénitiens, aux Génois : elle leur appartenait depuis trois siècles, et elle était devenue, par les soins du sénat de Venise, la citadelle de la Méditerranée, quand la sultane grecque Kœsem commença par les mains d'Yousouf la conquête de vingt-cinq ans qui devait assurer aux Ottomans cette clef de la Syrie, de l'Égypte, de l'Archipel, ce boulevard maritime des trois continents où régnait l'islamisme.

IX

La Canée, capitale militaire de l'île, se rendit, après trois mois d'un siége héroïque, aux Ottomans. Ils avaient désormais le pied dans l'île. Ils y laissèrent une garnison de douze mille hommes, sous le commandement d'Hassan-Pacha, et remirent aux années suivantes la conquête lente et continue du reste de l'île et du bloc des montagnes. A son retour, Yousouf, malgré l'appui de la sultane, trouva la mort pour récompense de sa fortune (1646). Salih-Pacha venait d'être nommé grand vizir; on redoutait la concurrence d'Yousouf. On persuada à Ibrahim qu'Yousouf avait épargné les prisonniers de Candie pour s'enrichir de leur rançon, et qu'il faisait durer la guerre pour prolonger son autorité et son importance.

« Repars à l'instant pour Candie, ou je te tue, lui dit Ibrahim, impatient d'achever cette incomplète campagne.

» — Mon padischah, lui répondit le serdar étonné à son tour de cette ignorance des conditions d'une campagne maritime en hiver et sans préparatifs, vous ne connaissez rien aux choses de la mer ; nous n'avons point de rameurs, et les galères ne peuvent marcher sans rames.

» — Infâme rebelle! reprit le sultan, tu prétends m'apprendre les choses de la mer? »

Puis se tournant vers le bostandji-baschi : « Apporte-moi sa tête, » lui dit-il en sortant de l'appartement.

Le bostandji suspendit de quelques instants l'exécution d'un ordre irréfléchi, qu'il attribuait à la véhémence du sang d'Ibrahim, dont il attendait la révocation du sang-froid; il se borna à renfermer Yousouf dans le kiosque *des Oiseaux*, prison grillée des vizirs entre leur disgrâce et leur supplice. Ni l'ancienne amitié, ni le titre de gendre du sultan, ni un fils qui naquit à Yousouf dans la journée, ni la supplique touchante que le prisonnier adressa par les mains officieuses du bostandji-baschi à Ibrahim pour lui demander au moins grâce de la vie, ne firent pardonner son insolence à son maître. Ibrahim envoya étrangler son favori, son gendre et le vainqueur de Candie, dans le kiosque *des Oiseaux*, et se fit apporter son cadavre ou pour jouir ou pour pleurer. Il contempla avec une sorte de jouissance mélancolique les joues encore colorées d'un reste de vie du beau serdar : « Hélas! hélas! dit-il en s'apitoyant sur sa victime, comme s'il n'eût pas été son bourreau; hélas! hélas! quel dommage pour ses belles joues de rose! »

L'avidité de s'enrichir des richesses présumées du conquérant de la Canée fut la principale cause du meurtre d'Yousouf. Ses ennemis avaient répandu le bruit qu'il rapportait et qu'il dérobait à son maître des trésors fabuleux, et entre autres une colonne d'or massif. Il ne rapportait en réalité que de la gloire, une intégrité rare parmi les généraux, et une île d'un prix inestimable à sa patrie. Quand on fit l'inventaire de ses richesses, la colonne d'or massif se réduisit à une colonne de marbre jaune d'Égypte tacheté de rouge. Cette colonne fut employée par l'architecte de la sultane Validé à supporter la tribune du sultan dans la mosquée qu'elle faisait construire à Scutari.

X

Le ressentiment contre les Vénitiens, qui lui résistaient en Candie et qui faisaient des descentes en Morée, emporta Ibrahim jusqu'à ordonner un massacre général des Grecs et des chrétiens dans sa capitale. Le mufti Abou-Saïd, appelé pour autoriser par un fetwa religieux cet ordre sanguinaire, refusa heureusement d'y donner la sanction de Dieu. Il fit trembler le sultan devant le crime de tant de sujets innocents égorgés, et devant la dépopulation de la capitale, dont ces Grecs et ces chrétiens faisaient la force et l'opulence. Il fit apporter au divan les registres des collecteurs d'impôts, et compta dans Constantinople seule plus de deux cent mille imposés grecs ou arméniens, sans y comprendre les Francs.

La ruine plus que le crime fit reculer le sultan. Il se borna à interdire la résidence de Stamboul, la ville ottomane, aux ambassadeurs des puissances chrétiennes, et à leur fixer pour séjour les faubourgs de Galata et de Péra, de l'autre côté de la Corne-d'Or. Les Jésuites, accusés de vouloir enlever aux Franciscains le service des lieux saints, furent de plus accusés d'avoir provoqué par leurs intrigues l'arrestation et l'expulsion de leurs concurrents les moines franciscains. Les ambassadeurs autrichiens reçurent de leur cour, le 5 mars 1646, l'ordre de protéger les Franciscains contre les Jésuites, coupables ou innocents des vues ambitieuses qu'on leur supposait.

Le grand vizir Salih s'étudia, pendant la guerre avec les

Vénitiens pour la possession de Candie, à détacher l'Autriche de leur cause, et à enlever à cette cour tout grief contre l'empire, en renouvelant sévèrement à Rakoczy, prince de Transylvanie, la défense d'inquiéter les provinces autrichiennes.

« Dis à ton maître, s'écria le sultan en apostrophant en plein divan l'envoyé de Rakoczy, qu'il ne se fie pas aux embarras que me donne ma guerre contre Venise, que j'ai des armées suffisantes pour me faire obéir partout, et que s'il renouvelle ses incursions sur le territoire de l'empereur d'Autriche, mon frère et mon ami, je le déposerai de sa souveraineté. Écoute et tremble. »

L'accent, le regard et le geste d'Ibrahim portèrent une telle terreur dans l'âme de l'agent de Rakoczy, qu'il mourut de la commotion de ces paroles en rentrant dans son palais.

XI

Le complaisant Sultanzadé avait reçu à la place d'Yousouf le commandement de la seconde expédition de Candie. La servilité de ce courtisan étonnait quelquefois le despotisme capricieux du sultan lui-même.

« Comment se peut-il, dit un jour Ibrahim à Sultanzadé, que tu approuves toujours sans exception tout ce que je dis et tout ce que je fais de bien ou de mal ?

» — Mon padischah, répondit le favori, vous êtes le calife, l'ombre de Dieu sur la terre, et tout ce qui vous vient à l'esprit est une inspiration divine; lors même que vos volontés ont une apparence d'erreur ou de contradiction que notre faible intelligence peut trouver déraisonnable, ces volontés ont une sagesse secrète que votre esclave doit présumer et respecter sans les comprendre. »

Sultanzadé se soulageait quelquefois de ce servilisme officiel dans ses confidences avec ses amis. Il montra un jour au grand juge Abdoul-Halim, son confident, une lettre autographe du sultan, ou katti-chérif, écrite dans le délire de l'ivresse, et dont les termes impérieux pour lui auraient paru à tout autre le scandale de la souveraineté et l'ignominie du trône.

» Écoute-moi, disait ce katti-chérif du sultan, qui commençait par déshonorer de son mépris les ministres de sa puissance; mes ancêtres ont envoyé trop d'or et de bijoux à la Mecque et à Médine; fais-les rentrer tout de suite dans mon trésor; autrement je te fais arracher la peau, je la fais remplir de paille, et j'en fais un épouvantail pour les oiseaux. »

« Tu vois, dit Sultanzadé au grand juge son ami après lui avoir lu ce katti-chérif, à quelle abjection j'en suis réduit par suite des caprices insensés d'un ramas d'esclaves favorites russes, polonaises, hongroises, françaises, persanes, grecques qui règnent au sérail. Dieu sait comment tout ceci finira. »

Sultanzadé mourut en abordant en Crète (1647). Housseïn-Pacha continua la conquête à sa place avec le titre de serdar. La ville de Rétimo et plusieurs autres places fortes de l'île élargirent en Crète l'espace occupé par les conquérants. La capitale, Candie, résistait toujours.

La Dalmatie arrachée ville à ville aux Vénitiens par Tékéli-Pacha, Azof défendue triomphalement par le capitan-pacha Mousa contre une tentative des Russes, honoraient le vizirat de Salih, malgré l'apathie et les scandales de la cour.

XII

Ibrahim, après avoir épuisé les excès de débauche, épuisait maintenant les excès d'orgueil. Contrarié de rencontrer souvent, dans ses promenades à cheval à travers la ville, des obstacles à la rapidité de ses coursiers, il ordonna au grand vizir d'interdire l'entrée de la capitale à toute espèce de chariots; c'était interdire à Constantinople le mode indispensable de ses approvisionnements en foin, en paille et en bois. L'obéissance fut éludée et illusoire. Cependant, en se rendant un jour à cheval à la plaine de Daoud-Pacha, les regards d'Ibrahim furent offensés par la vue d'un chariot de fourrage entrant dans la ville; il fit appeler le grand vizir, et sans écouter son excuse : « Qu'on l'étrangle! s'écria le sultan, qu'on l'étrangle! »

L'absence de bourreau et de cordon laissa quelques instants de réflexion et quelque possibilité de retour au sang-froid d'Ibrahim; mais aussi obstiné dans l'exécution qu'il avait été soudain dans l'ordre, il entra dans la maison voisine de l'iman du village, et fit étrangler sous ses yeux l'infortuné Salih avec la corde du puits (1648). Il envoya de là le sceau de grand vizir au capitan-pacha Mousa, vainqueur des Russes à Azof.

Un repentir lui fit, quelques jours après, retirer le sceau à Mousa et conférer le rang de grand vizir à

Ahmed-Pacha. Les sultanes et les favorites passagères disposèrent plus que jamais de l'empire. Le gouverneur de Brousse, qui fournissait de neige et de glace pour les sorbets les deux sérails et les kiosques des favorites, s'étant égaré sur les glaciers du mont Olympe, et son absence prolongée ayant fait croire à sa mort, les fonctions de gouverneur de Brousse furent données à un favori de la blanchisseuse du harem. Ibrahim, contre les prescriptions du Coran, épousa une huitième femme, et fit construire pour une favorite un carrosse exposé à l'admiration du peuple, et dont tous les clous étaient des pierres fines.

Candie continuait à se défendre contre les flottes et les renforts sans cesse envoyés de Constantinople à Housseïn-Pacha. Ce serdar, frappé de deux balles au visage dans un assaut, se lia lui-même la mâchoire fracassée avec le châle de son turban, et continua à combattre à la tête de ses janissaires. Malte, Florence, Rome, les volontaires illustres de toutes les nations catholiques apportèrent secours à Candie. Housseïn accusa les lenteurs du capitan-pacha, qui fut étranglé pour sa négligence. Le grand vizir fit également décapiter tous les pachas ou gouverneurs parents de son prédécesseur Salih, dont il redoutait le ressentiment. Chaque matin le peuple venait examiner avec horreur, à la porte du sérail, quelles étaient les têtes tombées dans la nuit.

XIII

Ces exécutions poussèrent la terreur même à la révolte. Le fils de l'ancien grand vizir Sàlih, nommé Mohammed-Pacha, gouverneur d'Erzeroum, avait évité la mort par la difficulté de l'atteindre dans son gouvernement éloigné. Il s'entendit avec Wardar-Ali-Pacha, gouverneur de Kars, pour résister à la tyrannie d'Ibrahim.

Wardar-Ali-Pacha savait qu'il était voué au supplice pour avoir refusé d'envoyer au harem d'Ibrahim la belle Géorgienne Périkhan, fille d'un prince de ces contrées, fiancée à Ipschir-Pacha, son ami. Les deux pachas se donnèrent rendez-vous à Tokat, pour y proclamer l'insurrection, et marcher de là sur Constantinople.

« Que la fortune soit avec nous! s'écrièrent les troupes du petit-fils de Mohammed; marchons au nom de Dieu, élançons-nous au combat contre les aigles de nos montagnes, ou descendons au cercueil. »

Mohammed, en route avec sa garde vers Tokat, rencontra deux chefs de *chiaoux* qui rapportaient à Constantinople la tête de son oncle Mourteza-Pacha, décapité par eux à Siwas. Il leur demanda de lui montrer le firman en vertu duquel ils avaient tranché les jours de son oncle. Les *chiaoux* lui avouèrent que l'ordre de mort, dérobé par eux à ses recherches quand ils avaient traversé Erzeroum, était contenu dans un flacon de plomb suspendu à l'arçon de leur selle, dans lequel les Turcs portent leur eau en voyage. Il prévit tôt ou tard pour lui le même sort, ne vit de salut que dans l'audace, et tenta par des négociations la fidélité de Kœprilü-Pacha, homme intègre et expérimenté qui marchait à la tête des troupes envoyées contre lui et contre Wardar-Ali, son complice. Il écrivit d'Angora à Wardar-Ali de se défier des pièges de la Porte et surtout d'Ipschir-Pacha, cet ami perfide pour lequel il s'était compromis en préservant la belle fiancée de l'esclavage du harem d'Ibrahim.

Wardar-Ali, incrédule à ses avis, reçut Ipschir dans son camp. Le traître Ipschir, vendu secrètement à la Porte, fondit tout à coup avec ses cavaliers sur les troupes désarmées de Wardar, le précipita lui-même de son cheval, le garrotta et le livra à Kœprilü : « Perfide ! dit-il à Ipschir en le voyant assister aux préparatifs de son supplice, est-ce ainsi que tu récompenses la générosité que j'ai eue d'affronter la tyrannie pour garantir ta fiancée de l'outrage ? »

Sa tête, coupée, fut envoyée par Kœprilü au sultan. Ibrahim, au lieu de récompenser Ipschir de sa perfidie, condamna la belle Périkhan, cause involontaire de la révolte, à être exposée à la clarté des flambeaux aux profanations de la multitude ; mais l'indignation des musulmans le contraignit à révoquer cet ordre atroce.

Ibrahim convoitait l'épouse du grand vizir Ahmed ; ce vil complaisant de tous ses caprices répudia sa femme, à laquelle il devait sa fortune, pour que le sultan pût l'épouser légalement. En retour de cette ignominieuse ingratitude, Ibrahim donna en mariage à Ahmed la sultane Bibi, sa fille. Ce troc d'épouses fut célébré par des fêtes pendant lesquelles Ibrahim imita les démences de Caligula. On le vit paraître en public la barbe tressée avec des pierres précieuses, à l'exemple des pharaons de l'antique Égypte, faire illuminer les bazars en pleine nuit, et changer les ténèbres en jour pour amuser les fantaisies de ses folles esclaves; le lendemain, il faisait fermer toutes les boutiques et les portes même de Constantinople, pour changer le tumulte ordinaire du jour en silence et en désert dans sa capitale.

XIV

Cependant des dissensions intestines commençaient à agiter le harem, et les jalousies de femmes préparaient des révolutions de palais. La sultane Validé Kœsem s'alarmait de l'influence que la sultane favorite Schékerbouli conservait, malgré tant de rivalités, sur l'esprit du sultan. Le gouvernement lui échappait pour passer dans les mains des viles esclaves qu'elle avait elle-même données comme des jouets à Ibrahim. La honte du règne rejaillissait dans l'opinion publique sur la mère de celui qui déshonorait ainsi le trône. Elle ne se dissimulait plus que la vengeance des Ottomans la confondrait tôt ou tard dans la même réprobation et dans la même peine. Schékerbouli et toute sa faction d'hommes et de femmes dans le harem furent exilées au fond de la Nubie, sous prétexte des trésors illicites accumulés par cette favorite pendant son crédit.

Le grand vizir Ahmed augmenta l'impopularité d'Ibrahim en établissant un nouvel impôt appelé *l'impôt de l'ambre et des fourrures*. La passion du sultan pour les femmes et les duvets ne faisait que s'accroître par ses profusions. Ses favorites persanes et arabes, qui l'endormaient en lui racontant les poétiques fables de leur pays, lui parlèrent d'un padischah des temps antiques dont le palais n'avait pour tentures, pour plafonds, pour parvis et pour coussins que les précieuses pelleteries de la zibeline. Son imagination s'enflamma pour ce palais de fourrures, et ses ordres partis pour les gouverneurs de toutes les provinces leur imposèrent ce tribut de peaux d'animaux sous les peines les plus sévères. Il exigea aussi un tribut extraordinaire de pierreries pour les couronnes dont il se complaisait à orner le front de ses femmes.

Le murmure montait avec le désordre. Le juge de Galata se dévoua pour l'exprimer, au risque de sa vie, au nom de l'empire. Il se revêtit de l'habit de derviche, et couvrit, en plein divan, le grand vizir des reproches de l'empire et des menaces de la malédiction divine. « Fais de moi ce que tu voudras, lui dit-il après; j'ai dit; il ne peut m'arriver de ma liberté de paroles que trois choses : ou vous me tuerez, et je bénis d'avance mon martyre; ou vous me bannirez, et je me réjouis d'avance de ne plus habiter une ville scandalisée par vos excès; ou vous me dépouillerez, et je vous ai prévenus en me dépouillant moi-même et en prenant le bonnet indigne de derviche. »

La sultane Kœsem, malgré son titre de mère et sa vieille autorité, déplut par ses représentations à son fils, et fut exilée du sérail dans le jardin du faubourg, appelé le jardin d'Iskender-Tchélébi. Les principaux officiers des janissaires, qui s'indignaient tout bas de ces excès, furent invités à une fête donnée par le grand vizir à la porte *des Canons*, sous prétexte d'y célébrer le mariage de son fils avec une fille du sultan. Cette fête devait être ensanglantée par leur supplice.

Informés en entrant du sort qui les attendait, ils se hâtèrent de s'enfuir à la mosquée du centre, lieu consacré par les grandes séditions de troupes, et d'y convoquer les chefs et les vétérans de tous les corps armés de la capitale : le mufti, les prédicateurs, les oulémas, les agas. Un signal manquait seul à la révolte consommée déjà dans les cœurs. Au lever du jour, les janissaires, sans armes et les bras croisés sur la poitrine, entouraient la mosquée ; le peuple attendait en silence le résultat de la délibération des oulémas. Le sérail abandonné tremblait de sa solitude. Ibrahim envoya enfin au mufti un chambellan pour lui demander la cause de ce rassemblement illicite.

« Que le padischah, répondit le mufti au nom de tous, nous livre le grand vizir, autrement nous ne nous séparerons pas. »

Sans attendre la réponse du sultan, l'assemblée déposa le grand vizir, et nomma à sa place un de ces hommes qui reviennent quelquefois à la mémoire des multitudes à cause de l'obscurité même dans laquelle ils ont enseveli leur vie. C'était Sofi-Mohammed-Pacha ou Mohammed le Pieux, ancien spahi, devenu defterdar, ou trésorier de l'empire, sous le règne d'Othman II, et retiré depuis, pour se consacrer à la prière et à la vertu, dans un jardin des faubourgs, où il pratiquait la philosophie des cénobites. Arraché à son jardin par les oulémas et les agas, la présence de ce vénérable vieillard dans la mosquée fit éclater des acclamations et des larmes. Le peuple croyait consacrer sa révolution en la plaçant sous les auspices de cette vertu.

Sofi-Mohammed, ainsi proclamé, se rendit, malgré l'assemblée, au sérail, pour faire ratifier par le prince la désignation tumultueuse du peuple. Il baisa respectueusement le pan de la pelisse du sultan.

« J'ai déposé Ahmed, lui dit Ibrahim; mais comment veux-tu que je livre à ses ennemis celui qui est l'époux de ma fille? Va, et réponds-moi de sa vie. »

Sofi-Mohammed retourna à la mosquée pour implorer la grâce d'Ahmed. Ses intercessions échouèrent devant la fureur de la multitude. Il rentra consterné au sérail.

« Vieux chien, lui dit Ibrahim, qui avait repris confiance par la lenteur des révoltés, c'est toi qui as soulevé les troupes pour devenir vizir; mais laisse faire, ton tour viendra. »

Il maltraita à coups de poing le vieillard innocent de toute participation à l'émeute. Sofi-Mohammed, injurié et frappé par le prince, débordé par le peuple, impuissant entre l'un et l'autre, sortit du sérail et se réfugia dans son jardin.

Les chefs des troupes et la multitude l'y poursuivirent et le ramenèrent de force à la mosquée du centre. Ils firent en même temps occuper les portes de la ville par des détachements chargés d'intercepter les communications du sérail avec les provinces; ils envoyèrent à la sultane Kœsem, exilée au jardin d'Iskender-Tchélébi, une garde d'honneur pour la protéger contre les attentats de son fils, et lui firent dire de veiller sur la vie des princes ses petits-fils, espoir de l'empire. Du fond de son jardin, la sultane Kœsem, à la fois politique et mère, dirigeait par ses créatures dans les troupes tous les fils de la révolution.

XV

Déjà les rebelles parlaient ouvertement de déposer le sultan lui-même.

« N'a-t-il pas tué Salih-Pacha? disaient-ils; n'a-t-il pas tué Wardar-Ali, le seul homme capable alors de réformer l'empire? Son cadavre sans sépulture n'a-t-il pas été pendant vingt jours la proie des chiens et des oiseaux de proie sur le charnier de la porte du sérail?

» — Le padischah, disaient les orateurs les plus modérés de la mosquée, a perdu *le monde* par le brigandage et la tyrannie; les peuples sont ruinés, les infidèles ont pris cinquante places fortes de Bosnie et bloquent les Dardanelles : qu'il dépose son vizir, qu'il nous livre sa tête, qu'il exile ses favorites, et nous nous disperserons. »

Ces discours, rapportés à Ibrahim, furent éludés par lui comme d'impuissants murmures. Dix mille canonniers et bostandjis campés avec du canon dans les cours le rassuraient sur sa vie; la nuit tombait; les oulémas, satisfaits de vains discours, se retiraient un à un, remettant au lendemain les résolutions à prendre.

« Imprudents! leur dirent les officiers, si nous nous dispersons cette nuit, il nous sera impossible de nous réunir demain; ne nous séparons pas avant que l'ordre soit rétabli dans *le monde;* passons ensemble la nuit dans la mosquée. »

Les janissaires s'emparèrent respectueusement des oulémas, et leur offrirent pour la nuit l'hospitalité militaire dans leur caserne attenant à la mosquée.

XVI

Cependant le grand vizir Ahmed, trompé dans son crime par l'indiscrétion de ses complices, avait interrompu la fête qu'il donnait dans son jardin à l'occasion du mariage de son fils, et s'était retiré avec ses principaux officiers dans son sérail, protégé par ses gardes contre l'émeute nocturne des janissaires. Instruit heure par heure de l'explosion et des progrès de l'insurrection dans la mosquée, il avait désespéré de son salut. Muni de six mille ducats d'or portés par un cheval de charge, les doigts ornés de deux anneaux de la valeur de vingt mille piastres chacun, d'une troisième bague de rubis d'un prix inestimable, il était monté à cheval dans la cour de ses écuries, et, suivi de deux de ses pages inséparables, Khalil et Abdi, s'était réfugié, par des rues obscures et désertes, chez le plus dévoué de ses amis, nommé Déli-Burader.

Sa retraite bientôt connue des rebelles le força à chercher un autre asile chez Ahmed le Long, son ancien client. Les espions des oulémas y avaient suivi ses traces. Il crut les dépister en se retirant seul et à pied, avant le jour, dans la maison d'un autre de ses amis absent, Hadji-Beïram.

Hadji-Beïram prévint le soupçon des rebelles en révélant perfidement lui-même la retraite du grand vizir dans son harem. Les *chiaoux* l'en arrachèrent et le conduisirent devant son successeur, Sofi-Mohammed. Loin de triompher de la catastrophe et de la détresse de son ennemi, Sofi-Mohammed l'embrassa les larmes aux yeux, et le fit asseoir avec honneur à côté de lui. Ahmed lui demanda pour toute grâce la permission de se retirer, pour le reste de ses jours, à la Mecque, exil équivalant à une mort politique et civile chez les musulmans. On en appela au mufti pour décider du sort des prisonniers. Le mufti, moins compatissant que Sofi-Mohammed, lança, aux acclamations de la foule, un fetwa de mort contre l'instrument des crimes d'Ibrahim. On lui demanda, avant de lui lire l'arrêt, la liste de ses trésors, en lui donnant l'assurance que sa vie serait rachetée par ses aveux. Il les marchanda comme un avare, ajoutant un chiffre énorme à chaque menace, et cachant encore la plus grande partie de sa prodigieuse opulence. Son interrogatoire épuisé, on le laissa seul avec ses deux serviteurs dans une chambre grillée, attendant la grâce qu'on lui avait promise au prix de l'aveu de ses richesses. Il détacha son turban, fit sa prière, et se coucha sur le tapis pour dormir, ses deux pages étendus à ses pieds.

On le réveilla sous prétexte de le conduire devant Sofi-Mohammed, son protecteur, qui avait, lui dit-on, plaidé et obtenu son pardon devant les troupes. Arrivé au bas de l'escalier ténébreux, deux fortes mains le saisirent par derrière; il se retourna, et, à la lueur d'une torche, il reconnut le bourreau Kara-Ali, l'exécuteur ordinaire des victimes qu'il lui avait livrées lui-même : « Vil giaour ! s'écria Ahmed en reconnaissant avec horreur le bourreau.

» — Gracieux maître ! » lui répondit ironiquement Kara-Ali en s'inclinant avec dérision comme pour baiser le pan de son cafetan.

Puis, le saisissant par un bras et son aide par l'autre, les deux exécuteurs le firent marcher, à travers les huées du peuple, jusqu'à la *porte des Canons*, sur le seuil de son jardin de plaisir, où il avait médité la veille le meurtre des agas des janissaires. Là, Kara-Ali l'ayant abattu comme un bœuf d'un coup de poing sur le front, lui arracha son turban et lui serra le cordon autour du cou (1649). Son cadavre, placé en travers sur un cheval de bât, fut jeté au milieu des immondices sur la place de l'hippodrome, où les oulémas, en se rassemblant de nouveau à l'aube du jour à la mosquée, le reconnurent et s'encouragèrent à la vue de leur ennemi couché sans vie à leurs pieds.

XVII

Le grand juge de Roumélie, Mousslieddin, qui se rendait avec les oulémas à la mosquée pour faire oublier ses lâchetés par son adhésion à la révolte triomphante, fut renversé de son cheval, dépouillé de son turban et traîné, la tête nue et ensanglantée, sur les marches du péristyle. Il se releva et se jeta à l'étrier du mufti, embrassant sa jambe pour implorer sa protection contre ses assassins. Les vêtements blancs du chef de la religion furent tachés du sang qui coulait des blessures du juge. L'intercession du mufti ne put sauver le coupable : les soldats le renversèrent de nouveau, lui coupèrent la tête, et la placèrent entre les jambes du cadavre couché à terre sur la poitrine, selon le rite dérisoire des infidèles suppliciés.

Le khodja du sultan, Djindji, avait osé se rendre aussi à la mosquée pour participer à la délibération. La mort du grand vizir et celle du juge de Roumélie lui présagèrent son sort. Il changea d'habits et de turban avec un pauvre iman de la mosquée, et s'évada, sans avoir été reconnu, par une porte du jardin. Les agas des janissaires rejetèrent avec indignation ces deux meurtres illégaux sur la populace, excitée par les oulémas, plus lâche et plus cruelle que les soldats. Ils sortirent de l'enceinte, et haranguèrent du haut des marches les janissaires, en les gourmandant sur ces ignobles assassinats commis impunément en leur présence. Les janissaires, humiliés, qui voulaient une révolution, mais non des massacres, arrêtèrent le sang répandu par la populace sur l'hippodrome.

Les oulémas, entrés en séance, députèrent le juge de la Mecque, Hassan, au sérail, pour sommer le sultan de se rendre à la mosquée. Ils espéraient ainsi l'arracher aux dix mille défenseurs qui campaient avec les canons dans les cours. Sur le refus d'Ibrahim, ils convoquèrent la sultane Validé à la mosquée, la priant d'amener avec elle l'aîné des princes, Mohammed, qu'ils avaient résolu de proclamer sultan à la place du profanateur du trône.

XVIII

La sultane Kœsem avait tout à craindre et plus rien à espérer d'Ibrahim. Privée de l'influence qu'elle avait exercée jusque-là avec tant d'habileté sur deux règnes; sacrifiée à de viles favorites qui faisaient honte à son fils de sa déférence pour sa mère; témoin des humiliations qu'Ibrahim faisait subir à ses filles Aïsché, Fatima, Khanzadé, dans le harem, en les forçant d'offrir l'aiguière et le café comme des servantes à ses esclaves; tremblant tous les jours pour la vie des princes qu'un caprice d'Ibrahim pouvait faire étrangler jusque sur son sein; exilée déjà dans le jardin d'Iskender; menacée d'un exil plus sévère et plus lointain dans l'île de Rhodes, la sultane mère n'avait d'espoir de salut que dans une révolution. Mais si une révolution était nécessaire à sa sûreté, une déposition suivie inévitablement d'un régicide répugnait à son cœur de mère autant qu'à sa politique. Elle aimait encore dans Ibrahim l'enfant qu'elle avait dérobé, au péril de sa vie, à l'ombrageuse cruauté d'Amurat IV, et sous le nom de qui elle avait régi souverainement l'empire pendant les années de son adolescence. Elle se croyait plus sûre de reprendre et de conserver son ascendant auprès d'un prince garrotté sur le trône, sous un conseil composé par elle et avec des vizirs vendus à sa cause, que sous le gouvernement d'un enfant violent de caractère, faible d'esprit, qui devrait le trône aux rebelles, et qui leur donnerait par reconnaissance et par nécessité l'autorité qu'elle voulait pour elle. Le rôle d'arbitre tout-puissant entre Ibrahim déchu, mais non détrôné, et les oulémas ses complices, lui paraissait donc avec raison préférable au rôle de mère cruelle immolant son fils pour couronner son petit-fils.

Elle représenta aux députés de la mosquée, au mufti et au vieil aga des janissaires Mousslieddin, orateurs du peuple et des soldats, qu'il valait mieux pour l'empire respecter Ibrahim, en faisant tomber leur colère sur ses ministres, que de donner le fatal exemple de la déposition d'un padischah. Elle promit de se rendre immédiatement auprès de lui au sérail, et de le disposer aux concessions et aux garanties nécessaires pour préserver la nation des scandales et des dégradations qu'elle déplorait plus que personne; elle leur parla d'un règne purement nominal, sous la surveillance d'un conseil de gouvernement composé des oulémas, des cheiks et des agas les plus accrédités par leurs vertus, leurs talents et leur autorité dans la capitale. Après les avoir congédiés avec ces perspectives, elle se revêtit d'habits de deuil comme une suppliante du peuple et du prince; elle fit revêtir du même deuil les deux esclaves et l'eunuque noir qui portait l'éventail devant elle, et, coiffée d'un turban noir d'où pendait sur son visage un voile noir, elle monta dans sa barque pour se rendre avec les deux petits princes au sérail.

Elle en trouva les cours déjà envahies par les oulémas, les agas, les juges, le mufti, le vieux Mousslieddin et leurs collègues. Les bostandjis, ébranlés par la constance et l'unanimité de la révolte, avaient ouvert les portes aux chefs et aux orateurs de la mosquée du centre; une masse confuse de peuple et de soldats désarmés inondaient derrière eux les abords du palais; ils invoquaient à grands cris la sultane Kœsem et les princes. Elle parut seule dans le costume funèbre que nous avons décrit, précédée de l'eunuque noir qui l'éventait, sur les marches de la porte *de la Félicité.* Son aspect imposa silence à la foule : cette femme représentait aux yeux des Ottomans quarante ans de domination; la mémoire chérie d'un sultan dont elle avait été l'épouse; deux règnes maniés virilement par ses mains de femme : l'un heureux, tant qu'il avait suivi ses inspirations; l'autre plein d'espérance à ses commencements, et qui n'avait déchu qu'avec son crédit sur son fils; elle représentait enfin, dans les petits-fils qui lui restaient, toute la dynastie survivante d'Othman et tout l'avenir de l'empire.

XIX

Accoutumée deux fois dans sa vie aux tumultes et aux tragédies des mouvements de la multitude et des troupes, elle leur parla avec cette éloquence naturelle aux Grecs, relevée en elle par l'habitude des affaires d'État, traitées si longtemps en sa présence, et par l'énergie de son sentiment de maternité, de patriotisme et d'ambition. Elle osa, dès les premiers mots, gourmander avec une sévérité maternelle ces oulémas et ces vétérans soulevés pour sa cause, et demandant plus qu'elle ne jugeait nécessaire elle-même à sa sécurité comme au salut de l'empire.

« Est-il juste, est-il sage, est-il respectueux à vous d'exciter de pareils mouvements? Et n'êtes-vous donc pas tous ici les esclaves privilégiés de cette maison? »

A ces mots de la sultane, le vétéran Mousslieddin osa l'interrompre : « Auguste maîtresse, lui répondit-il, ce que vous dites est vrai; nous avons tous reçu des bienfaits de cette maison, et moi plus qu'un autre, puisque j'en jouis depuis quatre-vingts ans; mais c'est justement notre attachement à votre sang et notre reconnaissance pour tant de bienfaits qui nous défendent d'assister plus longtemps avec une coupable indifférence à la ruine de cette maison et de la patrie indissolublement liées l'une à l'autre. Oh! plût à Dieu que je n'eusse pas assez vécu pour voir de pareils jours! car de quoi ai-je besoin maintenant? Quel temps me resterait-il pour jouir des richesses ou des dignités par une ambition qui contrasterait avec la brièveté des jours qui me restent? Mère des Ottomans! la folie et l'injustice du padischah, votre indigne fils, ont mis *le monde* en péril. Nos frontières s'écroulent pendant qu'il s'abandonne aux plaisirs, aux débauches, aux prodigalités scandaleuses du trésor, mal réparées par la vente effrontée des places. Vos oulémas se sont rassemblés, et ils ont rendu un fetwa qui déclare légitimes la déposition du padischah Ibrahim et l'installation du jeune padischah, votre petit-fils Mohammed. Tant que ces deux actes ne seront pas accomplis, il n'y a point d'ordre à espérer dans le peuple et dans les troupes; cédez à notre inébranlable résolution; si vous vous y opposez, ce n'est plus contre des révoltés, c'est contre la décision des lois, de la religion et de la patrie que vos soldats feront résistance; la révolte aura passé de votre côté. »

La sultane sentit qu'il fallait fléchir devant une résolution sanctionnée par la délibération des oulémas, ces interprètes de la loi, et devant le fetwa du mufti, cet oracle de la religion. Elle tenta néanmoins une troisième fois de prévenir la déchéance entière d'Ibrahim, et de ramener l'opinion des chefs de la loi et de la religion à l'idée d'un conseil de régence qui, sans déposer son fils, gouvernerait en son nom. Le grand juge d'Anatolie, Hanefizadé, homme réfléchi et tranchant dans ses paroles, parla au nom des oulémas :

« Gracieuse impératrice, dit-il, nous sommes venus ici pleins de confiance dans votre sagesse et dans votre patriotisme; vous n'êtes pas seulement la mère du padischah, souvenez-vous-en, vous êtes la mère vénérée de tous les vrais croyants; plus vous abrégerez cette crise de l'empire, mieux cela sera pour tous. Les ennemis ont partout l'avantage sur nos troupes; il n'y a point de bornes au trafic des places; le sultan, exclusivement occupé à satisfaire ses passions, s'éloigne des sentiers de la loi. L'appel à la prière, sur les minarets d'Aya-Sofia, est couvert par le bruit des fifres et des trompettes, des cymbales et des flûtes du sérail. Personne ne peut donner sans danger un conseil au sultan, vous l'avez éprouvé vous-même. Les marchés sont livrés au pillage; les innocents sont mis à mort; les esclaves favorites gouvernent *le monde*. »

La sultane Validé essaya encore de lutter contre la volonté générale.

« Tous ces maux, leur dit-elle, sont l'œuvre des méchants; il faut les éloigner et mettre à leur place des hommes bons et raisonnables.

» — A quoi cela servira-t-il? répliqua Hanefizadé. N'a-t-il pas fait exécuter des hommes bons et vaillants, tels que Kara Mustafa et le conquérant de Canée, Yousouf-Pacha?

» — Mais comment est-il possible de mettre sur le trône un enfant de sept ans? objecta la sultane Validé.

» — D'après la sentence de nos légistes, reprit Hanefi, un insensé ne doit pas régner, quel que soit son âge, mais bien plutôt un enfant doué de raison : c'est là-dessus qu'est fondé notre fetwa. Avec un souverain enfant, mais raisonnable, un sage vizir met l'ordre dans *le monde*, tandis qu'un sultan insensé ruine l'empire par le meurtre, la honte et la corruption. »

La convenance de ces paroles et la longueur de cette délibération dans un de ces moments qui ne comportent pas la délibération, mais les résolutions soudaines, emportèrent quelques agas des troupes, et surtout Kara Tchélébi, soldat sans mesure, à des exclamations d'impatience si irrévérencieuses pour la pudeur d'une femme et pour la majesté d'une souveraine, que les historiens les indiquent sans oser les répéter, et que Kara Tchélébi les lava plus tard justement dans son propre sang. La patience manqua au peuple et aux troupes; la sultane, humiliée, comprit que la révolution ne la respecterait qu'autant qu'elle condescendrait elle-même à la volonté de la révolution.

« C'est bien, dit-elle sans paraître avoir entendu les outrages de Kara Tchélébi, je vais chercher mon petit-fils Mohammed et lui ceindre le turban. »

Une acclamation unanime rappela l'enfant et la mère. La sultane reparut à la porte *de la Félicité*, et présenta l'enfant au peuple. On l'assit sur le trône, et on défila en silence et en ordre devant lui, de peur que la confusion, la foule, les cris et les armes n'intimidassent jusqu'à l'effroi et jusqu'aux larmes l'enfant arraché tout à coup aux bras des femmes dans le tumulte d'une révolution. Les bostandjis, auxquels ses regards étaient accoutumés dans les jardins du sérail, répondirent à la sultane inquiète de la sécurité de son fils; elle se retira le cœur plein d'anxiété pour Ibrahim.

XX

Pendant cette cérémonie du couronnement populaire à la porte *de la Félicité*, le mufti, les vizirs, les oulémas, le silihdar et le général des bostandjis lui-même, devenus les exécuteurs domestiques de la volonté du peuple qui entourait le palais, vinrent signifier à Ibrahim, abandonné par sa propre cour, sa déposition et le couronnement de son fils.

« Traîtres! s'écria Ibrahim à ces paroles, ne suis-je pas votre padischah? Qu'est-ce que cela signifie?

» — Non, lui répondit Abdoulaziz, le plus résolu et le plus insolent des oulémas; non, tu n'es plus notre padischah; tu ne le fus jamais, car tu ne l'étais qu'en vertu des lois, et tu as violé toi-même toutes les lois, foulé aux pieds la justice et la religion. Tu as ruiné *le monde;* tu as consumé ton temps dans les jeux et dans les débauches; tu as dissipé les trésors de l'empire pour assouvir de puérils ou coupables caprices. La corruption et la cruauté ont gouverné *le monde* à ta place... »

Ibrahim, atterré par ces outrages, se tourna vers le mufti et vers le vieux Mousslieddin, dont l'attitude plus respectueuse attestait un reste d'égards et de pitié pour lui.

« Mais enfin ne suis-je pas votre empereur ? leur dit-il. Pourquoi descendrais-je du trône?

» — Tu n'en descendras que pour quelques jours, » lui répondirent quelques voix.

On voulait le tromper pour que sa résistance obstinée n'entraînât pas les agas à des violences plus extrêmes que la déposition.

« Je vous comprends, reprit-il avec une rage qui ne mesurait plus ni la force, ni le moment, ni le péril ; vous êtes tous des ingrats et des traîtres. Vous êtes, de plus, des hommes sans raison. Quoi! c'est un enfant de cette taille, ajouta-t-il avec un geste ironique et en abaissant sa main vers la terre, c'est un enfant de sept ans que vous voulez faire padischah? Mais comment cet enfant pourrat-il régner? Vous nommerez donc aussi padischah ce vieillard imbécile ? (*en leur montrant le vieux Mousslieddin*). D'ailleurs, cet enfant n'est-il pas mon fils? »

Abdoulaziz lui coupa la parole par des outrages si scandaleux, que l'historien, témoin de cette scène, ne fait que les mentionner. Il souilla la révolution comme Ibrahim avait souillé le trône. Ibrahim dédaigna de répondre à ce flatteur devenu cynique en un jour. Il apostropha de nouveau le mufti, et lui reprocha son ingratitude :

« N'est-ce pas moi qui t'ai fait ce que tu es? lui dit-il.

» — Non, lui répondit le mufti, habile à détourner sur le destin une reconnaissance qu'il ne voulait pas devoir à un homme, ce n'est pas toi, c'est le Dieu tout-puissant. »

Ibrahim, en forçant le mufti à lui donner malgré lui et malgré elle sa fille unique pour épouse et la lui renvoyant après avec mépris, avait justement changé le bienfait en outrage. Le mufti ne vengeait pas seulement l'empire, il vengeait sa fille profanée.

Sourds à ces imprécations et à ces malédictions du sultan sur leur tête, les agas militaires le prirent par les deux bras et l'entraînèrent, malgré sa résistance désespérée, hors de la chambre impériale. Il se résigna enfin, et, croisant ses bras redevenus libres sur sa poitrine : « Ceci, dit-il en baissant la tête, était écrit sur mon front; c'est l'ordre de Dieu, marchons. »

On l'enferma, avec deux de ses esclaves favorites, dans le kiosque *des Oiseaux*, vestibule de la mort ou de la prison perpétuelle. De tout l'empire et de tout son harem, il ne lui resta qu'un cachot, une natte et deux esclaves. Sa mère elle-même n'osait l'y visiter, de peur d'être suspecte aux oulémas.

XXI

Cependant, comme Néron à Rome, Ibrahim avait encore un parti dans les tavernes et dans les casernes, où la corruption des princes assure par la licence la vile faveur des populaces. On s'agitait dans les cafés et dans les chambrées de spahis à son nom ; on se demandait de quel droit des légistes, des cheiks et des agas avaient précipité du trône un padischah légitime pour couvrir leur ambition de régner du nom d'un enfant à peine sorti du berceau. On affectait de s'alarmer de ce fantôme de gouvernement sous un fantôme de padischah. Les vizirs et les agas tremblèrent de laisser une espérance ou un prétexte à ce repentir dangereux des troupes. On demanda au mufti s'il était permis de déposer et de tuer un padischah qui mettait les dignités de l'empire à l'encan.

« Oui, répondit laconiquement le mufti, le Coran ne dit-il pas : *S'il y a deux califes, tuez-en un.* »

Armés de ce fetwa qui innocentait le régicide, le mufti, juge et bourreau à la fois, le grand vizir, les juges de l'armée, les agas des janissaires, des spahis et des autres milices, se rendirent au sérail pour exécuter la sentence. L'horreur du régicide, la crainte de la vengeance tardive, mais infaillible, qui avait atteint tous les meurtriers du premier sultan immolé, la pitié pour un prince plus méprisé que haï par ses serviteurs, avaient fait un désert du sérail. Pages, bostandjis, capidjis, tout fuyait ou se refusait à la complicité du meurtre. Le mufti et les vizirs furent contraints de forcer de leurs propres mains les portes du kiosque *des Oiseaux*, que nul ne consentait à leur ouvrir.

Quand les portes de fer furent tombées de leurs gonds sous leurs coups : « Où est le bourreau ? » demanda le grand vizir.

Le bourreau Kara-Ali s'était caché, de peur de souiller ses mains du sang sacré d'un padischah. On parvint à le découvrir; on le traîna pâle et tremblant devant les meurtriers; il tomba aux pieds du grand vizir, et demanda qu'on le tuât lui-même plutôt que de le forcer à tuer son padischah, jurant par le ciel que ses mains tremblantes et ses genoux défaillants d'effroi ne lui permettaient pas d'accomplir son sanglant office.

« Lâche et infâme giaour! lui dit le grand vizir en lui assénant un coup de bâton sur la tête, viens ou meurs! »

Kara-Ali et Ali-Hammal, aide de l'exécuteur, furent poussés de force dans l'enceinte du kiosque. Ils entrèrent avec une horde de *chiaoux* dans la chambre du prisonnier. Les vizirs, le mufti, les agas, se rangèrent en silence dans une tribune haute et grillée de fer, d'où les regards plongeaient sur l'intérieur du cachot éclairé par le dôme.

Ibrahim, que l'épaisseur des murailles avait empêché d'entendre le sourd tumulte de la porte et le dialogue du grand vizir et du bourreau, était assis, les yeux sur un Coran, dans un angle du divan; ses deux esclaves, debout et les mains croisées sur la poitrine, semblaient écouter la lecture. Le sultan était vêtu d'un cafetan noir, d'un pantalon rouge serré autour de sa taille par un châle en lambeaux; un bonnet grec de laine, teint en pourpre, remplaçait sur sa tête le turban, la guirlande de fleurs et les pierreries dont il était coiffé dans sa majesté. La pâleur, la maigreur et la mélancolie de son visage attestaient déjà l'ombre et la lividité du cachot.

En apercevant dans la tribune le mufti et les vizirs ses ennemis, et en voyant entrer dans sa chambre le bourreau Kara-Ali, personnification muette de la mort, qu'il avait si souvent envoyée lui-même à ses victimes, il comprit son sort, et, se levant en sursaut, les regards levés vers la tribune : « N'y a-t-il donc ici aucun de ceux qui ont mangé mon pain, s'écria-t-il d'un ton suppliant, qui prenne pitié de moi, et qui veuille me porter secours ? Ces barbares veulent me tuer. Grâce ! oh ! grâce de la vie ! »

Puis, s'adressant personnellement au mufti, dans l'âme duquel il espérait rencontrer quelque reste de leur ancienne affection, brisée par l'injure faite à sa fille : « Vois, Adboulrahim, lui dit-il, vois ce que c'est que l'aveuglement des hommes et les jeux du sort. Yousouf-Pacha m'avait conseillé de te faire exécuter comme un fauteur de troubles et un traître ; je n'ai pas consenti à ta mort, et tu veux maintenant la mienne. Lis le Coran comme moi, lis la parole de Dieu, qui réprouve les cruautés, les injustices et les ingratitudes. »

Les vizirs firent signe aux bourreaux de faire leur office. Kara-Ali et ses aides portèrent leurs mains sur les épaules du prisonnier ; il leur échappa, et se réfugia dans un angle de la chambre, auprès de ses deux esclaves, dont les faibles mains le disputèrent un moment aux bourreaux. Pendant que le cordon serrait déjà sa gorge, ses imprécations et ses malédictions invoquaient encore la vengeance du ciel contre les Ottomans, assassins de leur padischah. Son dernier soupir fut un blasphème contre son peuple. Son cadavre, transporté dans la cour qui sépare le kiosque *des*

Oiseaux du palais, y fut lavé et parfumé par les imans, et enseveli dans le tombeau du sultan Mustafa 1er, près de la mosquée de Sainte-Sophie (1649).

On lut le Coran sur sa tombe, et on y brûla l'ambre et l'aloès pour purifier son âme dans la fumée des parfums. La tyrannie morte devenait elle-même sacrée devant la religion d'un peuple qui avait renvoyé le coupable ou l'insensé au vrai juge.

XXII

Le règne court, agité et plein de rivalités de sérail d'un enfant de sept ans ne fut que celui de la sultane Kœsem, tantôt servie, tantôt contrariée par les factions qu'elle avait suscitées, et qu'elle était à son tour contrainte de subir.

Les favorites d'Ibrahim furent ensevelies vivantes dans le vieux sérail. La sultane Kœsem n'excepta de cet exil que la jeune mère de Mohammed, la sultane Tarkhan, esclave russe ou polonaise, que son ignorance et sa docilité aux volontés de sa belle-mère rendaient inoffensive auprès de son fils. Les profusions d'Ibrahim pour ses femmes avaient épuisé le trésor du sérail. Les confiscations sur les favoris de ce prince le comblèrent. Son précepteur, le khodja Djindji, qui s'était évadé de la mosquée du centre, fut découvert et torturé par le bourreau pour lui faire confesser ses richesses. Plus tremblant devant la ruine que devant la douleur, Djindji n'avoua que membre à membre les trésors qu'il avait amassés par ses supercheries magiques, et quand la torture lui eut extorqué toute sa fortune, le sabre lui enleva la vie.

Ces extorsions sur les favoris d'Ibrahim fournirent au trésor plus de cent cinquante millions de piastres, qui furent distribuées en gratifications aux troupes, pour les intéresser à la révolution, dont elles commençaient à accuser les auteurs.

L'exemple de la sédition récompensée avait déjà gagné jusqu'aux pages des trois sérails de Constantinople, sorte de colléges civils et militaires où la jeunesse des grandes familles se formait aux armes et aux affaires pour recruter l'armée ou la cour. Menacés pour un acte d'indiscipline d'une punition corporelle par le capou-aga, les pages s'insurgèrent, se barricadèrent dans leurs sérails, et soutinrent un siége contre les bostandjis. On ne triompha de leur sédition qu'en leur accordant deux cents promotions d'officiers dans les spahis et dans les janissaires.

Chaque pacha marchandait au grand vizir Sofi Mohammed son obéissance. Ce vieillard ne savait que complaire au lieu de gouverner ; la révolution, dont il avait été l'instrument passif, le traitait en jouet et non en ministre ; les spahis, les janissaires, les oulémas, les agas, commençaient à se renvoyer les uns aux autres comme un crime l'exécution d'Ibrahim ; le remords agitait les casernes.

« J'atteste Dieu, s'écriait le vétéran des janissaires, Mousslieddin, que nous aussi nous n'avons pris aucune part à ce meurtre ; interrogez ses vrais auteurs, le mufti et le grand vizir. »

Les pages, réunis aux spahis, demandèrent à grands cris la punition des coupables. Le grand vizir et le mufti, justement menacés, consignèrent les janissaires dans leurs casernes. Le mufti rendit contre les agitateurs un fetwa conçu dans un verset du Coran : « *S'ils se révoltent les uns contre les autres, tuez-les jusqu'à ce qu'ils respectent l'ordre de Dieu.* »

Ce fetwa parut assoupir la sédition ; mais le kiaya du grand vizir, dans une ronde de nuit à travers la ville, ayant fait décapiter trois spahis, percé la plante de leurs pieds avec le fer de leurs lances, et laissé leurs cadavres sur l'hippodrome, le cri de vengeance éclata le matin dans les casernes. Les spahis, offensés d'un ignominieux supplice en contravention avec leurs priviléges, traversent en masse le Bosphore, qui sépare Scutari de la pointe du sérail, et campent sous leurs drapeaux déployés sur l'hippodrome (1650). Les feux de leur camp, soufflés par un vent d'orage, menacent d'incendier la ville. Ils déposent le mufti régicide, et nomment à sa place l'ancien mufti Abousaïd. Ce vieillard élude cette nomination séditieuse, et les harangue pour les ramener à la raison.

La sultane Kœsem dicte à son fils un katti-chérif, par lequel le sultan conjure les spahis de déposer les armes, leur livre le grand visir et le mufti, auteurs de la révolution, et les autorise à lui désigner eux-mêmes un grand vizir de leur choix. A la lecture de ce katti-chérif, les agas des anissaires, rassemblés au sérail, protestent qu'ils défendront le grand vizir et le mufti, leurs créatures. On échauffe le zèle de leurs soldats par une gratification de cinquante piastres par tête; les deux milices se heurtent devant la colonne de Constantin ; les janissaires, un moment vaincus, sont ramenés à l'attaque de l'hippodrome par le vieux Moussliedddin. Des milliers de cadavres jonchent l'hippodrome.

On reconnaissait, dit l'historien Naïma, témoin et acteur

de cette guerre civile, les têtes des spahis à leurs cheveux blanchis sous le casque ; les têtes des pages, aux boucles noires ou blondes de leur chevelure. Poursuivis par les vainqueurs et immolés jusque sous le parvis des mosquées, les pages et les spahis se réfugièrent au sommet des minarets, d'où l'on entendait, au lieu de l'appel des muezzins à la prière, des cris d'effroi et de grâce implorant la vie et le pardon. Mousslieddin, aussi compatissant que brave, fit descendre les fugitifs des minarets, et les protégea contre la fureur des janissaires. Il permit aux parents des révoltés de venir reconnaître et ensevelir leurs fils ou leurs frères au milieu des morts. Les autres furent jetés sans sépulture à la mer, malgré cet axiome de la législation religieuse musulmane qui dit : « La mort lave la révolte, et il faut respecter les cadavres des rebelles, comme si leur sang avait expié leur faute. »

Les révoltés se répandirent dans les provinces. On proposa au divan de les assoupir en conférant à des chefs de rebelles les grades et les gouvernements qu'ils ambitionnaient. Le grand vizir y avait consenti ; mais l'inflexible vieillard Mousslieddin s'écria « que le plus grand des malheurs pour un empire n'était pas de voir s'élever des guerres civiles dans son sein, mais d'avoir un gouvernement qui donnait des honneurs et des récompenses pour prix de la rébellion. »

Un de ces chefs de parti de la Caramanie, Haïder-Oghli, le Turcoman, ayant été amené chargé de fers devant le divan, le grand vizir lui reprocha ses crimes.

« Mon gracieux seigneur, répondit le Turcoman, le petit du loup devient loup ; chacun vend comme il achète, et le fils suit l'exemple de ses aïeux ; c'est ainsi que je suis devenu brigand, comme l'était mon père, Haïder-Oghli le Noir.

» — Révèle au divan, poursuivit le vizir, où sont enfermés tes trésors.

» — Mais c'est une question de jugement dernier que tu me fais là, répliqua le prisonnier; crois-tu donc que j'aurai versé tant de sang, brûlé tant de villes, pour te confesser l'une après l'autre toutes mes rapines? Hélas! hélas! voilà la nuit qui approche. Je suis né d'hier, et je dois mourir aujourd'hui, finis la chose au plus vite, c'est la seule grâce que je veuille de toi. »

XXIII

Les janissaires, abusant de leur victoire, opprimaient insolemment la capitale et les provinces : ils enlevaient des femmes à Constantinople ; ils prenaient d'assaut une maison de bains à Gallipoli ; leurs agas imposaient leurs caprices au grand vizir, et tramaient sa ruine après l'avoir élevé. La sultane, secrètement irritée du meurtre de son fils Ibrahim malgré ses efforts pour lui conserver au moins la vie, s'entendait avec les agas contre le divan et contre le mufti. L'humiliation des armes ottomanes pendant ces agitations intestines fournissait des prétextes à ses ressentiments.

Houssein, sans renforts, abandonnait le siége de Candie; la flotte des Vénitiens brûlait une partie de celle du capitan-pacha dans les eaux de l'Archipel (1651). La sultane, de concert avec les agas, convoqua un divan à pied au sérail pour délibérer sur les désastres de la flotte et de l'armée. Son fils, à qui elle avait fait répéter son attitude, son expression de visage et ses paroles, présidait le divan assis sur le trône de Soliman. Le grand vizir s'excusa sur la difficulté des temps. L'enfant, lisant son rôle dans les regards de sa mère, lui répondit en fronçant les sourcils :

« Va, tu n'es pas digne d'être grand vizir; rends le sceau de l'État. Et toi, ajouta-t-il en remettant le sceau à Kara-Mourad, aga des janissaires, prends-le ; je verrai ce que tu sauras faire. » Puis, se tournant vers le grand juge Aziz-Effendi, soutien et complice du grand vizir, le sultan lui reprocha de vendre à l'encan les plus hautes fonctions de la justice.

« Cher enfant, répondit le grand juge étonné, qui t'a appris cela, à ton âge? »

Cette insolence à l'adresse de la sultane Kœsem fit bouillonner sa colère et rompit son silence. « Quand le padischah commande quelque chose à ses esclaves, est-il respectueux, s'écria-t-elle, de lui répondre en raillant : « Cher enfant, » qui t'a appris cela? » C'est la voix du *monde* qui le lui a appris. Les enfants mêmes savent nos malheurs et s'élèvent contre vos iniquités. Malgré tous les trésors extorqués et prodigués, vous n'avez obtenu que des séditions au dedans et des désastres au dehors. Vous voulez me tuer moi-même, je le sais, parce que mon regard vous importune. J'ai vécu sept règnes, Dieu en soit loué! et j'en ai gouverné trois. Si je mourais maintenant, *le monde* ne serait pas reconstruit de fond en comble, et ne retomberait pas non plus en ruines. Tantôt on veut me tuer, tantôt on veut asservir le padischah ; mais l'heure est venue de choisir entre vous et lui. »

La mort devait suivre de telles paroles; le nouveau grand vizir Kara-Mourad reçut l'ordre de la sultane Validé de faire étrangler Sofi-Mohammed, son kiaya et ses complices. Le mufti échappa par la fuite au supplice. On donna sa place, après quelque temps, à Behayi-Effendi, dont les facultés énervées par l'usage de l'opium ne laissaient craindre aucune intervention dangereuse dans les affaires de la Validé.

XXIV

La paix de vingt-deux ans fut renouvelée avec l'Autriche, et le siége de Candie repris avec une nouvelle énergie par Housseïn (1652). Mais les révoltes incessantes de ses lieutenants et de ses soldats contre lui neutralisaient son courage et ses talents. Le grand vizir Kara-Mourad, après quelques rébellions vaincues en Asie Mineure, se livra à l'oisiveté, à l'intempérance et aux débauches de sa première vie de soldat. Ses vices honteux scandalisaient la capitale; il passait ses jours dans ses jardins des villages grecs des environs de Constantinople, où le vin abrutissait sa raison. On le voyait souvent suivi d'un simple muezzin, sacristain de la mosquée voisine de son palais, ivrogne comme lui, revenir chancelant sur son cheval de ses orgies crapuleuses hors de la ville. Le mépris pour l'homme rejaillissait sur le gouvernement.

Le sultan grandissait en âge et en raison; la sultane Tarkhan, sa mère, lui dicta un katti-chérif menaçant pour Kara-Mourad : « T'ai-je fait grand vizir, disait cette lettre de la main de l'enfant, pour que tu passes ton temps dans tes jardins et dans tes vignes? Occupe-toi des affaires de l'empire; autrement je te coupe la tête. »

Kara-Mourad, frappé de stupeur à la lecture de cette lettre, et inquiet de découvrir lequel de ses ennemis avait inspiré au sultan une remontrance si supérieure à son âge, fit appeler le maître d'écriture du padischah. C'était un cheik éminent de la Mecque, récemment investi de cette fonction confidentielle, nommé Beschir-Aga. Interrogé par le grand vizir sur l'auteur du katti-chérif, Beschir-Aga jura qu'il ignorait complétement le message et l'inspirateur de la colère du sultan; il avoua cependant à Kara-Mourad que l'enfant, depuis quelques jours, lui avait souvent demandé comment on devait écrire les mots : « *Je te coupe la tête*, » formule fréquente dans la dernière ligne des kattis-chérifs. Le grand vizir remplaça audacieusement le maître d'écriture suspect par un autre. La sultane Tarkhan s'indigna de cette usurpation sur ses prérogatives de mère. Cette jeune Validé, jusque-là souple et docile aux volontés de la sultane Kœsem, sa belle-mère, commença à se révolter contre une domination prolongée qui attentait à sa propre influence sur son fils.

La division des partis dans le divan se répercuta dans le harem. La sultane mère décrédita, dans l'esprit de son fils, Kara-Mourad, créature de la sultane aïeule. Kara-Mourad, par les conseils de l'aga des janissaires Begtasch-Aga, son parent et son ami, résigna de lui-même ses fonctions entre les mains du jeune sultan : « Mon padischah, lui dit-il, il ne doit pas y avoir plus d'un grand vizir dans l'empire ; voici le sceau : ne le donne pas à un janissaire, de peur d'entraîner la ruine du *monde*. »

Il partit immédiatement pour Ofen avec le titre de gouverneur de Hongrie. Malek-Ahmed-Pacha, homme jusque-là obscur, mais favorisé par la sultane Tarkhan, lui succéda. L'illustre astronome de la cour, Housseïn, juge de Médine, ami de Kara-Mourad, partagea sa disgrâce. Exilé d'abord à Sténia en Bosnie, puis rappelé à Constantinople par l'intercession de la sultane Kœsem, sa protectrice, il se prophétisa à lui-même, sur l'inspection des astres, sa propre fin. Le mufti Behayi, autrefois son obligé, rendit à son insu un fetwa de mort contre lui, sous prétexte d'impiété, mais en réalité pour complaire à la jeune sultane Tarkhan. La veille du jour où le fetwa secret devait être exécuté, Housseïn consulta les astres, et reconnut que le lendemain était un des jours qui portaient malheur. Il fit seller ses chevaux et équiper une barque dès la matinée pour passer ce jour funeste hors de Constantinople. A peine avait-il pris la mer que les bourreaux cernèrent sa maison, et, s'embarquant sur sa trace, l'atteignirent auprès du château des Dardanelles, l'étranglèrent, et jetèrent à la mer le cadavre d'un des premiers astronomes qui aient élevé la science des cieux, chez les Turcs, presque au niveau des connaissances de l'Égypte et de l'Arabie.

XXV

Le nouveau grand vizir, investi de toute la faveur de la sultane Tarkhan, était Malek-Ahmed, Géorgien d'origine, entré enfant au sérail, et célèbre par sa mâle beauté, qui lui avait fait donner le surnom de *l'Ange*. Homme honnête, intègre, désintéressé, il proposa au divan des réformes et des retranchements sur les traitements exorbitants des vizirs, des agas, des troupes et surtout sur les pensions du clergé qui épuisaient le trésor. La sultane Kœsem s'opposa à ces économies qui désaffectionnaient les derviches, tribuns religieux du peuple, toujours prêts à grossir ses murmures.

« Chère âme, lui répondit Sarikatib, astronome du sérail, disciple du sage et malheureux Housseïn et secrétaire du divan, depuis que le *monde* existe, il est inouï que les places fortes et les provinces aient été conquises ou défendues par les prières des derviches et des mollas. Si vous demandez qui a gagné cette bataille, qui a pris cette forteresse, on vous répond : C'est Ibrahim-Pacha l'ivrogne, ou tel autre pacha débauché. Les malédictions des derviches et des mollas sont aussi impuissantes que leurs prières, et j'assume sans crainte sur ma propre tête toutes les imprécations. »

Ces économies et des altérations du titre des monnaies pallièrent un mal par un autre. Les Druzes s'insurgèrent en Syrie, les Kurdes sur la frontière de Perse ; Smyrne et Salonique, les deux places commerçantes de l'empire, s'insurgèrent contre leurs pachas; le luxe des harems, des équipages et des tables, dévorait à Constantinople les revenus des provinces. L'historien Ewlia raconte que Mohammed-Pacha, son patron, fils d'un trésorier de l'empire, et plus célèbre par sa table que par ses exploits, possédait une vaisselle d'argent et des services de porcelaine de Chine d'une valeur incalculable, des nappes brodées d'or et de pierreries, quarante cuisiniers qui se relayaient vingt par vingt sur sa route quand il voyageait, pour qu'il trouvât partout le même luxe et les mêmes délices; soixante chevaux portaient à sa suite ses provisions de bouche; sept intendants, chefs de ses cuisines, dirigeaient chacun une escouade de ses cuisiniers.

A ce luxe des grands correspondait comme toujours la misère du peuple. Les impôts, disproportionnés aux forces des imposables, écrasaient l'agriculture et le commerce. Une insurrection de tous les marchands et de tous les ouvriers de Constantinople pour exiger l'abolition de ces charges excessives renversa Malek-Ahmed du pouvoir.

La sultane nomma à sa place le silihdar Siawousch-Pacha, ancien esclave abase, monté de grade en grade par sa valeur jusqu'au gouvernement de la Hongrie. Siawousch, par les conseils de la sultane Kœsem, alla demander aux casernes des janissaires la protection de leurs armes pour le jeune sultan. Beglasch-Aga, le plus turbulent, le plus populaire et le plus ambitieux des tribuns de cette milice, la lui accorda en termes hautains qui mettaient les services de ce corps au prix de la complète déférence du grand vizir à leurs volontés.

« J'obéirai aux ordres de mon padischah, et non aux vôtres, répondit avec dignité Siawousch; vos cous et le mien ne doivent pas être épais et roides devant lui, mais minces et souples comme la lame de nos sabres. »

Les janissaires consentirent à réprimer les restes de la sédition du peuple qui fermentaient encore aux portes du sérail.

XXVI

Ce calme ne fut que précaire; le feu de la haine couvait au harem et ne pouvait tarder d'éclater au dehors. La sultane Kœsem, à qui la jeune sultane Validé Tarkhan arrachait l'empire par l'élévation successive d'abord du beau Malek-Ahmed, puis de l'intrépide Siawousch-Pacha au rang de grand vizir, voulait le retenir à tout prix; Begtasch-Aga, Grec comme elle, attaché à sa cause par l'espérance, par l'ambition, par le génie de l'intrigue, par la commune patrie, était son appui et son instrument dans le parti militaire. Elle disposait, par sa popularité, des janissaires, qu'il agitait ou apaisait à son gré.

La sultane Tarkhan répandait dans le harem, dans le sérail et dans les casernes, que la sultane Kœsem conspirait avec Begtasch-Aga par jalousie de pouvoir, la déposition et même le meurtre de son petit-fils Mahomet IV; elle voulait, disait-on, substituer à cet enfant trop docile à l'influence de la sultane Tarkhan, sa mère, un autre de ses petits-fils, le jeune Souleïman, fils d'une mère qui la laisserait sans rivalité dominer le sérail, du haut de sa vieillesse et de son expérience.

Une esclave du harem, nommée Maléki, chargée de surveiller les breuvages du sultan, révéla un complot d'empoisonnement réel ou imaginaire dans un sorbet préparé par le confiseur du sérail, Ouwéis-Aga. Tremblante ou feignant de trembler pour la vie de son enfant, la sultane Tarkhan remplit le palais de ses terreurs et de ses larmes.

Rien n'atteste la réalité du crime; mais ces accusations intentées d'un côté, repoussées comme des calomnies mortelles de l'autre, étaient comme le signal de la guerre civile dans la capitale et dans les casernes.

Les janissaires, avertis par la sultane Kœsem des dangers qu'elle courait dans un harem où l'on demandait sa mort, et remués par Begtasch-Aga, s'ameutèrent au nombre de dix mille hommes aux portes du sérail, demandant impérieusement les têtes des conseillers de la sultane Tarkhan, qui perdaient l'empire, et qui déshonoraient, pour la détrôner de sa tutelle sur son petit-fils, la mère des Ottomans, la patronne des troupes, la providence du *monde*, la sultane Kœsem. Leurs cris ne respectaient pas même le sultan, fils de l'ennemie de leur protectrice et de leur aga; ils mêlaient à leurs vociférations contre la mère le nom du sultan Souleïman, déjà couronné dans leurs vœux, comme dans le cœur de son aïeule.

Cette nuit couvait une révolution traînée à l'insu des deux enfants dans l'ombre d'un harem et dans le tumulte d'une caserne. La sultane Kœsem, renfermée dans ses appartements, ainsi que ses eunuques et ses femmes, attendait avec anxiété, mais avec confiance, que les complices de Begtasch-Aga, ses libérateurs, vinssent frapper aux portes du harem, lui apporter la tête de sa rivale et lui demander Souleïman pour padischah.

FIN DU TOME QUATRIÈME DE L'HISTOIRE DE LA TURQUIE.

TABLE

DES MATIÈRES CONTENUES DANS CE VOLUME

Livre XXII. —	Suite et fin de Sélim II, en 1572	24
	Amurat III, 1574	33
	Mort d'Amurat III, 1594	101
Livre XXIII. —	Mahomet III, 1595	105
	Mort de Mahomet III, en 1608	142
	Achmet Ier, 1609	145
Livre XXIV. —	Suite d'Achmet Ier, 1612	160
	Mort d'Achmet Ier, en 1617	168
	Mustafa Ier, 1617	183
	Déposé en 1618	185
	Othman II, 1618	185
	Mort d'Othman II, en 1622	217
	Second règne de Mustafa Ier	220
	Seconde déposition de Mustafa Ier	240
Livre XXV. —	Amurat IV, 1625	246
Livre XXVI. —	Ibrahim, 1650	345

FIN DU VINGT-SIXIÈME VOLUME.

PARIS. — TYPOGRAPHIE DE COSSON ET COMP., RUE DU FOUR-ST-GERMAIN, 43.

www.ingramcontent.com/pod-product-compliance
Lightning Source LLC
Chambersburg PA
CBHW071900230426
43671CB00010B/1421